国家社会科学基金重大项目成果

教育部人文社会科学重点研究基地成果

中国语言文学国家双一流建设学科成果

顾问 李英哲 陆俭明 周清海 李宇明

GLOBAL VARIATION
OF CHINESE GRAMMAR

全球华语语法

总 主 编 邢福义

副总主编 汪国胜

新 加 坡 卷

主编 周清海

商务印书馆

创于1897　The Commercial Press

全球华语语法

顾　　问　李英哲　陆俭明　周清海　李宇明
总 主 编　邢福义
副总主编　汪国胜

新加坡卷

主　　编　周清海
作　　者　李子玲　潘秋平　梁文颖　蔡瀚辉
　　　　　林春海　郭旺霖

前　言

一

2011年，我们提出并获批国家社会科学基金重大项目"全球华语语法研究"。当时提出这一项目，是基于两方面的背景。

其一，适应国家发展的需要。随着我国综合国力的日益增强和国际地位的不断提高，华语（汉语）的使用范围越来越广，国际影响也越来越大，但由于社会、历史和地理等方面的原因，地区华语在语音、词汇、语法上形成了不少差异，给人们的言语沟通带来了不同程度的困难。如何沟通地区华语，使华语充分发挥其交际功能，这关系到华语在全球背景下的进一步发展，也关系到国家形象的展示。开展本项目研究，有利于促进华语的交际畅通和国际传播，有利于增强全球华人的民族认同，使华语成为全球华人大团结的纽带。

其二，回应国际华人学者的倡议。对于全球华语的研究，以往未能受到学界的足够关注和重视。2005年启动、2010年完稿出版的《全球华语词典》，只涉及词汇层面。对于全球华语的语法问题，学界至今无人提出研究计划。2009年，周清海先生提出，应将全球华语语法提上研究日程，并多次与我们沟通，希望以华中师范大学语言与语言教育研究中心为依托，立项并组织对全球华语语法的研究。这一倡议，反映了世界华人的寄托和期望。作为教育部人文社会科学重点研究基地，我们有责任也有义务，用实际行动做出积极的回应。

二

本项目是一项涉及面广、情况复杂、问题繁难的浩大学术工程。第一，华人遍及五大洲,华语通行全世界,如此广泛的地区分布,如此众多的使用人口,这是除英语之外的其他语言所难以相比的。第二,华语的使用情况十分复杂,在不同的华人社区,在不同的历史时期,由于政治、经济、文化等方面的制约和影响,表现出各不相同的形态。第三,世界华语的研究,涉及很多深难的问题。就语法来说,其差异不像语音和词汇那样较为容易发现和描写,往往需要在更深的层次上才能观察到内部的不同;还有,促成华语语法在不同区域形成变异的因素有哪些? 如何消除歧异、使之逐渐趋于一致,以便于华人之间的相互交流与沟通? 在华人交往日趋频繁的今天,华语语法将会如何发展? 这些都是研究中将会触及到并需做出回答的问题。正因为本项目工程浩大,任务繁重,我们经过反复的酝酿和构思,并多方听取意见,才形成项目实施的基本思路,概括起来就是:近远布局;实论结合;主次兼顾。

"近远布局"是就工作部署来说的。本项目涉及那么多的国家和地区,涉及那么多复杂的问题,不可能毕其功于一役,因此需要由"近"及"远",分期部署,分步推进。整体工程拟分为两期:"一期"是单点的事实调查和描写;"二期"是各点的比较与研究。"一期"先选择最具代表性的若干区域,重点调查,积累经验;再推及需要考察的其他区域,全面调查,系统总结。作为"一期"的第一步计划,我们选择了中国的台港澳地区和东南亚华人群体较大、华语使用频繁的新加坡与马来西亚,以及在欧美及澳洲具有一定典型性的美国,拟用五年左右的时间完成三地区和三国家的调查。

"实论结合"是就指导思想来说的。一方面,着力于全面地调查事实,深入地发掘规律,以展示"整体华语"的语法面貌;同时,还将通过不同社区华语语言生活的考察,分析影响语言生活、制约华语发展的各种因素。另一方面,将致力于在事实考察的基础上,进行宏观上的理论思考与总结,力求提出一些具有创新性的论说,或者提出一些具有可行性的建议。

"主次兼顾"是就研究内容来说的。面对情况各异、现象纷繁的全球华语语法,研究时该如何把握考察的对象、确定研究的内容? 我们的考虑是:突出重点,兼顾其他。具体来说:重点调查中国台港澳地区和东南亚国家,同时也调查其他国家;重点调查华语共同语,在方言突出且使用频繁的区域,也调查代表性方言;重点考察语法问题,也兼顾考察相关的应用问题;重点调查口语,对于有华语纸质媒体和华语文学创作的地区,也兼顾考察书面语。

研究的过程中,我们还确定了两条原则。

一是"不求一致"。按原先的研究计划,我们要求采用统一的语法调查大纲和内容框架,术语上也要求一致。但由于各地华语的情况很不一样,要真正执行统一的要求比较困难。第一,要制定出一份统一的适用于不同区域华语的调查大纲比较难;第二,不同区域华语的差异度不一样,比如中国香港和美国。如果都要求统一的内容框架,不太现实;第三,术语的使用上,中国大陆、台湾及美国等地也有区别,难以取得一致。最后确定的意见是:能够统一当然好,但不强求一律,只要求能反映出各地华语语法的主要特点和基本面貌。对于某种语言现象的术语或命名,六卷中可能有所不同,这跟作者个人的习惯或认知有关,但我们在同一卷上力求统一,以免误解。

二是"求异去同"。异同是相对普通话而言的。在原先的项目设计中,我们要求对不同区域华语的语法做全面的调查和描写,反映其语法系统的全貌。但对差异度较小的区域华语来说,这样做显得没有必要。为了突出区域华语语法上的特点,我们确定做异不做同,把考察的重点放在语法的差异上。

三

经过 5 年的努力,我们完成了中国台湾、香港、澳门三个地区和新加坡、马来西亚、美国(洛杉矶)三个国家的调查,写出了六卷《全球华语语法》。通过这六个点的调查,我们得到了一些初步的认识。比如:

关于语法的区域差异,我们得到两点基本认识。第一,在不同的华语区,语法的差异程度很不一样。就已调查的六个点来说,香港华语的差异最大,形成了别具一格的"港式中文"。美国华语的差异最小,除了"请您先看看一下帖子的内容"(动词重叠带宾语)、"我知道我不够他聪明"(比较句)之类表述和一些带有欧化倾向的说法之外,我们没有发现更多的明显的语法差异。第二,在差异度较大的华语区,语法有其独特的一面,但从宏观上看,还是呈现出一种"大同小异"的格局。比如马来西亚华语,尽管存在着一些差异,但这些差异大多是局部的或细节上的,从大的方面来说,跟普通话还是基本一致的。比如,语序和虚词是主要的语法手段,词法和句法类型基本一致,等等。更多的则是在一些词语的组合或用法、成分的配置上表现出不同,当然也还有一些特殊的语法形式。例如,像"上述电梯、上述书本、上述道路、上述树木、上述鸡蛋、上述汽车"之类的组合,在其他华语区好像没有见到。

关于差异形成的原因,我们观察到三个方面:语言的接触、方言的影响、语言政策的作用。其实,这些原因我们都是想象得到的,但通过这次调查,我们看到了更多的具体事实。

就语言的接触来说。比如澳门华语(中文)。我们知道,葡萄牙语作为澳门的官方语言之一,在澳门已有 460 多年的历史。1849 年,葡语成为澳门唯一的官方语言;直到 1992 年,中文才又回归为官方语言,构成当前澳门社会双官方语言的局面。葡语对澳门中文的影响主要表现在词汇方面。澳门中文里存在着不少葡语的借词或根据葡语构词法构成的词语。由于葡语在历史上曾处于一语独尊的霸主地位,许多法律文件、政府公文都是用葡语起草的,然后通过直译,转换为中文,因此这样的中文往往会带有一些葡语语法的成分,被称为"葡式中文"。这种"葡式中文"就是语言接触的结果。

就方言的影响来说。方言对区域华语共同语语法的影响也是显而易见的。我们在重点调查共同语的同时,也兼顾调查比较活跃的代表性方言,比如台湾的闽语、香港的粤语,就是想进一步观察方言对共同语的渗透①。例如,台湾地区华语("国语")中的"有"字句、新加坡华语的"VVC"式,显然是受闽语影响的结果。香港卷中设了一章,专门讨论香港粤语语法对港式中文的影响。

就语言政策的作用来说。从调查中我们看到,不同国家和地区的语言政策对华语的发展起到一定的促进或抑制作用,使华语在不同的华语区呈现出不同程度的差异。比如,香港回归后,特区政府实行"两文三语"(中文和英文,普通话、粤语和英语)的政策,"港式中文"得到了进一步发展。在新加坡,李光耀先生强调,新加坡华语要跟着中国(大陆)的语言标准,向着普通话靠拢。他认为,"创造自己特点的华语,对新加坡不利,也走不出去。"(周清海《人生记忆》,世界科技出版社 2011 年)大体相似的语言环境(英语作为官方语言,

---

① 本套丛书经常会提及汉语方言,包括闽方言、粤方言、吴方言等。为遵循有关方面的政策和表述习惯,丛书中根据情况用闽语指称闽方言,用粤语指称粤方言,用吴语指称吴方言,等等。特此说明。

方言使用频繁），但在香港地区形成了别具一格的"港式中文"，而在新加坡却没有形成特点鲜明的"新式中文"。我们觉得，这应该跟香港地区和新加坡的语言政策有着一定的关系。

不同区域华语的发展，总的趋势是趋同，不会是扩大差异，将会是逐渐地缩小差异，逐渐地走向融合。一方面，随着中国国力的日益增强，国际地位的日益提升，普通话的影响将会越来越大，各地华语会以一种顺应的姿态向普通话靠拢；为了交流的通畅，消除华语的区域差异，将成为一种现实的需要和选择。另一方面，华语国际教育事业的推进，也会为世界华语走向融合起到一定的助推作用。关于这一点，周清海先生做过富有启发性的论述。（《"大华语"的研究和发展趋势》，《汉语学报》2016 年第 1 期）

四

项目的实施得力于团队学者的支持。项目涉及不同的国家和地区，因此我们组建了一支海内外携手、老中青结合的研究团队。团队中有李英哲、周清海、田小琳等老辈学者，有郭熙、陶红印、徐杰等中年学者，还有一批青年学者。大家齐心协力，精诚合作，可以说，这是语言学国际科研合作的一次成功实践。我们先后召开了三次工作会议。2011 年 12 月，在暨南大学华文学院召开了项目启动会，确定了研究的基本内容和实施的具体方案。2013 年 10 月，在新加坡南洋理工大学孔子学院召开了项目推进会，交流了前一阶段的研究进展，讨论了研究中遇到的共性问题，明确了后一阶段的研究任务。2015 年 9 月，在美国夏威夷大学召开了项目总结会，讨论了项目结项和书稿撰写的要求，并就"一期"第二步的工作进行了部署。每次的会议，既是学术的交流，也是友情的享受；六卷书稿，既是团队合作的结晶，也是团队友情的见证。其实，给予项目支持的不只是团队的成员。比如，就项目的规划和实施，我们先后征询了陆俭明、李宇明等先生的意见，他们提出了很好的意见和建议。商务印书馆的相关领导和编辑自始至终关心项目的进展，为书稿的出版倾心竭力。学界同人的支持和贡献，怎一个"谢"字了得！此外，我们研究中心的谢晓明、姚双云、匡鹏飞、苏俊波和罗进军参与了书稿的修改，他们的贡献也是我们不能忘记的！

五

我们的项目持续了将近十年,但这仅仅是起步。其实我们心里很清楚,我们只是做了初步的调查,老实说,目前还不可能拿出什么了不起的成果。就已经写出的六卷《全球华语语法》来说,只是涉及六个华语区的部分语法现象,并没有涵盖全部,还有不少问题尚未触及,也一定会有不少细节的或深层次的问题尚未发现。就事实的描写而言,有些地方还是比较粗糙的,并不是很精细,在规律的揭示上下的功夫还不够。在现有研究的基础上,做进一步调查,进一步挖掘,深入地揭示特点和规律,并从理论上加以认识和总结,这将是我们今后研究的着力点。我们会始终坚持一点,就是要讲求实干,不浮躁,不浮夸,实事求是地做,一步一个脚印地往前走。"全球华语语法研究",这是一个项目,也是一项工程,更是一番事业。这番事业,在我们看来,只有起点,没有终点,永远在路上,任重而道远。我们期待能有更多的学者来支持这项工作,加入到这项研究的行列。

邢福义　汪国胜
2020 年 10 月 18 日

目　录

第一章　新加坡华语语法研究导论

为了促进世界华人之间的交流与沟通,历经5年编纂完成的《全球华语词典》于2010年由商务印书馆出版发行,收录了主要华语区的不同词汇,是华人世界第一部全球华语词典。这部词典描写了不同华语区的语言变体现象,不仅可以帮助各地消除语言隔阂,使说华语的人群能更好地相互理解,也有利于华语学习者的学习与使用,并促进华语的规范及趋同。

除了词典之外,《全球华语词典》的倡导者兼学术顾问周清海与邢福义、陆俭明、李宇明等先生经过讨论后,进一步提出了研究全球华语语法的构想,周清海(2012)指出:

> 1949年以前的"国语",无论词汇或语法现象,都保留在各地的华语里。加上华语区多语社会的影响,使华语出现许多和中国现代汉语不同的特点。中国现代汉语和各地华语的交流与融合,将使现代汉语出现较大的变化。这个融合还在进行,还没有固定下来,因此词汇之外,各地华语语法的差异,也值得我们观察研究。

2011年,国家社科基金正式为"全球华语语法研究"立项,作为国家的重大研究项目,并以邢福义为首席专家,联合美国、新加坡、马来西亚、中国等地的学者,对全球华语语法进行全面考察,改变了过去研究汉语语法主要限定在中国国内的情况。

"全球华语语法研究"研究项目的初步工作是完成6卷本《全球华语语法》,每卷是一个子课题,即台湾卷、香港卷、澳门卷、新加坡卷、马来西亚卷和美国卷。新加坡卷的召集人是周清海教授,团队有新加坡国立大学中文系的李子玲副教授和潘秋平副教授等。

第一节　新加坡的社会背景

语言是一种社会现象。要研究新加坡华语,必须先对新加坡的社会背景及语言生态有一定的认识与了解。新加坡于 1819 年开埠后,来自中国、印度尼西亚及印度等地的移民大批涌入,渐渐形成了多元种族、多元文化的社会结构。近一百年来,新加坡的语言生态出现了许多重要的变化,因此本节将从新加坡社会的人口结构、语言使用状况及新加坡的双语政策谈起。

一、新加坡的人口结构

开埠前的新加坡是个小渔村,据说人口只有 150 人,以马来人为主。为了发展当地的经济,当时的英殖民政府从中国、印度尼西亚及印度等地引进了大批劳工,其中又以中国闽粤地区的华人移民占大多数。现今新加坡的人口主要由开埠后不同时期的移民后裔组成,包括了华人、马来人、印度人等(包括欧洲人、欧亚混血儿等)。根据新加坡统计局(Singapore Department of Statistics)的资料,新加坡从开埠至今的人口比例变化如下:

表 1:新加坡人口的构成比例

年份	华人(%)	马来人(%)	印度人(%)	其他(%)	总人口(千)
1824	31.0	60.2	7.1	1.7	10.6
1836	45.7	42.0	9.6	2.7	30.0
1871	57.6	27.5	10.9	4.0	97.1
1911	72.4	13.8	9.2	4.7	303.3
1970	77.0	14.8	7.0	1.2	2074.5
1990	77.8	14.0	7.1	1.1	3047.1
2010	74.1	13.4	9.2	3.3	5076.7

从表 1 可见,新加坡开埠之初,以马来人人口占大多数。随着来自中国的移民大量增加,在 1836 年,华人人口已经超过了马来人,成为当地最大的族群(占 45.7%),这时距新加坡开埠还不到 20 年。直到 1849 年时华人人口已经超过总人口的一半(占 52.9%[①]),并持续增长至 1911 年的 72.4%。直到新加坡

---

① 数据来自李恩涵(2003)。

建国,各种族人口占比都一直保持稳定,并维持至今。根据 2010 年的人口普查报告,新加坡总人口已经突破 500 万,其中华人占 74.1%,马来人占13.4%,印度人占 9.2%,其他占 3.3%。

华人是新加坡最大的族群,根据不同的籍贯又可分为福建人、潮州人、广东人、客家人、海南人五大方言群及中国其余各省的移民等。其中,福建人自 1881 年开始就已成为新加坡华人社团(以下简称华社)最大的方言群体。历年来各方言群在新加坡华社中的构成如下:

表 2:新加坡华社的主要方言群构成比例①

年份	福建人(%)	潮州人(%)	广东人(%)	客家人(%)	海南人(%)
1840s	22.7	47.9	15.0	10.1	1.8
1881	28.8	26.2	17.2	7.1	9.6
1911	47.0	17.8	23.0	5.9	5.1
1947	42.8	21.5	21.6	5.5	7.1
1990	42.1	21.9	15.2	7.3	7.0
2010	40.0	20.1	14.6	8.3	6.4

二、新加坡的语言使用状况

多元种族的人口组成结构也形成了新加坡社会的多语现象。新加坡于 1965 年独立后,确立了以马来语为国语,四种官方语言为英语、华语、马来语及淡米尔语(即泰米尔语)的语言政策。一个值得注意的现象是,这四种官方语言在 1957 年时,很少人以之为第一语言,Pennycook 估计以这四种语言为母语的人口只占 18.6%。(Kaplan & Baldauf 2003)根据 1957 年的人口普查报告,新加坡通行的方言高达 25 种,其中汉语方言就有 12 种。当时以华语为母语的人口只有 0.1%,大部分华人都以各自的方言为母语,主要有福建话、潮州话、广东话、客家话和海南话等。这里的"福建话"是官方对华人籍贯的一种

---

① 1840 年代数据来自 Seah(1848);1881 年、1911 年及 1947 年数据来自李恩涵(2003);1990 年及 2010 年数据来自新加坡统计局。

分类,也是社会语言学家研究新加坡的语言景观时常用的术语。为求准确,本书所使用的"福建话"指的是流行于新加坡的福建闽南语(主要是厦、漳、泉三地的闽南语)。其中,福建话及潮州话属于闽语,广东话属于粤语。此外,马来语及印度语也有各自的方言变体。由此可见,当时的新加坡是一个各种语言与方言百花齐放的社会。

在这样一个复杂的语言社会里,市井马来语(Bazaar Malay)扮演了各族群之间通用语(Lingua Franca)的角色。市井马来语也是当时东南亚地区的通用语,主要用于贸易、国际政治和各族群之间的日常交流。此外,由于新加坡华人中人数最多的是福建人(即福建省厦、漳、泉等地的人),说福建话的人数较多,加上福建人比其他籍贯的华人更早来到新加坡发展,因此在历史上福建话一直都是当地不同方言群华人之间主要的交际语言,并和市井马来语一起作为当地(也延伸至区域之间)商业贸易的主要用语。

行政上,在英殖民政府长达140多年的统治之下,英语在新加坡社会有着举足轻重的地位。当时只要能听、能说、能写、能懂英语的人,在政府、机关或商社,总有任职与就业的机会。(洪镰德2002)他们也是殖民地政府与当地各种族居民之间沟通的桥梁。

于是,当时居住在新加坡的人大多通晓两种或两种以上的语言或方言,除了自己的母语外,也学习其他当地的主要通行语如英语、马来语及福建话等。新加坡独立后,英语延续了其作为官方行政语言的地位,而华语、马来语及淡米尔语分别作为华、巫、印三个族群的代表语言。福建话虽然并不是官方及教育的用语,但在当地社群中依然活跃。1972年的一项调查反映了当时新加坡人对于各种主要语言的理解能力:

表3:1972年新加坡人口中能理解各种主要语言的比例(15岁及以上)(郭振羽1985)

年龄	英语(%)	马来语(%)	华语(%)	淡米尔语(%)	福建话(%)
15—20	76.4	58.2	70.9	6.1	74.8
21—30	61.2	65.7	64.5	7.2	74.9
31—40	33.2	64.5	56.8	4.6	77.6
40以上	21.5	52.5	33.4	7.4	66.6
总数	46.6	57.1	54.4	6.7	72.7

从表 3 中可见,新加坡人口中能理解福建话的人口比例,远在其他语言之上,在全国人口中占了 70% 以上。1957 年时以福建话为母语的人口约为全国人口的 30%。可知多数华人是在家庭以外的社会环境中学习福建话。(郭振羽 1985)由此可见,即使在新加坡独立后,福建话在华人族群(以下简称华族)人口中依旧占据着独特的通用语地位。此外,各个年龄层里都有一半以上的人理解马来语。另外我们也可看到,年轻一代的新加坡人能理解英语和华语的比例相当高,应和新加坡独立后的教育政策的有关。

从 1980 年起,新加坡的人口普查报告开始调查新加坡人的家庭常用语,具体情况见表 4。

表 4:新加坡家庭常用语比例

年份	英语(%)	华语(%)	汉语方言①(%)	马来语(%)	淡米尔语(%)	其他(%)
1980	11.6	10.2	59.5	13.9	3.1	1.7
1990	20.3	26.0	36.7	13.4	2.9	0.7
2000	23.0	35.0	23.8	14.1	3.2	0.9
2010	32.3	35.6	14.3	12.2	3.3	2.3

由表 4 可见,从 1980 年至 1990 年这短短的十年间,除了马来语和淡米尔语保持相对的稳定外,英语、华语和汉语方言在新加坡家庭中的使用都出现了明显的转变:以汉语方言为常用语的家庭从 59.5% 骤降至 39.6%;同时,以英语和华语为常用语的家庭分别增加了 7.2% 及 13.5%。随后,以汉语方言为常用语的家庭持续骤减至 2010 年的 14.3%,和 1980 年相比,在短短的 30 年之内减少了 45.2%。同时,以英语为常用语的家庭持续增长至 2010 年的 32.3%。虽然 2010 年时以华语为常用语的家庭占大多数(35.6%),但 2000 年至 2010 年间仅有 0.6% 增幅,相比之下英语似有取代华语作为新加坡家庭常用语的趋势。

值得注意的是,在新加坡以华语和汉语方言为家庭常用语的家庭一般都

---

① 汉语方言包括福建话、广东话、潮州话、客家话及海南话等。

是华人家庭。从表4中我们可看出,在这30年里,新加坡华人家庭出现了"脱方入华"和"脱华入英"的现象①,也就是说,虽然越来越多华人家庭不再以方言作为常用语,但除了改用华语外,也有一部分的华人家庭选择改用英语为家庭常用语。出现这样的变化,和新加坡在全国推行的双语政策及在华人之间的讲华语运动有关。(有关讲华语运动的详情,请见本章第二节)

三、新加坡的双语政策

自新加坡1965年独立以来,双语教育即成为主流教育体系的基石。独立后的新加坡虽然制定了推行4种官方语言的政策,但是在大多数情况下,英语仍是主要语言,不仅作为各族群之间的共同语,也是各种正式文件及高等教育的媒介语;而华语、马来语及淡米尔语一般只作为各族群内部的共同语,以及用来推广与传承族群文化的工具。在教育上,新加坡政府自1966年开始在各源流学校实施双语教学。"双语"指的是英语及其中一种官方语言。就英语源流学校而言,第一语言是英语,第二语言则是学生的母语②;在非英语源流学校如华语学校、马来语学校及淡米尔语学校等,英语则是第二语言。

然而,越来越多的家长意识到英语在新加坡社会上的重要性,纷纷将孩子送入英语源流学校就读,导致其他源流学校的学生大量流失。根据新加坡教育部的统计,1985年进入各源流学校的小学生一年级新生人数比例如下:

表5:1985年新加坡各源流学校的新生入学情况

	百分比
英语	97.00
华语	3.00

---

① "脱方入华"及"脱华入英"的说法源自吴英成(2010)。

② 在新加坡,"母语"的定义和传统的"儿童在家学习的第一种语言"不一样。由于复杂的语言环境及政治因素,"母语(在新加坡双语政策之下)可以是华语,马来语或淡米尔语"。由此可见,在新加坡的语境里"母语"指的是儿童所属族群的语言。譬如,对于华族儿童,无论他们的家庭用语或第一语言是什么,他们在学校都须把华语当成"母语"来学习。

1987 年开始,新加坡统一了各源流学校,开始了以英语为主、母语为辅的双语教育政策。除了母语及道德教育课程外,英语为所有科目的教学媒介语。(洪镰德 2002)

关于双语教育政策,当时的教育部长陈庆炎如是说:

> Our policy on bilingualism——that each child should learn English and his mother-tongue——I regard as a fundamental feature of our education system. Children must learn English so that they will have a window to the knowledge, technology and expertise of the modern world. They must know their mother-tongue to enable them to understand what makes us what we are today. (我们的双语政策就是要每名孩子都学习英语和他的母语。这是我们的教育系统里一个基本的特点。学习英语能为孩子们开启一扇窗,让他们接触现代世界的知识、技术和技能。此外,他们也必须掌握母语以了解我们这个社会的价值观。)(《海峡时报》 1986-3-22)①

由上可见,英语在新加坡的使用主要体现在实用价值上。英语在国际上的重要语言地位,使其被视为新加坡与国际社会接轨的工具,它既是新加坡学习西方先进科学技术及知识的载体,也是新加坡与西方国家进行国际贸易的主要媒介。

新加坡的双语政策实施至今已有几十年。这种语文政策下的英语优势,使新加坡成为一个真正的国际化都市,也是新加坡能够迅速走向富裕,成为亚洲发达国家的重要基础和原因之一。(龙敏君 2014)如今,受过教育的新加坡人都能掌握至少两种语文,即英语及自身的母语。然而,以英语为主的双语政策也改变了新加坡独立前的语言生态,汉语方言的流失最为严重,新加坡的年轻一代几乎已经不能说方言。英语和华语的使用虽然大幅度增加,但从表 4 的数据看来,并不排除未来华语将逐渐被英语取代的可能性。而新加坡教育局发布的《2010 年母语检讨委员会报告》(*2010 Mother Tongue Languages Review Committee Report*)的调查结果也发现,在家以英语为主要用语(dominant language)的小一华族学生从 1991 年的 28% 增加至 2010 年的 59%,可见英语

---

① 转引自 Ang(1991)。

的使用已经超越了华语,成为华族小学生的主要用语。

第二节　新加坡华语的发展与使用:
从方言到华语

早期南来新加坡的华人都以各自的方言作为家庭用语,华人之间也使用不同的汉语方言相互沟通与交流,甚至使用马来语或英语。1980 年人口普查报告也指出,华人家庭中有 81.4%以汉语方言为家庭用语,其中 37.5%使用福建话,13.5%使用潮州话,16.1%使用广东话。(Saw 1982)这些都是中国南方方言,福建话和潮州话同属闽语,而广东话属于粤语。然而,这些家庭的孩子在学校学习的却是华人的代表性官方语言——华语(1911 年以后),也只有在学校受过教育的华人才会说华语。虽然在 1972 年时,能理解华语的新加坡人口已占 54.4%,但社会上依旧保持着以方言作为华人之间通用语的习惯。直到 1979 年新加坡政府开展了讲华语运动,新加坡华人家庭及社会常讲方言的风气才开始转变。

华人是重视教育的,而华语的学习与流通也是从学校开始的。因此,我们可以通过新加坡华文教育的发展进程来了解新加坡华语的发展。

一、新加坡华文教育

目前,我们并没有足够的资料来说明新加坡最早的华文学校是哪一间,于何时成立。根据 Doraisamy(1969),现有最早的有关新加坡华文教育的资料是来自德国传教士 Rev. G. H. Tomsen 于 1829 年所写的一份报告,报告中记录了三所华人私塾的存在,其中两所以广东话教学,另一所以福建话教学:

…there was a Cantonese school at Kampong Glam of twelve boys, and another at Pekin Street of eight boys, while there was a Hokien school at Pekin Street of twenty-two boys…(……在甘榜格南有一所有十二名男生的广东学校,在北京街还有另外一所有八名男生的学校,而在北京街则有一所有二十二名男生的福建学校……)

1854 年,华侨先驱陈金声在厦门街(Amoy Street)创办了华人义塾——萃英书院。当时华人对教育的高度重视从 1861 年萃英书院碑文里可见一斑:

　　……我闽省之人,生于斯聚于斯,亦实繁有徒矣,苟不教之以学,则圣域贤关之正途,何由知所向往乎! 于是,陈君巨川(金声)存兴贤劝学之盛心,捐金买地,愿充为党序之基,欲以造就诸俊秀,无论贫富家子弟咸使入学……经于咸丰甲寅年工成告竣,因颜其院曰萃英;盖萃者聚也,英者英才也,谓乐得英才而教育之。

　　紧接着,1889 年毓兰书室(后改称保赤学校)、1906 年道南学堂(后改称道南学校)等也相继创办。这些华文学校使用当地不同的汉语方言作为教学媒介,因此福建人会送孩子到以福建话教学的学校,广东人会送孩子到以广东话教学的学校,其他方言群体亦然。也就是说,尽管这些学校的课程大致相同,都是以中国经典典籍为主的旧式教育,每所学校的教学媒介语却不一样,通常是儿童从小在家所说的汉语方言。值得注意的是,当时的"华语"(Chinese)是一个相当模糊的词语,可以用来指称新加坡华人所说的任何一种汉语方言。殖民地政府对华文教育采取的是漠视的态度,既不鼓励,也不支持,这些华文学校都是靠当地华人社群的力量创办与维持的。除了一所天主教华文学校(Roman Catholic Chinese School)以外,早期的华文学校(以下简称华校)都没有得到殖民地政府的津贴。

　　1900 年至 1919 年之间,中国的社会变迁和政治改革对包括新加坡在内的海外华侨影响深远。在现代化思想的影响下,新式的华文教育取代了原有的旧式教育。这段时间里,中国政府也经常派遣官员到南洋(即东南亚地区)视察,汇报海外华文教育的情况,并多次来到新加坡。这时期的华文教育是非常依赖中国的。许多华文学校采用了和中国当地的学校一样的课程,如教授修身、语言、算数、历史、地理、科学、绘画、唱歌和体操等课程。

　　1911 年起,小学的课程里也加入了英文。值得注意的是,这时华文学校的教学媒介依旧是方言,而 1911 年开始出现的以成人为对象的夜校,可说是最早以华语(当时称为"官话""国语")作为教学媒介语的学校。直到 1917 年,"国语"(当时中国通用的"官话",即 Mandarin)被选为中华民国的国语,直接影响了新加坡的华文教育,华文学校里的教学媒介语才从各种方言转为华语。(王秀南 1970)

　　然而,殖民地政府并不支持华文学校使用华语教学的做法。根据 Chelliah (1947),1923 年的年度教育报告提到对华校的财政补贴,其原则如下:

1. 鼓励及协助说汉语的儿童（Chinese-speaking children）通过他们的家庭方言或能理解的方言来接受教育。不说方言的土生华人或其他华人则须以英语作为他们的语言，并有资格直接进入英校就读。

2. 华校教英语不需要获得补贴。

3. 由于没有人反对在华校教授华语或英语，所以这两个科目并不能享有补贴。

4. 协助说汉语的儿童在十岁之前使用本土方言求学，而非进入英校。如果这些孩子想在十岁时进入英校，英校将会提供一定的位置给那些在已注册的华校就读至少三年、年龄符合要求的杰出学生及贫困家庭的孩子。

5. 受补贴的华校的课程必须尽量为英文教育做好准备，尤其是算数和地理。

由上可见，殖民地政府认为，说汉语的儿童的母语应是"家庭方言或他们能理解的方言"。提倡华校使用方言教学而不是华语，是因为当时的华语带有强烈的政治意义。作为非补贴科目，间接显示了华语的教学是不被鼓励的。

然而，这些政策很难吸引华校去申请政府补助。深厚的中国情结使得越来越多的华校选择使用中国政府提倡的华语来教学。于是华语逐渐取代了汉语方言，成为华校的教学媒介语。1950年代，中国国内发生的一系列事件也推动了华语在新加坡的使用：1955年10月，中国教育部长宣布在全国推广普通话；1956年，普通话成为全国通用的教学语言；1956年1月，中国国务院发布《汉字简化方案》；1958年全国人民代表大会批准颁布《汉语拼音方案》，这套方案被官方确认为罗马化汉语的标准方案。这些事件都证实了在新加坡推行华语教育是可行的。然而，大部分的华人在家里还是继续使用方言，于是讲华语运动在这里开展了。

二、讲华语运动

第一届讲华语运动始于1979年9月7日，之后每年十月份都会展开为期1个月的宣传活动。讲华语运动最初的宗旨是说服新加坡华人使用华语取代各种方言（尤其是福建话）作为华人之间的共同语。最初的目标是说服华人使用华语取代不同的汉语方言作为家庭用语，那么在五年内，就能培养年轻一代使用华语跟除了祖父母之外的家庭成员沟通；接着将讲华语的习惯从家庭延伸至其他社会领域，那么在十年之后，华语将能和英语一起作为社交用语。

　　Noss(1984)指出了讲华语运动的三个官方诉求——教育诉求、文化诉求及实用诉求。其中,最普遍的是教育诉求。在 1970 年代,许多华人学生进入英校就读,造成华校的学生人数大量减少,这种情况如果持续下去,将导致华文华语的流失。当时的国防部长吴庆瑞先生及教育研究小组提出的《1978 年教育部报告》就指出了这种情况。这份报告的第一章第一页就统计了就读华校和英校的小学生的比例。其中,就读华校的学生从 1959 年的 45.9% 跌至1978 年的 11.2%。这种趋势使政府不得不特别关注双语教育的发展,因为这种情况如果持续下去,新加坡人将失去他们的文化根源,不管他们的祖先来自中国、印度或是马来语社会(Goh et al. 1978)。报告也指出方言的使用对于华语的学习有不利的影响:"大部分学生都学习华语和英语两种语言。大约85% 的学生在家里并不说这些语言。当他们回到家,他们说的是方言。可见他们在学校学习的语言并没有获得加强。"(Goh et al. 1978;同见 Gopinathan1994)许多部长也公开呼吁华人家长在家时使用华语和孩子们沟通,而不是方言。此外,华语也被认为是新加坡华人保留及传承中华文化的媒介。从实际价值层面来看,政府也希望华语能加强不同方言群体的凝聚力,解决不同方言无法互相沟通的问题。

　　当时,讲华语运动的力度是相当大的。新加坡教育家及东南亚历史学家邱新民如是回忆:

　　　　推行华人讲华语运动,如火如荼,每一会社、商店、公司、超级市场、小贩以至各式各样的人都热烈响应,多少人士发表言论,提出问题和推行有效方法,辩论会辩过了,华语演讲比赛老少幼全面展开在举行中,各选区议员分别在其选区分发传单劝说讲华语,各机关团体的职员襟上挂有"我能说华语"章,通街或大厦前或小巷里都横挂着"多讲华语,少讲方言"的布条标语,巴士上也写有同样的标语,电视播送教学华语,电视剧用华语配音……努力在做,不遗余力,而且无孔不入,华语成为华族的公共语言,势所必然,无可异议。(邱新民 1980)

由此可见,讲华语运动得到了上至政府机构,下至普罗大众的关注与参与。当时的新加坡总理李光耀为了讲华语运动,可说是"软硬兼施"。"软措施"包括:为公务员开华语班;出版多种附有中英文对照并有汉语拼音的词汇手册;让人们通过电话热线"打电话,学华语";甚至规定华族公务员必须华语口试及格才能获擢升。"硬措施"中,冲击最大的是新加坡电视台在 1978 年 7 月停止播出方言广告;1979 年 11 月开始把所有香港的广东话电视连续剧配成华语;新加坡各影片发行机构也必须减少播放外地的方言影片。李光耀认为这些措施虽然被人说是"残忍、不近人情",但还是正确的,要不然,讲华语运动的一切努力,会被讲方言的电视剧抵消,华语也不可能深入到家庭里去。

另一项"硬措施"是普及汉语拼音。教育部从 1981 年 1 月 1 日起,推行华族学生姓名汉语拼音化的政策。街道的方言名,政府也要改成汉语拼音。但是这个要普及汉语拼音的政策不但受到华族反对,异族同胞也有意见。一些家长也不希望孩子的姓改成汉语拼音后听起来和自己的不同。学生姓名和街道名汉语拼音化,政府后来都不再坚持。[①]

从新加坡人口普查的数据看来,讲华语运动的成效是显著的:

表 6:新加坡华人家庭常用语比例

年份	英语(%)	华语(%)	汉语方言(%)	其他(%)
1980	10.2	13.1	76.2	0.5
1990	21.4	30.0	48.2	0.4
2000	23.8	45.1	30.7	0.4
2010	32.6	47.7	19.2	0.4

我们在上一节已提及,新加坡的语言使用在 1980 年至 1990 年之间出现了明显的转变,其中一个原因正是政府推行的讲华语运动。随着讲华语运动的推行,新加坡华人家庭中以华语为常用语的家庭在 30 年内增加了 34.6%,取代汉语方言成为大部分华人家庭的常用语;以汉语方言为常用语的家庭则骤减了 57%。然而,讲华语运动也使部分华人家庭放弃方言或华语,转而以英语作为主要的家庭用语。华语至今也未能成为一半以上华人家庭的常用语。在 2000 年至 2010 年之间,以华语为常用语的家庭的增长放缓,反而以英语为常用语的家庭大幅度增加。

---

① 有关讲华语运动的"软措施"及"硬措施"的论述皆来自潘星华(2011)。

值得一提的是,20 世纪 90 年代开始,讲华语运动的目标转移至受英文教育的华人(Gopinathan 1994),于是,大众媒体使用方言的禁令开始放松,广播电台也可以在特定时间段里定时播出方言新闻等节目。可见,方言在新加坡继续以有限的功能存在着。

第三节　新加坡华语的双层现象

1988 年 9 月 13 日,新加坡《联合早报》刊登了吴庆康《新加坡华语削衰咩?!》一文,在当时引起了广泛的讨论。

这篇文章模拟新加坡华人在各种场合,如大学、中学及兵营等说"新式华语"的对话片段,片段中可见"新式华语"穿插了许多英语或方言演变而来的字句。作者也分别论述了《"新式"华语普遍被接受》《"新式"华语与正确华语对照表》及《中国学生怎么看我们?》。文章的标题"削衰咩"由福建话"削衰"(丢脸)和粤语的句末语气词"咩"(吗)组成,说新加坡华语的人自然听得懂,甚至觉得十分亲切,因为这是他们日常生活中所使用的语言。但不熟悉新加坡华语的人,如说其他地区的华语或是说普通话的人,却未必听得懂,而且认为这种说法是"四不像"。这篇文章刊登后,引起了广泛的注意,收到了许多读者的回复。虽然有读者认为"新加坡式华语"不应该受鼓励,但是大多数读者都认为"新加坡式华语"生动有趣,且带有本地色彩,他们并不反对在生活中使用"新加坡式华语",但认为在课堂或广播等正式场合应该坚持使用标准华语。[①] 从这篇文章及读者回复可以看出,新加坡华语和标准华语在这个时候已产生了社会语言学界所说的"双层语言现象"(diglossia)。

一、什么是双层现象?

Romaine(2001)指出,在一个多语言的社会里,社会成员可以使用不同的语言或变体来表达特定的交际目的,进而形成"双层语言"的现象。譬如,在阿拉伯语系的国家如埃及,人们在家里说的一般是本土化的阿拉伯语,然而真正受到公众认可的却是以古阿拉伯语书写的《古兰经》为规范的现代阿拉伯

---

① 整理自《你怎么说?——"新加坡式华语"的回响》,《联合早报》1988 年 9 月 24 日。

标准语(Modern Standard Arabic)。从功能上来看,标准语一般用于演讲、阅读和广播等正式场合,成为"上层语言"(high language);本土化的变体则作为"下层语言"(low language)使用于家庭成员或朋友之间。这里的"上层"和"下层"仅是分析上的术语,并不带有价值判断。典型的下层语言是用语者在家习得并使用于日常生活中的母语,是家庭成员或熟人之间互动交流的工具。相对地,上层语言是用语者稍后通过学校习得的,并获得家庭以外的体制认可。相较下层语言,上层语言在社会上享有语言优势,受到政府、社会及教育机构的认可。此外,上层语言一般都有着深厚的传统文学背景及规范化标准,如现代阿拉伯标准语以古阿拉伯语为规范,而伊斯兰教的经典《古兰经》就是由古阿拉伯语写成的。

不仅如此,双层语言社会的标志也包括了语言使用的限制。在双层语言社会里,划分语言或变体的使用功能,在适合的语境里使用正确的语言或变体对该社会的成员而言是相当重要的。因此,该社会成员若想进入正式机构如学校或政府,就必须学会使用上层语言;外来的非社会成员在不知情的情况下在正式的场合里使用下层语言演讲时会被嘲笑。在大多数情况下,用语者会认为使用上层语言比下层语言优越,有些时候上层语言更被当成是该语言的"唯一正确版本",以至于有用语者声称他们并不说下层语言。

双层语言现象也造成社会里不同的语言或变体出现阶级之分。譬如,巴拉圭的西班牙语和瓜拉尼语(Guarani),一种印第安语言,和西班牙语没有任何关系)以及秘鲁的克丘亚语(Quechua)和西班牙语。在巴拉圭,尽管有90%的国人说瓜拉尼语,且瓜拉尼语也享有国语的地位,但作为上层语言的却是政府和教育机构的官方用语——西班牙语。这样的双层和双语现象在巴拉圭已经根深蒂固,以至于当地近年来有意使用瓜拉尼语作为教学媒介语遇到了阻力。秘鲁在乡下学校推行克丘亚语教学也遇到了类似的情况。虽然对于学生和老师,使用本土语言对教学有很大的帮助,却违反了当地社会对教育的期望,因而遭到反对。对社会成员来说,他们之所以能忍受作为外来机构的学校在社会里存在,是因为他们把学校当成是孩子们学习上层语言——西班牙语的媒介。

二、新加坡华语和标准华语的双层现象的形成

　　双层语言的概念也可延伸到超过两种以上的语言或变体,如在突尼斯,法语、古阿拉伯语和突尼斯阿拉伯语呈三层分布,对突尼斯阿拉伯语而言,法语和古阿拉伯语共享上层语言的功能;而就另两种语言而言,法语又是上层语言。Romaine(2001)指出,新加坡的语言社会也存在这种多语多层现象(polyglossia)。在新加坡,英语、华语、淡米尔语和马来语共享官方语言的地位,但这些语言又有各自的下层语言变体。譬如,一个在家里说福建话(Hokkien,中国福建闽南语的本地变体)的孩子在学校学习的是"华语普通话"(Mandarin Chinese)。相对另三种官方语言,作为优势语言的英语在当地享有上层语言的功能。

　　郭振羽(1978)《新加坡的社会语言现状》也描述了当时新加坡社会的双层现象:

　　　　我们发现到马来语与福建话经常是在比较传统式的场合里使用——如在巴刹而不是在百货商店,在街边戏场与传统节日时,而不是戏院或文娱场所;而英语与华语的用途则在比较正式的场合,如大学、公开讲演或座谈、法庭、政府机构,以及高级行政人员、政府官员、讲师、教师与学生之间。……从语言的功能上说,英语和华语是上层语言,而 Bazaar Malay 与福建话与其他地方语是下层语言。……看来两种上层语言与下层语言都很好地发挥它们的功能,而且各有公认的使用范围。

　　Romaine 和郭振羽是从不同语言的角度谈论新加坡社会的双层现象的。其中,华语作为上层语言的功能应是相对汉语方言而言的,毕竟华语是国家的官方语言,也是学校双语政策的指定用语(对于华族学生而言)。然而我们的考察发现,新加坡政府于 1979 年着手推广的讲华语运动,与华语和方言在新加坡的社会地位产生变化有关。在新加坡独立前后的一段时间里,华语的使用优势减弱,许多会说华语的人也不说华语了,反而方言(尤指福建话)有取代华语之势,这种情况从当时报章报道的座谈会和评论可见一斑:

　　　　轮到劳工部高级政务次长邝摄治讲话时,他指出……在战前讲华语非常流行,战后华语反而不流行……当我们在争取独立时,为了深

入民间,为了争取民众的支持,不得不讲福建话。当时的福建话,有着实用的价值,可以达致政治目标。这么一来,讲方言成了一种习惯,便形成了讲华语的心理障碍。(《张良材在"推广华语座谈会"上建议推行讲华语运动》,1979 年 8 月 13 日,《星洲日报》)

高立人博士这时说:"许多人明明会讲华语而不讲,是一般人认为讲华语的人社会地位较低,在二十、三十年前新加坡华语之会盛行,是因为在那时时髦讲华语,表示他是有受教育的人,人家尊重你,自己也觉得骄傲,现在懂华语的人多了,但却很少人讲,那是因为听的人心里会想:这个人是念中文源流的,能赚多少钱。"(《推广华语运动要取得成功　需不怕讲华语会被看低　应该破除畸形社会风气——出席座谈会观众发表他们的意见》,1979 年 8 月 13 日,《南洋商报》)

那些政府部门的人不是讲英语就是讲方言(闽语或粤语)……(李金生《什么是华语》,1979 年 9 月 27 日,《南洋商报》)

邝摄治:"……我记得在五十年代的时候,我还在党里搞基层的时候,大选工作,访问等各方面的工作,都讲华语,很少讲方言的,那是一个风气。慢慢地这个风气失掉了。"(《电视座谈会"克服讲华语的障碍"》,1979 年 10 月 26 日,《星洲日报》)

新加坡在英殖民统治时期的行政语言是英语,这种情况也延续到新加坡独立以后,因此新加坡社会一直都把英语视为上层语言;各种南方方言是当地华人社群之间的通用语言,相比之下华语的使用与学习只停留在学校,或如以上报道所述,在受过教育的上层社会使用,普及率低。上一节我们也已指出,在新加坡独立之前,华文学校使用华语作为教学媒介的做法并没有得到殖民地政府的支持。根据 1957 年新加坡唯一以母语为对象的全国人口普查报告书的资料,在全国人口中,以华语作为母语的,只占 0.1%,而自称可以讲华语的人口,在华人中也只占 26.7%。(郭振羽 1985)因此,当华语失去实用价值(上层强势的英语环境、政府及国家官方机构都使用方言等),不会说华语也能在社会上通行无阻,就渐渐形成"讲华语会被看低"的环境。这时候华语似乎已经丧失了上层语言的功能。

我们推测,随着讲华语运动的推广,一些新加坡华人的语言习惯开始改变,开始在不同场合里说华语,使得新加坡华语尤其是口语开始出现了明显的双层现象。在这之前,只有受过教育的人才会说华语,且华语的使用大多只发挥上层语言的功能。如火如荼的讲华语运动并没有给当时的新加坡华人太多的时间去通过正规的渠道学习以现代汉语普通话作为规范的新加坡标准华语。譬如,说了一辈子汉语方言的年长人士,可能在原有的方言广播、方言电视剧被禁播或改用中文配音后,通过收音机、电视机开始学习华语;受过教育的中年人则重拾生疏已久、半咸不淡的华语;即使是在学校里,那个时期新加坡学校的主要教学媒介语已经是英语,作为"母语"的华语仅被当成一门科目学习,学生对华语的掌握依然有限。当华人开始抱着讲华语运动所推广的"会讲、能讲、先讲"的态度,在中下层如在家里、商店等公共场所开始说华语时,"不完整的学习"①使他们容易将方言习惯带到华语中来,并逐渐形成一种新的语言变体。随着新加坡标准华语的推广,新加坡华语和标准华语构成的双层现象就更为明显——新加坡标准华语作为上层语言,在正式场合如学校教育、大众媒体及正式演讲中使用;而作为变体的新加坡华语口语(即吴庆康所说的"新加坡式华语")取代了原本在华人之间通用的各种方言,成为华人在各种非正式场合里通用的下层语言。

　　当然,这种推测是否正确,我们还需要做更深入的研究。然而,我们从新加坡华语的一些语法现象可看出一些端倪。譬如,新加坡华语用语者常用介词"跟"来引介受益者,如可用"跟我买杯咖啡、跟我关灯"来表示"帮我买杯咖啡、帮我关灯"的意思,这种说法在现今的新加坡华语口语里非常普遍,但书面语及新加坡标准华语里并没有这种说法。根据我们的考察,"跟"引介受益者的功能是受到南方方言语法的影响(详见第五章)。我们不知道新加坡华语口语里从什么时候开始出现这种说法,但是在陈重瑜(1983)中我们并没有发现相关讨论。陈重瑜一文中收录了新加坡华语(指口语)常见的特殊语法现象,提供了大量的语料,尤其是受南方方言影响的语法现象,却没有提及"跟"的这种功能。因此,至少我们可以确定的是,当时(1983年,即讲华语运动推行之初)这种说法尚未普及。

---

①　引自"语言的变异,有一部分是不完整的学习所造成的",见周清海(2002)。

第四节　本书的研究对象定位

一、新加坡华语口语

要对新加坡华语语法进行描写和分析,我们首先必须对新加坡华语的内涵和外延有个较清晰的认识。唯有如此,我们才能确保在语料上尽可能地达到朱德熙(1987)所提出的下列标准:"只要这批语料的数量足够大,同时内部是均匀(homogeneous)、无矛盾(consistent)的,那么研究者只要针对这批语料来研究、无需对它进行鉴别、抉择、补充或划分层次,就有可能从中寻绎出可靠而且有价值的语法规律来。"对新加坡华语语法的研究,近年来都有偏重书面语的倾向。陆俭明等(2002)一开篇就指出:

> 本文旨在描写新加坡华语语法的特点,以及分析新加坡华语与众不同的原因。所用材料,主要为书面语,亦兼顾口语。新加坡华语口语尚未成熟,故本文描写华语语法时,主要依据书面语。

祝晓宏(2008)也有类似的看法:

> 政府已经成功地使华语成为大多数华人的共同语。(吴元华2004)所不同的是,讲华语的人所处的环境是一个以英语为行政语言的国家,并且要常常同讲市井马来语以及其他语言的人打交道,语码夹杂、语码转换极为常见,华语口语常被形容为"罗惹华语"或"杂菜式华语"("罗惹"指一种马来风味小吃,把油条、鱿鱼和数种蔬菜和水果混合在一起;参见陈美玲1998);加上推广华语并没有普通话口语的基础(周清海2002),所以口语中有更多和普通话不同的成分,口语的体系很不稳定,错误也非常常见……当然,现代汉语语法研究主要也还是研究书面语。为了平行比较,以及为了便于跟此前的研究进行对照,我们主要选取了1990年代以后的书面语。

陆俭明和祝晓宏的文章是研究新加坡华语书面语语法的重要文献。由上可见,他们选择以书面语为研究对象,是因为认为新加坡华语口语"不成熟、不稳定"。祝晓宏也进一步指出选择以书面语为研究对象是为了方便和现代汉语语法进行对照,因"现代汉语语法研究主要也还是研究书面语"。相比之下,有关新加坡华语口语的主要研究文献只有 20 世纪 80 年代初的陈重瑜(1983)及吴英成(1986)。也就是说,虽然 90 年代以后说华语的新加坡人依然不断增加,但学术界却缺乏关于这时期的新加坡华语口语的研究资料。

《全球华语语法·香港卷》以港式中文(书面语)作为主要研究对象,在讨论香港地区的语言现象时指出:

> 从历史上看,英国管治香港约 150 年,英语仍然没有能够取代粤语。这种情况不同于新加坡。首先是地理环境决定的,香港紧连中国大陆,本是广东省的一部分,香港人的祖籍散布在广东省各地,与广东省有不可分割的血脉联系。其次,从人口结构看,英国虽然长年管治香港,派总督到香港管治,却始终未有大量英国人移民香港,形不成讲英语的语言环境。第三,香港的教育状况在历史上未如理想,贫富悬殊的社会中,草根阶层始终是大多数,受到的英语教育有限。因而一百多年来,香港人虽然始终重视英语,英语还是无法在香港市民中完全流通,代替不了粤语。

> 从现实的情况看,香港回归祖国后,普通话虽然已受到重视,能说会听普通话的香港人越来越多,但普通话远远还没有成为社会的流通语言,在很大程度上,并没有成为工作语言、传媒语言、教学语言、交流语言,更不能说是形成强势。

然而,新加坡的情况却不一样。新加坡独立后实施的双语教育以及后来推广的讲华语运动,大大地改变了新加坡独立前的语言生态,华语成为新加坡华人指定的母语,并取代了各种汉语方言,成为华人家庭的常用语;英语则是行政、教育及各族群之间的媒介语,在社会上的流通范围广泛。与此同时,新加坡社会也发展出了特殊的语言变体:新加坡式英语(Singlish)及新加坡式华语。这两种特殊的语言变体是新加坡人在中下层场合如日常生活中常说的语言,和用于正式场合的新加坡标准英语及新加坡标准华语(包括书面语)形成了双层语言现象。

换句话说,有关新加坡华语的研究,既可以立足于书面语即新加坡标准华语,也可以以人们日常生活常用口语为对象。因为两者在新加坡社会的流通范围都很广泛。而选择不同语体也将直接影响语料的选材及研究结果。如上所述,从书面语的角度来研究新加坡华语语法的成果十分丰硕,而自 20 世纪 90 年代以来,并没有专门针对新加坡华语口语语法的研究资料。尽管日常口语是最常见的语言实践方式,可是语言学的研究却从来都是以书面语为核心的。(陶红印 2004)这其中有诸多因素。而要从口语的角度来研究新加坡华语,首先我们就必须检讨"新加坡华语口语尚未成熟"的观点。

我们在新加坡华文报刊中发现,20 世纪 60 年代已经有关于新马华语语法变异的讨论。譬如,1961 年刊登于《南洋商报》的《从一粒鸡蛋说到量词的用法》一文,作者向夏就指出在中国国内用"粒"做量词只限于较小的体积,如"一粒珍珠、三粒药丸",但在新马华人社会里"粒"也可指称体积较大的物体,如常说"一粒鸡蛋、三粒橙"等。由此可见,在新加坡建国之前,新马地区的华语就已经出现了和中国国内不一样的语法现象。1972 年叶瑞岩也在《南洋商报》发表了《新加坡华语的流变》,作者是这么形容新加坡华语的:

这里所说的新加坡华语,是指当地华人大众日常生活中所用的华语,包括中国普通话,福建话(闽南话),潮州话,广府话,客话等等通用的语言。这些语言,由中国各地搬到星马之后,汇合在一起,在当地华人的日常生活中,发挥互相交错,并行通用的效果。所以道地的星马华人大众,不但对这几种方言,多少都会通晓一些,而且还把这几种方言中所用的特殊词汇与语法,互相渗透着交相配合起来。

此外,当地华语的发展,除了华人自己的几种方言及中国普通话,互相交流,互相影响之外,还大大地受了当地通行的马来、英国、印度等国不同语言的影响。因此,本地华语当中就吸收了许多华语以外的各国语文,终于变成了当地流行的华语。

从"当地华人大众日常生活中所用的华语"可见,叶瑞岩所说的华语,指的是新加坡华语口语。而当时的新加坡华语口语,已经是一种混杂了中国南方方言、当地其他民族语言及英语的汉语。其实,在新加坡及其他地区的华语,在中国改革开放之前,都没有或很少受到普通话的直接影响。各地区都在自己社区交际需要的基础上,发展自己的华语(周清海 2002)。新加坡华语,尤其是口语,正是在当地多元种族、多元文化的社会背景下产生的。

著名的语言学家韩礼德在 1986 年一次演说中指出,一种新加坡式的华语与英语,正逐渐形成,这是语文发展的必然趋势。① 从我们上一节提到的吴庆康《新加坡华语削衰哗?!》可见,新加坡华语口语普遍存在于新加坡华人的日常生活里,作为华人之间沟通的工具。和新加坡标准华语不同的是,新加坡标准华语以现代汉语普通话作为参照规范,在语法上的表现和现代汉语普通话的差异不大,因此一个说普通话的人能轻松地阅读新加坡的华文报章、书籍,或收听新加坡的华语广播(除了一些带有本地色彩的词语)。但是,当他们来到新加坡时,却不一定能理解新加坡华人日常生活所说的口语,因为在语法和语用上,新加坡华语口语和新加坡标准华语(或普通话)有一定的差距。而从报章论述来看,新加坡华语口语在新加坡华人社群中的使用已有数十年,且使用范围甚广。因此,我们觉得,并不能以"不成熟"的说法否定新加坡华语口语研究的重要性。

此外,新加坡华语口语中,有许多特殊的语法现象已经很稳定了,也就是说,大部分新加坡华语用语者都已经接受了这些变异用法。譬如,1984 年,当时的文化部政务部长邝摄治以批判"方言式华语"(也可说是当时的新加坡式华语)的角度,简略地提到"hor"在对话中的作用。在他看来,"hor"是"娘娘腔式"的语助词,"有时带点申诉意义,不过通常都不含恶意"。然而在现今的新加坡华语口语中,"hor"的使用已经非常普遍,甚至也影响了新加坡英语口语。又如我们之前提过的介词"跟"引介受益者的功能,也常见于新加坡华语用语者口中。这些现象都是值得我们研究与探讨的。

本书的主要研究对象,正是作为非正式场合通用语的新加坡华语口语。语言本来就是一种活着的社会现象,会因环境而改变,如同新加坡华语口语一样,受到新加坡复杂的社会环境及政治因素的影响。然而,一个语法变异现象能被大多数人接受,进而形成一种语法特色,其中存在着一定的章法与规律,并不是任意的。因此,我们不应该用"不规范"或"不正确"这种眼光来看待新加坡华语口语的特色,反之,我们可以通过这些变异现象进一步了解及论证语言发展的规律。

二、语法现象与偏误

在现有关于新加坡华语的研究文献中,对于"新加坡华语"的定义是相当

---

① 《新加坡式华语与英语形成中》,《联合早报》1986 年 10 月 1 日。

模糊的。最常见的说法是"新加坡华人的共同语"(如陆俭明等 2002;祝晓宏 2008;潘家福 2008),但是更多时候研究者并没有给予我们任何说明,似乎假定了一个说法:新加坡人所说的华语就是"新加坡华语"。我们对这样的假定有所保留,尤其当我们从现今的新加坡社会情况来看,华语作为"新加坡华人的共同语"的说法也许并不是那么绝对。

1. 根据新加坡 2010 年人口普查的家庭常用语报告,华族家庭中常用华语的占 47.7%,常用英语的占 32.6%,常用汉语方言的则占了 19.2%。在 2000 年,这个数据分别是 23.8%,45.1% 和 30.7%。虽然这十年间说汉语方言的家庭减少了,但说华语的家庭并没有明显增加,反而说英语的家庭显著增加了。其中,以英语作为家庭常用语的 5 至 14 岁的华族儿童更高达 51.9%。从以上数据可看出,华语虽然是大部分华人家庭的常用语,占比却还不到总数的一半;而英语有逐渐取代华语作为华族家庭常用语的趋势,这种现象尤其体现在新加坡的年轻一代身上。

2. 新加坡教育局发布的《2010 年母语检讨委员会报告》的调查结果也发现,在家以英语为主要用语的小一华族学生从 1991 年的 28% 增加至 2010 年的 59%;小六华族学生中,常说或只说华语的学生只有 37%,而只说英语的有 38%,双语并用的则有 25%。

3. 在一项针对新加坡小学五年级学生的母语使用态度的调查中,华族学生在不同场合里更常说英语[①]:

表 7

场合	英语(%)	华语(母语)(%)	英语(母语)(%)	其他(%)	NA(%)
和家人、朋友	41.7	31.8	15.9	0.4	10.4
在学校	68.5	19.9	11.3	–	0.2
媒体	69.2	2.7	7.2	0.7	20.2
公共场所	65.3	20.2	14.5	–	–
宗教	38.7	35.5	4.8	0.7	20.1

---

① 数据整理自 Vaish et al.(2009)。

当问及这些学生和其他华族同学交流时说什么语言比较自在时,有74.6%的学生认为双语并用最令他们感到自在,选择只说英语的有14.3%,选择只说华语的仅有11.1%。

由上可见,无论是个人还是在社群里,华语似乎并不是新加坡华人主要的交流语言,尤其在年轻的新加坡华人群体中最为明显。即使是在家里,华语也渐渐不再是新加坡华人家庭的主要用语。教育局的数据告诉我们,越来越多的新加坡华族学生的第一语言并不是华语,这个数字在未来仍有可能继续增长。对这些学生来说,他们较少或从不说华语,华语是作为第二语言,通过学校教育学习的。然而,新加坡实施的双语教育政策以英语为主要教学媒介语,虽然学生必须修自己所属族群的母语,但母语仅被当成一门课来学习,也就是说,对于那些第一语言并不是华语的华族学生,华语的学习大多仅在课堂上进行,接触的时间和使用的场合并不多。

我们认为,在研究新加坡华语时,并不应该将这些以英语为第一语言,在生活中较少使用华语的群体所说的"华语",列入新加坡华语的研究范围中。华语虽然是新加坡的官方语言之一,但主要的行政用语还是英语,在新加坡,许多正式的场合也是以英语为主,在少说、少用的情况下,这个群体对华语的掌握程度自然也有限,在这种情况下,我们很难分辨他们口中说出的一些语言现象是使用偏误还是语言特点。以动词"穿"为例,其原意是"把衣服鞋袜等套在身上",但也有新加坡人把"穿"用在眼镜、手套或围巾上,如可说"穿眼镜、穿手套、穿围巾"等。显然他们忽略了华语中"穿"和"戴"的差别,而套用了英语"wear"的语义:在英语中,"wear"可以涵盖由从头到脚的肢体范畴,华语则用"穿"和"戴"分别覆盖不同的肢体部位。然而我们发现,会这么说的大多是早期在新加坡接受英语源流教育的华人,以及第一语言是英语的年轻华人。对于早期接受华语源流教育的华人以及第一语言是华语且常说华语的华人来说,这种说法明显是使用偏误,是不能接受的。当然我们并不否认,如果这种说法越来越普遍,也许会发展到能被大多数新加坡华人接受的地步,但就目前的情况来看,似乎还不应该把这种现象视为新加坡华语的一部分。

也就是说,我们并不能把所有跟普通话不同的语言现象都当成是新加坡华语的特点,而应该考虑该语言现象在新加坡的可接受性及使用频率。一种语言现象是否能被大多数新加坡华人,尤其是以华语为常用语且第一语言的华人接受,应该作为我们判定新加坡华语的主要依据。语料的选择是影响研究结论的重要因素,若研究者没有考虑新加坡的特殊社会背景,而将某些使用偏误的现象当成新加坡华语的一部分,并不利于新加坡华语的研究,也容易造成不熟悉新加坡华语人士的误解。

第五节　小结

　　随着新加坡社会的发展,相比于陈重瑜(1983)时期,新加坡华语口语里许多特殊的语法现象已经逐渐消失了。由于早期新加坡社会的主要用语是各种汉语方言,因此方言对新加坡华语口语的影响非常大,许多典型的新加坡华语口语语法现象都有方言语法的痕迹。然而,随着方言在新加坡的使用日益式微,越来越多的新加坡年轻人不谙方言,他们所说的华语受到方言的影响也开始减弱。而越来越多新加坡华人家庭的孩子是在以英语为主要用语的环境下长大的,他们在日常生活中也很少或并不说华语。双语政策的实施使他们所说的华语开始受到英语语法影响(如"穿"和"戴")。在 1990 年新中建交后,新一批中国移民涌入新加坡,新加坡华语也开始逐渐向普通话靠拢,进一步削弱了方言语法对新加坡华语口语的影响。

　　由上可见,现今的新加坡华语口语语法,一方面要面对方言影响的式微,一方面也受到英语语法的压力与影响。因此,本书的研究除了希望能弥补近20 多年来学术界对于新加坡华语口语语法研究的缺失,也希望能适时地记录现今新加坡华语口语的使用状况,作为未来的参照。此外,在本书的第三章,我们也将从理论的角度阐述我们以口语作为研究对象的原因。

参考文献

陈重瑜　1983　《新加坡华语——语法与词汇特征》,新加坡:新加坡国立大
　　　学华语研究中心。

郭振羽　1978　《新加坡的社会语言现状》,吴元华译,新加坡:南洋大学华语
　　　研究中心。

郭振羽　1985　《新加坡的语言与社会》,台北:正中书局。

洪镰德　2002　《新加坡的语言政策》,《各国语言政策学术研讨会论文集》,

台北:客家委员会。

邝摄治　1984　《以踏实的态度正视语文问题》,新加坡:新加坡新闻与出版
　　有限公司图书出版部。

李恩涵　2003　《东南亚华人史》,台北:五南图书出版公司。

龙敏君　2014　《新加坡的语文教育政策》,《中华读书报》4 月 2 日。

陆俭明、张楚浩、钱　萍　2002　《新加坡华语语法的特点》,周清海主编《新
　　加坡华语词汇与语法》,新加坡:玲子传媒。

潘家福　2008　《新加坡华社的多语现象与语言接触研究》,复旦大学博士学
　　位论文。

潘星华　2011　《李光耀新著 推广讲华语运动 32 年》,《联合早报》12 月 4 日。

邱新民　1980　《我与华语》,《联合早报》1 月 1 日。

陶红印　2004　《口语研究的若干理论与实践问题》,《语言科学》第 1 期。

王秀南　1970　《星马教育泛论》,香港:东南亚研究所。

吴庆康　1988　《新加坡华语削衰咩?!》,《联合早报》9 月 13 日。

吴英成　1986　《新加坡华语语法研究》,新加坡:新加坡文化研究会。

吴英成编著　2010　《汉语国际传播:新加坡视角》,北京:商务印书馆。

向　夏　1961　《从一粒鸡蛋说到量词的用法》,《南洋商报》5 月 23 日。

叶瑞岩　1972　《新加坡华语的流变》,《南洋商报》2 月 13 日。

张学谦　2013　《新加坡语言地位规划及其对家庭母语保存的影响》,《台湾
　　国际研究季刊》第 9 卷第 1 期。

周清海　2002　《新加坡华语变异概说》,周清海主编《新加坡华语词汇与语
　　法》,新加坡:玲子传媒。

周清海　2012　《全球华语语法研究》,《联合早报》4 月 7 日。

朱德熙　1987　《现代汉语语法研究的对象是什么?》,《中国语文》第 5 期。

祝晓宏　2008　《新加坡华语语法变异研究》,暨南大学博士学位论文。

Ang, B. C.　1991　The Reform of Chinese Language Teaching in Singapore Pri-
　　mary Schools 1974 – 1984: A Case Study in Language Planning and Imple-
　　mentation. National University of Singapore, Ph.D. Thesis.

Chelliah, D. D.　1947　A Short History of Educational Policy in the Straits Settle-
　　ments. Singapore: G. H. Kiat.

Doraisamy, T. R. (ed.) 1969 *150 Years of Education in Singapore*. Singapore: Publications Board, Teachers' Training College.

Goh, K. S. et al. 1978 *Report on the Ministry of Education*. Singapore: Ministry of Education.

Gopinathan, S. 1994 Language policy changes 1979 – 1992: Politics and pedagogy. In S. Gopinathan, A. Pakir, W.K. Ho & V. Saravanan (eds.), *Language, Society and Education in Singapore: Issues and Trends*. Singapore: Times Academic Press.

Kaplan, R. B. & R. B. Baldauf, Jr. 2003 *Language and Language-in-Education Planning in the Pacific Basin*. Dordrecht: Kluwer Academic Publishers.

Noss, R. B. (ed.) 1984 *An Overview of Language Issues in South-East Asia 1950 – 1980*. Singapore: Oxford University Press.

Romaine, S. 2001 *Language in Society—An Introduction to Sociolinguistics* (Second Edition). New York: Oxford University Press.

Saw, S. H. 1982 *Demographic trends in Singapore*. Singapore: Department of Statistics.

Siah, U. C. 1848 General sketch of the numbers, tribes, and avocations of the Chinese in Singapore. *Journal of the Indian Archipelago and Eastern Asia* 2: 283 – 289.

Vaish, V., A. Jamaludeen & M. Roslan 2009 The sociolinguistic survey of Singapore 2006: Findings and implications. https://www.nie.edu.sg/files/NIE_research_brief_09_001.pdf.

第二章　新加坡华语语法研究现状综述

第一节　引言

一、什么是新加坡华语

一般而言,"普通话"指的是现代汉民族的共同语。郭熙(2004)为"华语"下了一个比较完整的定义:"华语是以现代汉语普通话为标准的华人共同语",可见华语与普通话本是一脉相承的。新加坡华语作为新加坡华人的共同语,因受到新加坡的社会环境与历史发展影响,而逐渐演变成一种与普通话不尽相同的语言变体(陆俭明等 2002)。因此,新加坡华语可以说是一种富有浓厚新加坡地方色彩的汉语(吴英成 1986)。

从现有研究看来,新加坡华语的产生,主要受到汉语方言(尤指南方方言)及英语的影响,这和新中两国之间的交流及新加坡自身的发展是息息相关的。周清海(2002)指出:

> 1949 之后,新中两国之间的交流中断了长达二十几年。新加坡是在没有普通话口语基础、没有普通话直接影响的情况下推广华语的。新加坡人所接触的书面语,在新中建交以前,也不是中国现代汉语的书面语,而是五四前后期的汉语书面语。

由上可见,1949 年以来,两地的汉语并不是同步发展的。在新中交流中断的那段时间里,华语和普通话在不同的国家发展,势必会造成差别。(陆俭明等 2002)

此外,普通话是"以北京音为标准音,以北方方言为基础方言,以现代白话文著作为规范语法"的。然而,早期的新加坡华人多来自南方的闽粤地区,他们的母语也大多是此地区的方言(陈重瑜 1983),来自北方方言区的人数非常少。陆俭明等(2002)指出:"这种情况下,新加坡华语所受到的闽、粤、客家方言的影响远远超过中国普通话所受到的闽、粤、客家的影响,从而也势必造成新加坡华语与中国普通话的差别。"

从行政方面来看,新加坡是一个以英语为行政语言的多语国家,新加坡华人一般都掌握两种语言。周清海(2002)指出:"英语是新加坡的行政语言,又是教育的媒介语,华语只是学校教育里单科的语言科目,因此英语给予华语的压力与影响,是非常巨大的。"

二、有关新加坡华语语法的研究资料

相较词汇和语音而言,有关新加坡华语语法层面的研究最为薄弱,专题研究的数量不多。祝晓宏(2008)以 1990 年新中建交为分界点,将新加坡华语语法研究划分为两个时期,即隔绝期及交流期。他认为,新中建交以前,主要是新加坡学者开展语法研究,特点是从口语语料出发,结合华语教学来描写语法特征;新中建交以后,中国学者有机会与新加坡学者合作,因受到主客观条件的制约,中国学者多针对华语书面语的材料来进行研究。由此可见,在语料的选材上,本地学者的研究主要以口语语料为主,与本地的华语环境密切联系;而中国方面,因研究者多不能到新加坡做实地考察,而主要以书面语作为考察对象,并与现代汉语进行对比来发掘其不同之处。

1990 年代之前,新加坡华语语法研究工作多由本地的华文教育工作者开展,并在本地报刊上发表,如:张望《形容词及其重叠》(1982)、余耕文《本地华语中的一些特殊语尾助词》(1984a)及《本地华语中结果补语的特殊现象》(1984b)、易水寒《华语中动词重叠的滥用现象》(1984)等。

陈重瑜(1983)着重描写新加坡华语里受中国南方方言影响形成的特殊语法结构,可以说是最早对新加坡华语的语法与词汇进行全面描写的专题研究论著。吴英成(1986)也发现,几乎每一个典型的新加坡华语句型都受到汉语方言句法的影响。他通过问卷对新加坡留华学生进行调查,发现许多人就算明知普通话的句法才是规范的,在日常言谈中还是很难避免过去方言的干扰。朱淑美(1996)在两者的基础上,通过更多的语料及方言例句来论证新加坡华语里的方言特征,其论述中也指出陈重瑜(1983)中的一些特殊用法已经逐渐消失于新加坡华语用者口中。

新中两国建交以后，随着两国学者的交流日益频繁，新加坡学者的研究视野也逐渐扩大。周清海（2002）从社会环境的角度分析了新加坡华语的变异现象，指出造成变异的部分原因是不完全的学习。此外，Chua（2004）则改变了过去用普通话研究新加坡华语的角度，而从新加坡华语用语者的角度探讨了新加坡华语与其他汉语方言、英语等的语言接触现象。

中国方面，陆俭明等（2002）深入分析并描写了新加坡华语语法特点，在讨论新加坡华语中的小句如疑问句、双宾句的同时兼顾了受英语影响的欧化句式，也探讨了新加坡华语语法的规范化问题。祝晓宏（2008）一改过去"基于特征"的研究路径，进而从语法变异的角度，系统地比较普通话与新加坡华语语法的使用差异，指出两者在语法的各级层面都有差异，这些变异是不同时期、不同空间、不同领域、不同使用者使用华语叠加的结果。刘慧博（2010）则从社会语言学的角度出发，认为英语和汉语方言的影响，以及汉语历史词语的遗留是新加坡华语与普通话形成分歧的主要原因。

个别的语法现象方面，萧国政（1999）从有无差异、甲乙差异及隐现差异三个方面探讨了新加坡华语和普通话的介词、副词及语气词在语法表现上的差异；邢福义（2005）指出了新加坡华语中以"才"充"再"的现象，并从中探讨方言对新加坡华语的影响；罗小品（2009）则分析了新加坡华语与普通话在叠词使用与搭配上的不同。新加坡本地学者林万菁（2006）探讨了新加坡华语里两种特殊现象，即由"多"而用"多多"（如"请多多支持""钱赚多多"）及动词前的"多"移至动词后表增加（如"买多一双鞋子"）；本地的两所大学即新加坡国立大学及南洋理工大学也有专门针对个别语法现象撰写的学位论文，如何丽娴《新加坡华语会话中语气词的语用功能》（2003）、黄淑盈《新加坡华语会话中的语气词"leh"之研究》（2006）、佘淑渝《新加坡华语中"有+VP"结构初探》（2009）、赖怡彣《新加坡华语中的"了"》（2014）等。

在口语语料选材部分，学者除了根据自身的语感自拟及收集日常生活用语（如：陈重瑜 1983）外，近年来也开始对新加坡本土电影的语料加以分析（如：赖怡彣 2014）。书面语方面，一般以新加坡主要的华文日报《联合早报》为主（如：刘慧博 2010），也辅以新加坡作家、学者所撰写的华文小说、戏剧、散文集、学术论文集等（如：陆俭明等 2002）。祝晓宏（2008）的研究更是结合了新加坡国立大学的华语语料库，以求全面掌握新加坡华语书面语的面貌。该语料库是新加坡教育部为了切实掌握新加坡华语的使用状况而设立的,由新加坡国立大学中文系承担设计。语料的时间跨度为 2000—2006 年,来源包括中小学华文教材、影视剧、本地畅销期刊、小学期刊和华文报纸 5 个方面,内容由人文与社会科学、自然科学和综合三大类组成,是一个大规模的、覆盖范围广泛的新加坡华语平衡语料库。

三、本章的目的及资料整理方法

目前,本子课题小组已经完成了新加坡华语语法的文献收集和整理工作。虽然现有关于新加坡华语语法的研究资料不多,但从中已可窥见新加坡华语语法的大致面貌。然而,由于学者们的研究侧重点不同,所关注的语法现象也不尽相同,目前有关新加坡华语语法的现象分散在不同的研究资料里,较为零散。因此,本章旨在对以往学者的研究进行整理与归纳,以总结新加坡华语语法的研究现状。

在整理的过程中,我们并不是单纯地将前人的研究一一收录,而会先进行筛选。据朱德熙(1982),语法可分为词法和句法两部分。词法方面,我们主要关注的是涉及词的形态变化及词类转换的部分,如不同词类在重叠后的语义产生变化并出现了与基式不同的句法功能(如新加坡华语里的"水"和"水水")。因此,在重叠的部分我们并不会讨论"爷爷、奶奶、爸爸、妈妈"这一类重叠式,因为它们的基式大多是黏着语素,且重叠后在语义上并没有产生变化。又如朱淑美(1996)所讨论的儿童语"狗狗、糖糖、车车"等和"狗、糖果、车子"在语义上和语法功能上并没有差别,因此也不属于我们的整理范围。另外,和普通话相比,新加坡华语里有一些词在同一个词类范畴下功能上有扩大倾向(如"会"),或出现了跨词类用法(如"他很本事")。当这些用法在新加坡华语里已经很普遍也很固定时,就成了新加坡华语语法变异的一部分,而不是单纯的误用或临时修辞用法。因此,我们也整理并归纳了这一部分的词类研究。句法方面,我们根据不同的语法现象一一归纳入词组、小句及复句三个部分,其中不难发现有关复句的研究较少,由此也可看出目前学者对新加坡华语语法的研究倾向。

此外,对于文献中出现的难以界定是否属于新加坡华语语法的部分,我们也不予收录,如祝晓宏(2008)所举的"在在"出现在动词结构之前的情况,如

"丈夫的死结,儿子的问题,在在都令你痛苦烦恼／他的行为在在的摆明告诉别人我们是个贼"中,作者只告诉我们这些例子来自书面语,并没有告诉我们这种形式在书面语中的使用频率,然而我们可以确定的是,这种用例不存在于口语中,调查后也发现大多数新加坡华语用语者都没有听过这种说法。

本章将从词法、词类、词组、小句、复句五个方面,就过去学者们的研究进行综述,也希望能通过不同学者不同时期的研究,看出不同语法现象在新加坡华语里的生命力。然而,文中对一些语法现象的描写和分析并不一定就代表新加坡子课题小组的立场。本章的最后一节也将简单地总结现有研究的局限,作为我们对新加坡华语语法做进一步探讨的基础。

第二节 词法研究

一、名词重叠

(一)单音节名词重叠式

朱淑美(1996)发现新加坡华语中有一类兼表性质或表方位的名词重叠式,如:

(1)那碗粥<u>水水</u>的,吃时好像是在喝水。

(2)你只要走到<u>尾尾</u>那边,就能看到那间店了。

以上二例中"水"是物质名词,重叠后做谓语,描写了像水一样稀的粥的状态;"尾"是方位名词,重叠后做定语,表达极限的意思,即那间店在最尾端的地方。由于周长楫(1991)提到,闽南语中有"水水[tsui tsui]、尾尾[be be]、底底[tue tue]"的用法,因此朱淑美认为这些例子很可能是直接受闽南语中名词重叠式的影响,她也认为"重叠是为了生动,使用者多是些受较少教育的中年人"。此外,在陈重瑜(1983)中也有"尾尾"直接做宾语的例子:这条路走到尾尾,就到我家了。

(二)多音节名词重叠式

除了单音名词重叠式,陈重瑜(1983)也发现了新加坡华语中的 ABAB 双音名词重叠式:

(3)她做起事来,<u>小姐小姐</u>那样。

（4）我看他<u>少爷少爷</u>的，大概什么事都不会做。

"小姐小姐那样""少爷少爷的"说的是"像个大小姐似的""一副大少爷的样子"。陈重瑜认为这是受到闽南语影响而产生的用法，因其"结构近乎闽南语中"［kan na XYXY an ni］"或"［kan na XYXY e'kuan］"。

上述的名词重叠式一般只出现于口语中。有关名词重叠表性质或表方位的用例，祝晓宏（2008）指出"在书面语中我们还没发现用例"。

二、动词重叠

新加坡华语与普通话之间动词重叠式的主要差异体现在体貌（aspect）上。在普通话里，动词重叠一般表尝试体，如"到那里去坐坐吧！""替我洗洗好吗？"。在新加坡华语里，却可表示完成体及动作的全面性。其多音节动词重叠式也有与普通话不同的用法。

（一）单音节动词重叠式

陈重瑜（1983）与朱淑美（1996）都讨论了新加坡华语中动词重叠表完成体或周遍性的用法，如：

（5）我<u>吃吃</u>就来！｜他<u>吃吃</u>就出去了。

（6）衣服<u>洗洗</u>就去啦！｜<u>洗洗</u>就会清洁了。

（7）这些书<u>收收</u>起来。｜快点把你的衣服<u>收收</u>进来。

（8）把功课<u>做做</u>完。｜他们刚刚把东西<u>搬搬</u>去。

例（5）及例（6）的"吃吃、洗洗"分别表示普通话里的"吃了、洗了"，都有动作完成的意思；例（7）及例（8）中"收收起来、收收进来"和"做做完、搬搬去"表达了"都收起来、都做完"等意思，都是通过动词重叠表示动作的全面性，一般的情况是在重叠式后加上"去、起来"一类趋向助词。陈重瑜和朱淑美都认为，用动词重叠式表完成体及表周遍性的用法都来自闽南语。

此外，有关动词重叠表动作的全面性的用法，吴英成（1986）的问卷调查结果显示"几乎所有受访者都认为不正确"，但是"在新加坡华语的口语里仍相当流行"。祝晓宏（2008）也认为"在新加坡华语口语里，这样的重叠式比较常见，书面语中则极少看到"。

（二）多音节动词重叠式

1．"VOVO"式取代"VVO"式（V 为动词，O 为宾语）

普通话中，动宾结构的离合动词重叠式为"VVO"，如"散散步、见见面、吃吃饭"。陈重瑜（1983）发现，在新加坡华语中这类动词也可重叠成"VOVO"式，如：

（9）大家见面见面一下也好。

（10）吃饱饭去散步散步！

然而，朱淑美（1996）指出，这类早期出现的"动+名"结构的 ABAB 式在新加坡华语里已经很少见了。祝晓宏（2008）在书面语里也没发现这样的动词重叠式。

2．词重叠式的语序

普通话里的"东想西想、东搞西搞"在新加坡华语里常见的说法为"想东想西、搞东搞西"，并不符合普通话的语序，陈重瑜（1983）、祝晓宏（2008）等都提到了这种现象。祝晓宏指出"普通话里的'东想西想'，可以认为是'状$_1$ 动状$_2$ 动'，而新加坡华语是'动宾$_1$ 动宾$_2$'"。周清海、周长楫（1998）认为，这是受到闽南语语法的影响。

三、形容词重叠

新加坡华语的形容词重叠式的句法位置与普通话大致相同，可以充当定语、谓语、状语、补语等。然而，新加坡华语中形容词重叠式的使用远较普通话丰富，许多学者如陈重瑜（1983）、陆俭明等（2002）都已有所注意。

（一）单音节形容词重叠式

在普通话中，单音节形容词的重叠式一般须带"的"或"地"，才能充当句子中的谓语、定语、状语或补语，如"双颊红红的"。然而，新加坡华语中单音节形容词重叠式却能不带"的/地"直接做谓语、补语和定语。陆俭明等（2002）认为，这种用法是很值得注意的。

此外，绝对性质的形容词如"错、假、粉"等及"坏字眼"的形容词如"坏、臭、怪、破"等是不能或很少重叠的，因为形容词重叠式表示加重、强调和爱抚、亲热等感情色彩，与上述形容词的语义和色彩产生矛盾（朱德熙 1980）。然而祝晓宏（2008）发现，在新加坡华语里这些词大部分都能重叠。

本小节按照这些单音节形容词重叠式的搭配功能,将其分成两种类型进行叙述(下文中 A 为形容词,N 为名词,V 为动词)①:

1.修饰名词:"AAN"型及"NAA"型

新加坡华语中,形容词重叠式可做定语,修饰单音节名词,如:

（11）儿子常常为了一点小事就<u>大大声</u>跟我吵。

（12）会赚<u>多多钱</u>吗?

祝晓宏认为,普通话中这些 AA 重叠式并不能修饰单音节名词性成分,即使 AA 修饰的名词是双音节,普通话也很少见。陈重瑜(1983)、吴英成(1986)等都认为这种用法来自闽粤方言。吴英成进一步指出,闽粤方言常用"大"和"小"的重叠来加强或减小程度,其问卷结果显示这类句式在新加坡的普遍率高达 60%。

形容词重叠式也可放在名词后做谓语,形成"NAA"型,如:

（13）我一进门看到他<u>脸黑黑</u>。

（14）他们开门出来,看我<u>脸臭臭</u>。

N 也可为双音节:

（15）可是你大小姐,却还<u>顾虑多多</u>。

（16）她<u>眉毛弯弯</u>、<u>双眸圆圆</u>。（陆俭明等 2002）

以上 AA 重叠式在普通话里一般用加上后缀"的"或"很 A"的方式来表达(祝晓宏 2008)。其中,"多多"的用法在新加坡华语中相当普遍。林万菁(2006)指出,"多多"作为叠词,带出了更多的"量",起了强调作用。他认为这种用法"本用于粤语,但后来有的用语者将之转移到华语当中"。近年来,在普通话里能这样用的形容词重叠式也逐渐增多。（贺国伟 2001;祝晓宏 2008）

2.修饰动词:"AAV"型及"VAA"型

普通话里做状语的形容词重叠式一般必须加上"de(的/地)",如"高高地挂起来、细细地看一遍",新加坡华语里却常出现省略"de"的用法,形容词重叠式可与动词直接搭配,构成"AAV"结构,如:

（17）双方眼神不偏不倚,<u>准准射入</u>对方眼里。

---

① 本小节的例子,若无特别加注,皆取自祝晓宏(2008)。

在普通话中,例(17)应说成"准准地射入",新加坡华语里省略了"地"。此外,也有一些普通话里不能重叠的形容词,在新加坡华语里却能重叠,如:

(18)我站在那里看,他们才不敢<u>乱乱站</u>,<u>乱乱射</u>,<u>乱乱滴</u>。

(19)不能要的东西,<u>硬硬要</u>了,只有付出痛苦的代价!

(20)不要<u>假假说</u>没有关系啦。

祝晓宏认为,据朱德熙(1980)的分析,在普通话里"乱、硬、假"是不能重叠的,因此在普通话里例(18)只能说成"乱站、乱射、乱滴",例(19)也应说成"硬要",然而例(20)中"假说"在普通话中不能成立。他指出在新加坡华语中,"假假、粉粉、臭臭、脏脏、硬硬"等的使用相当普遍,多充当状语,很少加"地"。一些人(张楚浩 1985)曾批评这类重叠式在新加坡华语里滥用的现象很严重,不合规范。然而,如今"坏字眼"的重叠在普通话里也逐渐使用开来,如可以说"笑起来坏坏的、头发乱乱的",但仍不能不借助于"地、的"直接做状语或谓语(祝晓宏 2008)。

新加坡华语中形容词可放在动词后做补语的重叠式,构成"V 得(到)AA"型,如:

(21)那些书<u>读得多多</u>的"社交朋友",吃喝玩乐风花雪月还可以。

(22)我被捧<u>到高高</u>,身价一天比一天高。

祝晓宏认为,普通话里"多多"一般要说成"很多","高"必须转换成状态形容词"高高的"。在新加坡华语重叠式的句法环境里,不但可以用"到"取代"得"做补语标记,也有补语标记不出现的用法,如:

(23)有些人还会<u>算准准</u>。

(24)要迟到了,他还<u>走慢慢</u>。(陈重瑜 1983)

例(23)在普通话里用"算得准准的"来表达(祝晓宏 2008)。陈重瑜(1983)认为,"走慢慢"或许是新加坡闽南语中"走紧紧"的推衍结果,因为新加坡闽南语中仅有"慢慢行"而无"行慢慢"的说法。

另有一类形式上像是"VAA"型的重叠式,但 AA 却不是做补语,如:

(25)大家都<u>坐好好</u>。

(26)他<u>跑快快</u>来拿东西。

(27)从这里<u>走直直</u>就到了。

祝晓宏指出,这些形容词重叠式虽然在动词后,却是作为方式状语,在普通话里要说成"好好地坐、快快地跑、直直地走"。陈重瑜(1983)认为,这些用法是受到闽南语的影响。吴英成(1986)的问卷调查却发现新加坡华语中出现此种用法的频率很低,认为这种用法可能仅限于说闽南语的人。

（二）多音节形容词重叠式

在多音节形容词重叠式中,学者多关注新加坡华语中以 ABAB 取代普通话 AABB 的形式,如:

（28）他做事情总是<u>随便随便</u>的。

（29）明天穿得<u>漂亮漂亮</u>的来!

陈重瑜(1983)指出,"随便随便、漂亮漂亮"在普通话里只能说成"随随便便、漂漂亮亮",并认为这类用法"显然源自闽南方言","台湾闽南人之'国语'口语中亦时有所闻"。Chua(2004)则认为这是新加坡华语借用了闽粤方言的句法结构。

新加坡华语中的 AABB 多音节形容词重叠式的使用也较普通话丰富。祝晓宏(2008)发现有一种多音节形容词重叠式,是普通话里不多见的,如:

（30）全世界爱看演出的人都七早八早赶到半价票房中心,<u>紧紧张张</u>购票。

（31）那疯子嘴里疯疯癫癫地唱着歌儿,全身<u>肮肮脏脏</u>。

"紧紧张张、肮肮脏脏"等重叠式在新加坡华语中可表多量,有生动色彩。祝晓宏指出,"紧张、肮脏"在普通话里一般不能重叠,如果要表达多量,则在前面加"很、非常"等程度副词。

四、助动词重叠

新加坡曾有一部家喻户晓的电视剧《敢敢做个开心人》,其中,助动词"敢"在普通话里是不能重叠的,然而"敢敢"的使用在新加坡华语口语中却是非常普遍的。新加坡华语里的"敢敢"一般充当状语,占副词的句法位置,相当于普通话的"敢、大胆",有程度增加和生动的意味(祝晓宏 2008),如:

（32）<u>敢敢</u>唱!

（33）<u>敢敢</u>撇下女孩,独自离去了。

例(32)普通话只能说"大胆地唱、大声唱出来"(陈重瑜 1983);罗小品(2009)认为"敢敢"也有"竟然、出乎意料"的意味,例(33)就体现了这层意思。陈重瑜（1983）指出"新加坡闽南语有'敢敢'之说法"，"台湾闽南语则无"。

第三节　词类研究

一、名词

名词在句子当中的一般功能是做主语和宾语，大部分也可以用作定语。新加坡华语中名词活用的现象比普通话普遍，有些用法已很固定，成了语法变异的一部分。

（一）名词做形容词用

新加坡华语中有些名词可受程度副词修饰，如：

（34）这两个问题大概你会比较兴趣。

（35）……尤其是谈一些很个人的问题。

（36）蚝是非常营养的食物。

陆俭明等（2002）指出："在普通话里上面这些词都是地道的名词，都不能受程度副词修饰。"他们认为，虽然普通话里也有名词临时活用为形容词的情况，但上面的句子里"比较兴趣、很个人、非常营养"等说法在新加坡华语中都已很固定，并不是临时活用的现象。另一个典型的例子是"本事"，陈重瑜（1983），周清海、周长楫（1998）及祝晓宏（2008）都举例讨论了新加坡华语里的"本事"做形容词的用法，如：

（37）我家家伟就没有这么本事。

（38）你真是本事。

（39）他很本事。

例（37）中"这么"指代程度或性质，从语义上指明了后面的"本事"具有形容词的特性，相当于普通话的"厉害"（祝晓宏 2008）。由此可见，在新加坡华语里"本事"已可兼做名词及形容词。

（二）名词做动词用

动词的特点是带宾语和补语。祝晓宏（2008）发现，新加坡华语里一些名词也体现了这一特点，如：

（40）因为你们一家子会继续<u>宝贝</u>他，顾及他的自尊心！

（41）……它跟新加坡其实<u>差别</u>不了多少。

例（40）和（41）中，"宝贝、差别"分别带了名词宾语和程度补语。祝晓宏认为这是名词活用为动词，且"活用的范围也多是一些文学语体，口语里很少这样用"，并指出在"在普通话文学语体里，这些词也可以活用"。

（三）名词做状语用

陆俭明等（2002）、周清海（2002）等的研究都指出普通话里的"礼貌、兴趣、绅士"等，在新加坡华语里也可用来修饰动词，如：

（42）他们<u>礼貌</u>地和我握手道谢。

（43）我<u>兴趣</u>地看着他。

（44）他<u>奇迹</u>地出现，<u>绅士</u>地吻吻她的手。

普通话里的"礼貌、兴趣、绅士"还不能当副词来用，不能做状语。

二、动词

动词中能带宾语的是及物动词，不能带宾语的是不及物动词，在句中主要做谓语和述语。陈重瑜（1983），周清海、周长楫（1998），祝晓宏（2008），刘慧博（2010）等都发现，普通话里的一些不及物动词在新加坡华语中可带宾语，如：

（45）你来<u>帮忙</u>我好吗？（陈重瑜 1983）

（46）没有一个国家愿意站出来<u>挑战</u>中国的立场，即使美国也不愿意。（陆俭明等 2002）

此外，也有复合趋向动词带处所宾语的现象，如：

（47）她带着孩子<u>回去</u>美国。（刘慧博 2010）

（48）大的 26 岁<u>出来</u>社会自己创业。（祝晓宏 2008）

据陆俭明等（2002）及刘慧博（2010）的分析，新加坡华语中不及物动词带宾语的用法，可能是受到英语影响，如英语动词"挑战"（challenge）可以带宾语如"He challenged me"，"回去美国"英语说成"Go back to America"。陆俭明等（2002）认为，"根本上来说，部分不及物动词和形容词逐渐演化为能带宾语，这主要还是语言表达要求简洁、经济的结果，因此这些说法将有生命力"。祝晓宏（2008）也发现"现在普通话里这些双音节不及物动词也可以带宾语"，可见这已不是新加坡华语独有的现象。

三、助动词

助动词是动词的一种，用来表示可能或意愿，其特点是只能带谓词宾语，不能带体词宾语。新加坡华语中助动词"会、不会"的使用相当普遍。陈重瑜（1983）指出，"会"在新加坡华语中可以表程度，如：

（49）我头发<u>会长</u>吗？

（50）他太太我见过，<u>不会</u>难看嘛！

上述二例在普通话中应说成"是不是太长了、不算难看/并不难看"。Chua（2004）也认为新加坡华语中疑问句的形容词前常加"会"，如可说"这里的东西会贵吗？"

此外，陈重瑜（1983）发现新加坡华语也可用"会、不会"取代普通话的动补结构，如：

（51）这个门<u>不会开</u>咧！

（52）太厚了，<u>不会过</u>。

（53）我<u>会听</u>。（Chua 2004）

这些在普通话里一般用动补结构"打不开、穿不过去、听得懂"来表达。周清海、周长楫（1998）认为这是因为"会"的词义范围被扩大了，普通话里的"会"原不表示可能实现行为动作，如在"车会过吗？"这个句子中，普通话一般用"能"。陈重瑜（1983），周清海、周长楫（2002）和 Chua（2004）都认为新加坡华语中"会"的广泛使用是受了闽南语影响。

四、形容词

形容词的主要功能是做定语和谓语，也可充当补语和状语。

形容词做动词用，带宾语，近年来在普通话里有发展的趋势，但都表示使动意义，如："方便顾客、清洁环境"是表示"使顾客方便、使环境清洁"。然而，周清海（2002）、陆俭明等（2002）发现，新加坡华语里有"亲爱父母和兄弟姐妹、生气妈妈"的用法，表示"与父母和兄弟姐妹相亲相爱、对妈妈生气"的意思，这些用法在普通话里似乎还没有。由于这类变异分布范围狭窄，多出现在书面语或文艺语体中，祝晓宏（2008）认为，形容词的功能变异可能并不是新加坡华语的特色。

另外,陈重瑜(1983)发现,新加坡华语中的"近"有不同于普通话的特殊
用法,如:

(54)我家很近学校。

在普通话里应该说成"我家离学校很近"。这种说法常见于新加坡华语
里,陈重瑜认为是受粤语影响。

五、副词

副词在句中的唯一功能是做状语,不能充当其他句法成分。相较普通话
而言,新加坡华语中有些副词的语用功能扩大了,如"好、真、太"等。另外,新
加坡华语中也有副词位置改变、状语后置的现象。

(一)"好、真"

新加坡华语中的程度副词"好、真"与普通话的用法不尽相同。祝晓宏
(2008)指出,"好"在普通话里是一个口语性很强的词,多是南方人说普通话
的时候使用,在新加坡华语书面语里,这个词用得特别普遍。他认为"新加坡
华语'好'字的多用,是受粤语的影响,在粤语里一般不用'很',而是用'好'
表示程度深"。

祝晓宏也提到,据朱德熙(1982)的分析,普通话中的"好"和"真"在修饰
形容词时总是充任独立的感叹句的谓语,且这样的主谓结构不大能作为组成
成分在句子里出现,如:

(55)a. 这件衣服好漂亮!

b. 我觉得这件衣服好漂亮。

c. 我觉得这件衣服真漂亮。

据朱德熙(1982)普通话中,例(55b)和例(55c)是不合语法的,必须说成
"我觉得这件衣服很(/挺)漂亮"。此外,由"好+形容词+的"做定语组成的偏
正结构也是独立的感叹句,很少包含在句子里,如:

(56)a. 好漂亮的衣服!

b. 买了一件好漂亮的衣服。

普通话中,例(56b)只能说成"买了一件很漂亮的衣服"。然而,周清海
(2002)指出,相对普通话而言,新加坡华语里"好、真、很"的用法并没有区别,

上述句子在新加坡华语中都能成立。

此外，周清海也提到，普通话里"真+形容词"总是做谓语或补语，不做定语，例如不能说"真漂亮的衣服、真听话的孩子"。然而，新加坡华语里也完全没有这些分别。由此可见，新加坡华语里"真、好"的语义及使用范围扩大了。

（二）"太、太过"

陆俭明等（2002）指出，"太"在普通话里有两种语法意义：一是表示程度极高，用于赞叹，如"太棒了！"；二是表示过分，如"这衣服太贵"。新加坡华语里，"太"除了以上两种意义外，还可以像"很"一样只是表示程度高，既不带赞叹的语气，也不表示过分，最常见的是用来修饰"多"，如：

（57）你有太多知识分子的缺点。

（58）她很早就知道天底下太多事情是冥冥注定的。

（59）我太久没来这儿了。

这里的"太多、太久"就是"很多、很久"的意思。

此外，陆俭明等也指出在新加坡华语里，有一个既表程度高，又表过分的程度副词"太过"，使用频率很高，如：

（60）那也未免太过天真了。

（61）人类太过依赖语言，反而束缚了人类的思考境界。

普通话里没有这样的副词，一般用"太""过于"来表示上述意义。潘家福（2008）认为，"太过"在新加坡华语里的用法主要是受潮州话和粤语的影响，也有可能是使用者将"太"与"过于"互相混用的结果。

（三）"才、再"

陆俭明等（2002）指出，在普通话里，"才"和"再"都能用于未然，然而二者表示的语法意义有所区别：

"才"用于未然表示事情发生或出现得晚，如"他明天才走"；"再"用于未然表示重复，包括实际的重复和空缺的重复。所谓实际的重复，是指所重复的动作是先前已进行过的动作，如"你唱得真好，再给大家唱一个"；所谓空缺的重复，是指所重复的动作先前实际上并未进行过，只是计划中要进行，所以叫空缺的重复，如"今天没买到电影票没关系，我们明天再看好了"。

　　然而,在新加坡华语里,"才"用于未然可以表示和"再"一样的意义,即"才"用于未然也能表示重复(特别是空缺的重复)的意义。这种用法相当普遍,如:

　　　　(62)这个问题,我们等一下才讨论。

　　　　(63)吃了饭才走吧!

　　这种用法是新加坡华语所特有的。以上两例,在普通话中都要将"才"换成"再"。邢福义(2005)认为,这类用法是闽语"才"对新加坡华语"才"的泛化所造成的潜在影响。他另外补充了两点:一是所谓的"再才不分"是局部的,只是"才"取代"再",而用"才"的地方不会发生被"再"取代的现象;二是"才"代"再"也是有限的,多是在两个时间先后出现的情况下,后一个动词前的"才"替代"再"。余依霖(2009)进一步通过问卷进行定量调查,发现以"才"充"再"在新加坡华语里已经约定俗成,演变成新加坡华语特有的现象。

　　(四)句末"才"

　　陈重瑜(1983)、吴英成(1986)和 Chua(2004)探讨了新加坡华语中出现于句末的"才",如:

　　　　(64)一个礼拜才。

　　　　(65)这本书五块钱才。

　　普通话中"才"不出现于句末,"而已"则出现于句末①,两者可并存且相呼应。陈重瑜认为"'才'之此种用法极可能源自闽粤方言","根本上即为取'而已'而代之";Chua 则指出,这里"才"的语序与英语中的"only"(而已)相同,也许是新加坡华语用语者借用了英语 only 的用法并普遍地使用于华语中。

　　(五)动词之后"多、少"

　　新加坡华语中常出现副词"多、少"出现在动词后,即状语后置的现象(陈重瑜 1983;吴英成 1986;Chua 2004),如:

　　　　(66)买多一本吧!

　　　　(67)吃少一点!

　　作为副词的"多、少"出现在动词之后的用法,陈重瑜认为在"日常口语中此

---

　　①　普通话里,"而已"多用于书面语,口语多用"罢了"。然而在新马一带及台湾地区的华语里,"而已"在口语中相当普遍。

种粤客方言之词序较之标准华语之词序更为通行"。除了方言影响外,Chua(2004)也发现这种用法与英语的词序相同,如"buy more"(买多)和"eat lesser"(吃少)。此外,陈重瑜和 Chua 都认为这种用法在新加坡华语口语和书面语中都非常普遍,Chua 进一步指出这种用法也同样广泛使用于香港地区及马来西亚。

(六)动词之后"先、早"

副词"先、早"出现于动词之后是粤语词序的一大特点,而闽南语中"先"可以放在动词的前面,也可以放在动词的后面。(吴英成 1986)新加坡华语中也有这种用法,如:

(68)你做完功课<u>先</u>。

(69)今天吃<u>早</u>一点。

陆俭明等(2002)认为,"VP+先"的说法"在口语里占一定优势,书面语中还是'先+VP'占极大优势"。除了方言影响外,潘家福(2008)指出,在英语里与"先"相对应的"first"也是置于动词之后,如"make a move first"。陈重瑜(1983)举出了"早"用于动词之后的例子,然而吴英成(1986)的问卷调查却发现新加坡华语中"早"用于动词之后的用法并不常见,认为这只是"部分新加坡华人尤其是广东人的个别语言特征或风格"。

六、句末语气词

语气词用于句末,表示说话人说话时的各种口气、情绪以及所说的话的用途等。新加坡华语里有丰富的句末语气词,是普通话所没有的,然而相关的研究文献并不多,早期仅有余耕文(1984),而且只停留在现象描写的阶段,并没有做进一步探讨。周清海、周长楫(2002)认为,新加坡华语句末喜欢加平调的"嘛、啦、咧",并且要拉长字音或拖腔,但不一定是表示强调,而是一种习惯,如:

(70)下午到我家玩<u>嘛</u>。

(71)你快点去<u>啦</u>。

近年来学者们逐渐重视研究语气词的语用功能,如祝晓宏(2008)指出源自粤语的"咩"在新加坡华语中的作用主要是表达反问,否定语气较重,如:

(72)你是恐龙<u>咩</u>?

(73)你做了十几年老师,现在还是老师,这叫成功<u>咩</u>?

祝晓宏认为以上的"咩"大致相当于普通话里的"吗",普通话一般前面都

可以加上"难道"来强化反问的语气,但新加坡华语很少用"难道",如不说:
"难道你这叫成功咩?"

　　(74)老师,那一株更多<u>咧</u>!

　　(75)你们两个讲好了啊? 情侣装<u>咧</u>!

　　祝晓宏认为"咧"也是来自闽粤方言,多用来确认事实,相当于普通话的
"呢"或"哩"。黄溆盈(2006)根据对新加坡华人所说的华语进行录音所得到
的口语材料,更详细地将新加坡华语中的"leh(同'咧')"分成了"leh_、leh╱、
leh╱╲、leh╲╱、leh╲"五种不同声调进行研究,分析并探讨其语用功能。

　　另外,Chua(2004)也发现新加坡华语口语中有特殊的句末语气词hɔ,认
为是来自闽南语的影响。根据音调和音长,hɔ 至少有两种用法。中升调
(mid-rising tone)的 hɔ 一般用于疑问句,如向对方确认某件事情时:

　　(76)这不是真的 <u>hɔ</u>?

普通话里,例(76)表示的是"这不是真的吧?"低降调(low-falling tone)的 hɔ 一
般用于祈使句,带有说服意味,如:

　　(77)不要离开我 <u>hɔ</u>。

例(77)表达了"请不要离开我"的语气。Chua 认为这两种用法来自闽南语。

　　目前在有关新加坡华语语气词的研究中,以何丽娴(2003)所收集的范围
最广,她一共收集了 61 种不同音节的语气词(或者是 125 种不同声调的语气
词)。认为语气词可分为 5 种功能:表态度、表情感、表意图、表悟性及表语用;
并认为在新加坡华语会话中使用语气词是为了表达各种不同的意图。

第四节　词组研究

一、名词词组

　　陆俭明等(2002)发现新加坡华语中有一特殊结构"N 的人",意思相当于
普通话里的"N 这个人",N 只限于人称代词或指人的名词,如:

　　(78)<u>你的人</u>为什么这样的啰唆。

　　(79)<u>院长的人</u>很好的。

　　陆俭明等指出,以上二例中"你的人、院长的人"就是"你这个人、院长这

个人"的意思。普通话里没有这种结构,"你的人、我的人、他的人"只能理解为修饰关系的"你、我、他"拥有的人。陆俭明等把这种结构称为同位性偏正结构。祝晓宏(2008)就"我的人"做了问卷调查,也检索了新加坡国立大学的华语语料库,认为这个表达在新加坡华语里并不普遍。①

二、动词词组

(一)动补结构

1.补语标记"得"被省略

陈重瑜(1983),周清海、周长楫(1998)和祝晓宏(2008)等都对新加坡华语中无补语标记"得"的动补结构进行了分析,如:

　　(80)你<u>吃很慢</u>。

　　(81)这种例子我<u>看太多</u>了。

这些在普通话里须说成"吃得很慢、看得太多"。陈重瑜、周清海、周长楫都认为这种结构是受到闽南语的影响,因闽南语中这类动补结构的补语标记是可以省略的。然而,祝晓宏发现"这种情况只在过去的新加坡华语里比较常见,现在已经越来越少"。

2."V 到 C"动补结构

在新加坡华语中,当补语是表示动词或形容词所达到的程度时,"V 到 C"结构比"V 得 C"结构更具普遍性,如:

　　(82)你害<u>到</u>我白忙一场。

　　(83)弄<u>到</u>我很不好意思。

周清海、周长楫(1998)认为这种用法是有些人将新加坡闽南语的搭配习惯带到华语里来。陈重瑜(1983)、吴英成(1986)和 Chua(2004)则指出,粤语这种结构中补语之前用"到",厦门话及潮州话中的[ka]和[kau]亦相当于"到",故新加坡华语中以"到"取代"得"可谓顺理成章。

此外,陈重瑜(1983)也发现新加坡华语里"到"有个特殊用法,即可以出现于动结式复合词之内,如:

---

① 祝晓宏(2008:61)的问卷调查结果显示:35%的受试表示不懂这句话的意思,60%的受试表示只听过这句话,但很少说;语料库的检索结果为零。

（84）要<u>吃到饱</u>啊！

（85）我这十题<u>错到完</u>。

（86）他的钱<u>输到光</u>了。

以上三例在普通话里只能说"吃饱、错了、输光"。祝晓宏（2008）指出，普通话里能做程度补语的单音节词只有"很"，如"好得很"，而新加坡华语里有很多，如"跟到紧、吓到怕、搞到糊涂"等，这种现象是很值得关注的。陈重瑜认为这或是来源于厦门话及潮州话中助词[ka]和[kau]的用法。Chua（2004）也认为[kau]在潮州及闽南语中是用来表达某一动作的延续效果，这种用法被带入新加坡华语。

此外，陆俭明等（2002）认为，也可能是受到这一用法的影响，新加坡华语里的动词"使得"一般也可说成"使到"，普通话里没有"使到"的说法。

3."V+回"动补结构

陆俭明等（2002）指出，新加坡华语中"V+回"是一种十分经济且富于表现力的结构，即"回"在此结构中表示一种特殊的引申意义，表示"回复"的意思，V并不是表示位移的动词，而是一般动词。祝晓宏（2008）也认为，普通话"回"的语法意义是"通过动作使人或物体向远处移动"，因此能和"回"结合的动词是有限的，但新加坡华语里，"V+回"的组合不仅有普通话的用法，还有一些是普通话所没有的，能带"回"的动词更多，表达的语义也更多样。根据祝晓宏的分析，新加坡华语中的"V+回"有以下五种类型及意义：

（a）表达事物关系的回复：所谓事物关系指的是主语和宾语的拥有关系或本有的关系。用"回"来比喻使宾语回来，"回"指向后面的名词宾语，如："<u>找回</u>人才、<u>争回</u>这口气"。

（b）表达动作行为的回复：表达动作行为的重复、再一次发生，"回"指向前面的动作，意思是使原来中断的动作重新再发生，如："<u>给回</u>他、<u>讲回</u>华语"。

（c）表达动作对象的重复：表达动作行为再次发生，并且动作影响到的对象跟第一次的动作正好相反，如："<u>打回</u>他""<u>骂回</u>他"，意思是"原来他打了我，我现在再打他""他先骂我，我再骂他"。

（d）表达事物状态的回复：指向整个动宾短语，指动词所及的宾语回复到原来的状态，如"<u>穿回</u>衣服、<u>扣回</u>扣子"，意思是扣子原来是扣上的，衣服是穿上的,后来解开了、脱下了,现在通过动作使它们恢复到原来的状态。

(e)表示意念上的回复:说话人主观认为的,不具有回复的现实性,如"值回票价",意思是"买的行为或参加的价值"跟原来的票价是相当的。和前四类的动词相比,"值"是一个不自主的动词,动词性更弱。

由此可见,"V+回"所表达的语义是各种各样的,"回"的意义已经比较虚化。陈重瑜(1983)认为,这种特殊的"V+回"动补结构是受到粤语的影响而产生的。陈玉珊(2000)认为新加坡华语里"回"用法的活跃也可能是受到了英语的影响,因为英语里 back 也可以表示"回复",如可说"take back"(拿回)、"go back"(走回)等。

4."V+过"动补结构

普通话里"过"在动词后表完毕或行为曾经发生,都是强调动作的已然。祝晓宏(2008)发现新加坡华语里,"V+过"并不都是表示动作的已然,如:

(87)有钱的话,反正东西到那里再买过。

(88)对不起,你下次再来过。

以上二例中"再买过、再来过"的用法,指的不是动作已经发生,而是"重新再买、重新再来"。即使不使用"再","V+过"仍然可表示将来的事情",如:

(89)给自己一个时间空间,好好想过:真的不要他吗?

(90)我们商量过,之后,我就帮她老人家洗衣服。

以上二例中"好好想过、我们商量过"表示"再想一想、又重新商量了一下"。此外,普通话里,"V+过"结构通常带宾语或数量宾语,如"谈过这件事、读过几次",但在新加坡华语中可以不带宾语。

在粤语里,"过"能和"再"配合形成"再 V 过"结构,表示再一次、重新(白宛如 1998)。因此,祝晓宏认为这种结构来自于粤语。

5."V+了(liǎo)"动补结构

陈重瑜(1983)发现,普通话里"了(liǎo)"做补语时是对可能性或程度做估计,如"你吃得了吗、他跑不了的",也可做动词用,如"这件事总算了(liǎo)了(le)"。然而,新加坡华语中"了"做补语时还可"表动作或事件之完成",如:

(91)机器坏了(liǎo)了(le)。

（92）我问他了（liǎo）了（le）。

以上说法表示"坏（掉）了、已经问过他了"。陈重瑜指出，南方方言如闽语、粤语、客家话，上述例句多带补语，认为新加坡华语中补语"了（liǎo）"可能源自上述方言。余耕文（1984）认为，"了"的这种用法是保留了"了（liǎo）"的原义，如"了（liǎo）了一件心事"。然而据赖怡彣（2014）的考察，新加坡华语中已鲜出现这类用法。

此外，陈重瑜（1983）、赖怡彣（2014）也认为新加坡华语中"了（liǎo）"取代"了（le）"出现于句末或做动词后缀的用法是受到了闽语的影响，如：

（93）没有了（liǎo）。

（94）这么薄的衣服，穿了（liǎo）也没什么用。

6."V+有/没有"动补结构

新加坡华语里，"有/没有"可以放在动词之后，补充说明动词，如：

（95）我看没有。

（96）我找有。

以上二例中"看没有、找有"，表示"看不见、找到了"。这是闽南语的用语习惯被带入了新加坡华语中。陈重瑜（1983），周清海、周长楫（1998），陆俭明等（2002），Chua（2004）和祝晓宏（2008）等已注意到这一现象。其中，陈重瑜及 Chua 都指出新加坡华语中的"听有"和"听没有"有两种意思，即"听得见、听懂了"及"听不见、听不懂"。

然而，新加坡华语中"V+有/没有"结构多数只出现在口语中。（陆俭明等2002；Chua 2004）

7."V+看看"动补结构

普通话用动词重叠式 VV 加上"看"表达尝试。新加坡华语里可用"V+看看"取代"VV 看"，如：

（97）你试看看。

（98）吃看看啦，保证好吃。

陈重瑜（1983），周清海、周长楫（1998），Chua（2004）和祝晓宏（2008）都认为这种用法源自闽南语［V kʻua mai］。陈重瑜（1983）也指出，这种用法在台湾闽南人的"国语"中屡有所见。吴英成（1986）认为这种说法在新加坡华语中尚未十分普遍,祝晓宏(2008)则发现"书面语中极少看到",但在口语里比较常见。

(二)动宾结构

单音、双音的动词,都可以在后边加上"一下",表示动作时间短暂,如:"看一下、想一下、讨论一下"。然而,周清海(2002)发现,普通话动词重叠不能再加"一下",新加坡华语里却可以,如:

(99)给父亲骂骂一下又有什么关系。

(100)你们彼此先认识认识一下。

祝晓宏(2008)认为:"重叠动词本身已经能表示动作的时量短或动量小,所以从普通话的角度来看,'VV一下'形式的重复会造成语义的重复。上面例子应该去掉'一下'或用动词的原式。"他也指出这种用法主要在新加坡华语口语里使用,在书面语里没看到这种例子。

(三)特殊结构

1.动宾结构+补语

一些谓语结构里的宾语本该置于补语之后,在新加坡华语中也可以动宾结构加补语的形式出现,如:

(101)你上课完再去吧!

(102)你吃饭了再写好吗?

以上二例在普通话里只能说"上完课、吃了饭"。周清海、周长楫(1998)认为,这种用法体现了闽南语的语序特点。

2.动补结构+宾语

陆俭明等(2002)指出,新加坡华语里由复合趋向动词充任补语的动补结构可以直接带处所宾语,如:

(103)有些人……还时常跑回来巴刹买东西。

(104)当初也是你自己把他带进来这厂里的。

普通话里,复合动词及带复合趋向补语的动补结构都不能在后面直接带上处所宾语,因此以上二例在普通话里都不能说。

三、形容词词组

（一）"A 到 C"结构

祝晓宏（2008）发现，相较"V 到 C"结构，新加坡华语里形容词带补语时，更倾向于使用"到"取代"得"，一般都是表示程度，如：

　　（105）漫天飞雪，他冻到两腮红通通。

　　（106）声音由大转小，微弱到听不见。

（二）"A+量词"结构

据陆俭明等（2002），新加坡华语里有个特殊的"A+量词"结构。在普通话里，数量词中间可以插入形容词，如"一大个、两小粒"等，新加坡华语除了这类用法外，还有单音节形容词（常见的是"大"）跟量词直接结合构成的形容词性结构，这种结构可做谓语，可受副词修饰，特别是可受程度副词修饰，如：

　　（107）这里的刀鱼顶呱呱，又大条，又多肉

　　（108）比小雯的爸爸的车更大辆

　　（109）住在那么大间的旧屋里

四、介宾词组

（一）"向"取代"跟"

祝晓宏（2008）指出，"向"在普通话里引进动作的对象，介宾结构后的动作一般会使对象得到收益或遭受损害，然而新加坡华语中却没有这样的语义特点，如：

　　（110）警方吁请目击者拨电 1800—5471818，向警方联络。

　　（111）心蕊是怕奶妈口多，把看见的事向妈妈讲。

普通话中，以上二例该使用"跟"或"和"。

（二）"同"

陈重瑜（1983）发现新加坡华语中借用了粤语介词"同"的用法，如：

　　（112）你同他讲。

　　（113）你同我把那本书拿来

以上二例的"同"分别是普通话里"跟"和"替"的意思。

第五节　小句研究

一、疑问句

（一）反复问句

1.“X 不 XY”及“V 不 V 得 C”

在新加坡华语里，单音节动词或形容词由“不”形成的反复问句句式和普通话一样，都是“X 不 X”，如“怕不怕、是不是、去不去”。但是，双音节动词或形容词由“不”形成的反复问句句式跟普通话有所不同。新加坡华语可以有以下两种问话形式：

（a）XY 不 XY，如：“知道不知道”；

（b）X 不 XY，如：“知不知道、记不记得、愿不愿意”。

陆俭明等（2002）认为，这两种格式中（b）式在新加坡华语里更为常见，普通话则多用（a）式。他也指出（b）式存在于很多方言中，目前这种问话方式也已开始渗透到普通话里。吴英成（1986）则认为：“这种问句有其规律性，所有的述语不管是动词、形容词、不及物动词、助动词都可以一律应用此一规律。”

此外，陆俭明等（2002）也指出，对带可能补语的述补结构，新加坡华语基本也采用（b）式进行反复问，即采用“V 不 V 得 C”格式，如：

（114）明白也不知见不见得着你。

（115）我只问一件事，就是行不行得通？

以上二例中，普通话得用“V 得 C+V 不 C”格式，说成“见得着见不着你、行得通行不通”。由此可见，（b）式虽来自方言，但很有表达力，适用范围广，也符合语言表达要求经济的原则（陆俭明等 2002）。

2.“有没有+VP”

普通话里，由“没有”形成的反复问句是“VP+没有”，如“你吃了没有？”“他来了没有？”。新加坡华语里也有这样的问话方式，但更普遍的说法是“有没有+VP”（陆俭明等 2002），如：

（116）你有没有跟他谈谈？

（117）你有没有看见我那本书？

陈重瑜(1983)认为,这种句法为闽南语和粤语所共有,在台湾"国语"中也颇为通行。如今这类问话方式也开始在普通话中出现,但说得并不普遍(陈建民 1984;邢福义 1989)。

吴英成(1986)、Chua(2004)也发现"有没有"用于句末的例子,在新加坡华语口语中相当普遍,如:

(118)昨天下了一阵雨,<u>有没有</u>?

(119)我已经告诉你了,<u>有没有</u>?

吴英成认为,"有没有"用在独立句子后面,表示要对方对发生过的某件事做出反应,说者含有征询的语气。这是受了闽南语"有无[u bo]"的影响,普通话则以"不是吗"表示。

(二)选择问句

普通话中,如果要在几个项目中进行选择,通常用"还是"来连接选择项。新加坡华语中,除了"还是"以外,也有"抑或"及"或、或者",如:

(120)不知是巧合,还是两位作者有意为之?<u>抑或</u>是原刊编辑的妙手珠联?

(121)那她比较喜欢演戏<u>或</u>唱歌呢?

周清海(2002)指出,"抑或"是近代白话书面语用语,现在普通话已不用;"或/或者/或是"在普通话里只用于陈述句,不用于选择问句。

二、比较句

新加坡华语中主要有三种比较句式,如(X、Y 为比较项,A 为形容词):

(a)X 比 Y+A,如:"我比你大,你比他好看",新加坡华语里也常在 Y 后用"来得"修饰后面的形容词,如"我比你来得大,你比他来得好看";

(b)X+A 过 Y,如:"我大过你、你好看过他";

(c)XAY+数量词,如:"我大你三岁"。

(a)式是典型的普通话比较句式。虽然陆俭明等(2002)认为普通话没有"X 比 Y 来得 A"的用法,但祝晓宏(2008)却发现当代普通话的书面语有此用例,不过口语里则较为少见,但这种说法在新加坡华语口语中相当普遍。

陆俭明等(2002)认为,普通话没有(b)式的用法。陈重瑜(1983)认为,(b)式比较句本是粤语的特征,也影响了潮州、海南等方言,在香港与台湾出版之刊物中亦偶有所见。祝晓宏(2008)认为,除了方言影响外,这种用法可能也受到英语比较式"主语 X+系动词+形容词 A 的比较级+than+宾语 Y"的影响。

(c)式表达法目前在普通话里也很流行。(陆俭明等 2002)

三、双宾句

陈重瑜(1983)、周清海(2002)、陆俭明等(2002)和祝晓宏(2008)等都已注意到新加坡华语中有与普通话不同的双宾句语法特征。双宾句是谓语后有两个宾语的句子。普通话中的词序应为间接宾语在前,直接宾语在后,如"借我三本书"。新加坡华语基本上也是这类表达式,但是口语里的双宾句,在动词是"给"的情况下,常使用直接宾语在前、间接宾语在后的格式,如:

(122)他刚才<u>给</u>这本书我。

(123)……就<u>给</u>钱马小明去赌。

也有同根宾语(cognate object)在前,间接宾语在后的用法(陈重瑜1983):

(124)你去<u>看一下</u>他。

(125)我也<u>问了一声</u>你妈妈。

以上用法是普通话里所没有的,是受到粤语双宾句的影响(陈重瑜 1983;陆俭明等 2002)。近年来,粤语的影响力渐渐消退,这类的格式在书面语中已越来越少见(祝晓宏 2008)。

另外,周清海(2002)指出,普通话的双宾结构中,直接宾语不能是一个领属偏正结构,即不能说"给张老师我的书、给他我们的皮箱",但新加坡华语却有这类说法。

四、"被"字句

新加坡华语中,"被"字句的使用较普通话广泛,即使句法层面没有出现施动者,往往也使用"被"字,如:

(126)电话一<u>被</u>接通,这个系统会读出音讯。

(127)蓝色最常<u>被</u>使用。

在普通话里,以上二例的"被"字都要去掉。这种用法相信是受到了英语的影响(陆俭明等 2002;祝晓宏 2008)。

五、"有"字句

普通话中,否定句可以用"没有"表示未完成体,比如可以说"我没有去过新加坡",但是相应肯定句中不能用"有"表示完成体,如"我有去过新加坡"(徐杰、王惠 2004)。在新加坡华语中,这两种格式都被接受,而"有"带动词的结构在口语里更是普遍。祝晓宏(2008)指出,新加坡华语里的"有"字句可表达三种语义:完成、经历、存在,如:

(a)表动作完成,相当于普通话的"VP+了",如:"你有看报纸吗?",相当于普通话"你看报纸了吗?";

(b)表动作曾经发生,相当于普通话的"VP+过",如:"我有做错什么吗?",相当于普通话"我做错过什么吗?";

(c)强调事件存在,如:"他说只要他有给我钱,我就无权管他"中,句法上"有"可以删除而语义完整,但是"有"的存在却可以强调整个事件的存在。

"有"字句普遍使用于闽粤方言中(陈重瑜 1983),难免被带入华语句式中。除了方言影响,林万菁(2006)及佘淑渝(2009)都认为,含有强调意的"有"巧妙地发挥了英语里"did+V"的特殊修辞效果,如"I did say that(我有说过)、I did inform him(我有通知他)"此外,佘淑渝也认为,在新加坡华语疑问句里,"有+VP"结构包含了"有没有+VP"疑问句式。

另,祝晓宏(2008)发现在目前的普通话口语中,"有"字句已形成一种新兴的语法格式,但还没有成为正式书面语里的常规选项。

六、判断句

普通话里,判断句一般的形式是"是……的"结构,"是"用在所强调的部分前,"的"置于句末。周清海(2002)发现,在新加坡华语中有省略"的"的用法,如:([ ]内表示被省略的"的")

(128)事情是明明白白[的],不用再多说了。

刘慧博(2010)认为这样的结构在普通话中属于结构不完整的病句。祝晓宏(2008)则认为"在新加坡华语里,当被标记的成分在数量上很长,说话人到句末时有可能会忘记这个辅助判断助词'的'",如:

（129）该机<u>是</u>于新加坡时间早上 10 时 45 分，从安曼海飞入伊朗领空[的]。

陆俭明等（2002）指出新加坡华语中有多用"是"的现象，如"我认为这是很不公平"，这里的"是"不是为了强调，也不重读，在普通话里是多余的。祝晓宏（2008）认为这类句式可能受到了英语判断句用系动词"to be"表达判断的影响。

第六节　复句研究

一、"更"表递进

祝晓宏（2008）发现，"更"在新加坡华语里常用来表达递进的意思，相当于普通话的"还"，如：

（130）我当初拒绝，但他不肯放弃，最后我接受了他，后来<u>更</u>和他有了关系。

（131）……而香港"Jet"杂志 7 月刊<u>更</u>称她为香港人心目中的"香港女皇"。

祝晓宏表示，普通话里"更"只表示程度增加，用于比较，一般用来修饰形容词。唯古汉语"更"常修饰动词，新加坡华语"更"这样用相信是对古汉语用法的保留。另外，他也指出，在香港中文里"更"也常修饰动词，如从例（131）的行文来看，应该是转载香港报纸的内容，因此他认为新加坡华语"更"的用法也很可能是受到港式中文的影响。

二、关联词的缺省

复句中前后关联词语的搭配往往有其固定的形式，然而祝晓宏（2008）及刘慧博（2010）都发现，新加坡华语中常出现关联词缺省的现象，这种用法相信是受到英语的影响，如：（[ ]内表示被省略的关联词）

（132）他<u>不但</u>散文写得好，[而且]他的哲学思想给当代和后来的人很大的影响。

（133）这里的果汁就是与众不同，种类<u>除了</u>比较少见、比较"另类"之外,而且[还]极富创意,故曰 exotic！

（134）<u>与其</u>感叹时光的流逝,[<u>不如</u>]把握当下尽心做好每件事,让将来我们回首时不至于后悔,是不是比较恰当？

（135）<u>只要</u>像陈导演一样努力,大家离成功似乎[<u>就</u>]不会太过遥远。

（136）<u>即使</u>是你家的佣人,她给你端上早餐,你对她说声谢谢,她是不是[<u>也</u>]会感到高兴？

（137）新加坡在殖民地统治、1959 年自治时和 1963 年加入马来西亚时,内部安全也由警察部队政治部负责,<u>直到</u> 1965 年独立后[<u>才</u>]成立内安局。

（138）<u>尽管</u>经济前景不明朗,榜鹅预购组屋（BTO）项目 Punggol Residences 的申购反应非常热烈,每个单位平均有 7 人申请,是过去一年来,建屋发展局在榜鹅推出的四个预购项目中,申购率最高的项目。

在普通话里,关联词的前后搭配可用来表达递进、转折、条件关系等,一般不能缺省。

三、关联词的搭配

在新加坡华语中,复句关联词语的选择与搭配与普通话有些许不同,如：

（139）李木源受访时说,<u>不管</u>是设"大厨房",每天为数千人提供免费素食、捐出 100 万元资助东南亚研究院成立亚洲佛教研究中心,<u>或</u>发奖助学金给各族学生,<u>都</u>是公众捐款,及很多热情一共默默的付出,他只是带大家受封罢了。

（140）72 岁的比莱外交经验相当丰富,<u>除了</u>曾受委为新加坡驻巴基斯坦最高专员,<u>更</u>在长达 19 年的时间里,担任我国驻伊朗非常驻大使。

刘慧博（2010）指出,"不管……或……都……"和"除了……更……"的搭配普通话里没有,普通话用"不管……还是……都……"和"除了……还……"。

祝晓宏（2008）也发现,普通话中"不论/无论……还是……"表示在任何条件下结果或结论都不会改变,"不论"或"无论"引进的可以是表选择关系的两个成分,然而在新加坡华语里,连接这两个并列成分的往往是"或"和"或者",如:

（141）我现在是个标准的新加坡人,<u>无论</u>是榴梿<u>或</u>咖喱,我都会毫不犹豫地往嘴里送。

（142）<u>不论</u>是粉色系、黑白等基本色调<u>或</u>是强烈的色彩,美静都同样喜欢。

第七节　总结

我们分别从词法、词类、词组、小句和复句这五个方面对过去的研究进行整理,综上可见前人在新加坡华语语法这个领域里已有一些研究成果。其中,早期的研究多关注词与词组的部分,复句的研究相对较少。词法方面,受方言影响,重叠的使用较普通话丰富,尤其是形容词重叠式。词类方面,新加坡华语中的词类转换现象亦较普通话普遍。此外,学者们也发现新加坡华语里有相当多样且表达力强的动补结构。新加坡华语中的句式与普通话的差别不大,一些受方言影响的句式,因表达力强被纳入普通话系统,也有一些逐渐被淘汰,仅存在于口语中。然而,我们发现以往的研究仍有值得进一步讨论的地方,主要有以下四点:

1.语料鉴别问题

除了早期 20 世纪七八十年代的研究资料(如:陈重瑜 1983)外,现有的新加坡华语语法研究一般选择书面语作为考察对象。一是因客观条件所限,研究者不能到新加坡做实地考察,而书面语有纸质和电子等可视文本,易于传递,便于在异地研究;二是书面语比口语更具规范性,便于做对比研究的依据,结论更具客观性(祝晓宏 2008;刘慧博 2010)。

然而,朱德熙(1987)指出,书面语包含许多不同的层次,稳定性和均匀性都远不如口语。首先,对于书面语语句的可接受性(acceptability),我们不容易做出判断。一种句式是否能说,往往会引起争论。这说明有些书面汉语句式的可接受性只有程度上的差别,不像口语里的句式那样界限分明。周清海(2002)也指出:"从新加坡华语的情况看来,因为没有共同的、成熟的口语为基础,却建立了共同的书面语,所以新加坡华语口语受外语的影响,远远超过书面语所受的影响。"由此可见,研究口语或许比研究书面语更有利于发现新加坡华语语法中最根本的语法事实。

2.分析新加坡华语语法特征的参照系

目前,新加坡华语的研究都是以普通话作为参照系。然而朱德熙(1987)认为,虽然普通话作为现代汉语的标准语,但其内部并不十分稳定,而这种不稳定性在书面语和口语上都有所表现。就书面语来说,作者难免受到自身方言的影响,书面语中还有存古和欧化句式;口语中的不稳定性则主要表现在不同方言区的人说的普通话可以有很大的差别。由此可见,普通话不属于内部均匀(homogeneous)、无矛盾(consistent)的语料。再者,因为新加坡华语本身就是个混杂系统,再拿普通话跟新加坡华语比较,也就相当于是拿两个内部都不均匀的系统来比较,结果虽显出两种语言间的差异,却不表现任何语言的本质。

3.如何定义变体?

研究一种语言的语法,重要的是把常见的已经在语言里生了根的句式跟那些只是偶然出现且身份不太明确的句式区别开(朱德熙 1987)。然而,有些时候这条界线并不容易确定,如何界定语言中哪些句式是病句,哪些句式是变体,并不是一件容易的事。例如,虽然许多学者都认为新加坡华语有状语后置的现象,但 Lee(2006)却认为"多、先"出现于动词之后的现象,是使用中的"偏误"(error),并不是新加坡华语语法的特征。祝晓宏(2008)及刘慧博(2010)所提出的复句中关联词的缺省现象,Lee 也认为是使用偏误所造成的。

陆俭明等(2002)在讨论新加坡华语语法的规范问题时,认为"V+看看""V+AA""V+有/没有""VV+补语""V+到+C"等说法在书面上基本看不到,认为"似还未为新加坡华人所普遍接受",这种以书面语使用的普遍程度为标准的界定法,也值得商榷。如第 2 点所述,新加坡华语的特殊发展背景,或使新加坡华语的口语比书面语更能体现新加坡华语语法中的变异现象。

4.如何确定"新加坡华语语法的特点"?

如第 2 点所述,目前有关新加坡华语的研究都是以普通话作为参照系。因此,当学者发现新加坡华语出现与普通话不同的语法现象时,就当作特点加以论述。然而,从第二节至第六节所整理的资料来看,其中有许多现象都不是新加坡华语独有的。从 Kubler(1981)对台湾"国语"的论述中不难发现,台湾"国语"与新加坡华语有许多相同之处,如:V+有/没有、助动词"会"的广泛用、VV+一下、判断句"是……的"结构中"的"的缺省等。早期新加坡人口以福建闽南地区的人为主,福建闽南语是主要方言,与台湾的情况类似。因此,在语言接触的情况下,无论是台湾"国语"或新加坡华语都无可避免地受到了这种闽南语的影响,而在使用中带入了闽南语的用语习惯。此外,从赵春利、石定栩(2012)及田小林、马毛朋(2013)的论述来看,"多、少、先"等状语后置及比较句"X+A 过 Y"的现象在港式中文中亦屡有所见。这两种现象都是典型的粤语语法特征。问题是,既然这些语法现象并不是新加坡华语独有,我们还能不能说它是新加坡华语的特点呢?

参考文献

白宛如　1998　《广州方言词典》,南京:江苏教育出版社。

陈建民　1984　《汉语口语》,北京:北京出版社。

陈玉珊　2000　《语言的接触与趋同——论粤语对新加坡通俗华语及英语的影响》,单周尧、陆镜光主编《第七届国际粤方言研讨会论文集》,北京:商务印书馆。

陈重瑜　1983　《新加坡华语——语法与词汇特征》,新加坡:新加坡国立大学华语研究中心。

郭　熙　2004　《论"华语"》,《暨南大学华文学院学报》第 2 期。

何丽娴　2003　《新加坡华语会话中语气词的语用功能》,新加坡国立大学荣誉学士学位论文。

贺国伟　2001　《"多多"咏叹》,贺国伟编著《前卫词话》,南京:南京大学出版社。

黄淑盈　2006　《新加坡华语会话中的语气词"leh"之研究》,新加坡国立大学荣誉学士学位论文。

赖怡彣　2014　《新加坡华语中的"了"》,新加坡南洋理工大学学士学位论文。

林万菁　2006　《"多"与"多多"的用法及其变异问题》,林万菁《汉语研究与华文教学论集》,新加坡:新华文化事业有限公司。

刘慧博　2010　《新加坡华语与普通话的分歧研究》,黑龙江大学硕士学位论文。

陆俭明、张楚浩、钱　萍　2002　《新加坡华语语法的特点》,周清海主编《新
　　加坡华语词汇与语法》,新加坡:玲子传媒。

罗小品　2009　《新加坡华语和中国普通话中叠词使用的异同》,《甘肃联合
　　大学学报》(社会科学版)第 6 期。

潘家福　2008　《新加坡华社的多语现象与语言接触研究》,复旦大学博士学
　　位论文。

佘淑渝　2009　《新加坡华语中的"有+VP"结构初探》,新加坡南洋理工大学
　　学士学位论文。

田小琳、马毛朋　2013　《港式中文语序问题略论》,《汉语学报》第 1 期。

吴英成　1986　《新加坡华语语法研究》,新加坡:新加坡文化研究会。

萧国政　1999　《新加坡华语虚词使用说异》,陈恩泉主编《双语双方言》
　　(六),广州:中山大学出版社。

邢福义　1989　《"有没有 VP"疑问句式》,陈恩泉主编《双语双方言》,广州:
　　中山大学出版社。

邢福义　2005　《新加坡华语使用中源方言的潜性影响》,《方言》第 2 期。

徐　杰、王　惠编　2004　《现代华语概论》,新加坡:八方文化创作室。

易水寒　1984　《华语中动词重叠的滥用现象》,《联合早报》11 月 17 日。

余耕文　1984a　《本地华语中的一些特殊语尾助词》,《联合早报》8 月 25 日。

余耕文　1984b　《本地华语中结果补语的特殊现象》,《联合早报》12 月 1 日。

余依霖　2009　《以"才"充"再"? 以"再"充"才"? ——新加坡华语里"才"
　　和"再"的使用情况》,新加坡南洋理工大学学士学位论文。

张楚浩　1985　《普通话与方言》,新加坡:新加坡文化研究会。

张　望　1982　《形容词及其重叠》,《星洲日报》8 月 16 日。

赵春利、石定栩　2012　《港式中文差比句的类型与特点》,《云南师范大学学
　　报》(哲学社会科学版)第 6 期。

周长楫　1991　《闽南话与普通话》,北京:语文出版社。

周清海　2002　《新加坡华语变异概说》,周清海主编《新加坡华语词汇与语
　　法》,新加坡:玲子传媒。

周清海、周长楫　1998　《新加坡闽南话与华语》,《联合早报》10 月 20 日。

朱德熙　1980　《现代汉语语法研究》,北京:商务印书馆。

朱德熙　1982　《语法讲义》,北京:商务印书馆。

朱德熙　1987　《现代汉语语法研究的对象是什么?》,《中国语文》第 5 期。

朱淑美　1996　《新加坡华语语法、词汇中的方言成分》,新加坡国立大学荣誉学士学位论文。

祝晓宏　2008　《新加坡华语语法变异研究》,暨南大学博士学位论文。

Chua, C. L.　2004　The Emergence of Singapore Mandarin: A Case Study of Language Contact. University of Wisconsin-Madison, Ph.D. Thesis.

Kubler, C. C.　1981　The Development of Mandarin in Taiwan: A Case Study of Language Contact. Cornell University, Ph.D. Thesis.

Lee, C. Y.　2006　An Error Analysis of Singapore's Secondary School Students' Chinese Language Composition. University of Hong Kong, M.A. Thesis.

第三章　文献评论与本书的研究取向

第一节　文献评论

一、1990 年以前的新加坡华语语法研究

如第二章所述,1990 年以前,有关新加坡华语语法的研究工作多数由本地的华文教育工作者开展,而研究成果主要在本地的报章上发表。这时期的研究关注的语法现象集中在新加坡华语与普通话不同的说法,突出新加坡通行方言如闽语、粤语及客家话对新加坡华语的影响。然而,这些发表于报章的研究文章受限于篇幅,仅能针对某一种语法现象进行简单的描写与分析。

陈重瑜《新加坡华语——语法与词汇特征》(1983)应该是最早对新加坡华语语法进行全面描写的专题研究论著,着重于讨论新加坡华语中因南方方言影响而形成的特殊语法结构。文中搜集并罗列了大量新加坡华语与"标准华语"不同的语法现象,并简单说明个别现象是受哪些方言影响的结果。譬如:副词"先""早"出现于动词之后是受粤语的影响,如"吃饭先! 今天吃早一点啦!";动词重叠表"完成体"(perfective aspect)或表动词之全面性是受闽语的影响,如"我吃吃就来! 衣服洗洗就去啦!"。

陈重瑜一文中有几个值得我们讨论的地方。首先,陈重瑜为文中每一条带有新加坡华语语法特征的例句都附上了"标准华语"的说法。可见,在她的分析框架中,新加坡华语语法的特征得以建立完全取决于"标准华语"有个明确定义。文中对"标准华语"的理解如下:

"Standard Mandarin"一词中国大陆称之为"普通话",台湾与香港称之为"国语",新加坡则称"华语"。三者之间固不无差异,然其语法结构及基本词汇大体相同。文中所用"标准华语"一词,乃指此三者

所共有之标准(norm)。

根据以上的叙述,"标准华语"指的应是通行于中国大陆(内地)、中国香港、中国台湾及新加坡的一种共同华语。但是,这个标准并不容易把握。首先,文中并没有告诉我们所谓的"三者所共有之标准"该如何判断。这种"三者所共有之标准"根据的究竟是书面语还是口语? Kubler(1981:174—175)很早就指出"台湾国语"作为一种口语深受闽南语影响:

> Thus, in addition to the "positive" influences of Southern Min on Mandarin in Taiwan — where a new item from Southern Min is introduced into Mandarin where it had previously not existed, there are also many examples of "negative" influences — i.e., where syntactic structures and lexical items common in Standard Mandarin are rare in Taiwan Mandarin because they do not exist in Southern Min and so lack reinforcement.(因此,我们除了发现闽南语对台湾"国语"产生"正面"的影响外,也发现有许多"负面"影响的例子。前者指的是新的成分从闽南语被引入"国语"中,而后者指的是一些在标准华语中常见到的语法结构和词语因不存在于闽南语中而在台湾"国语"中十分罕见。)

因此它本身就是一种华语的变体,再加上定义中所谓的"香港国语"极可能指的是《全球华语语法·香港卷》中的"通用中文",而这却又是一种书面语。如果我们暂且先不考虑由普通话所带来的问题,上述的标准中既包含了口语成分,也包含了书面语成分,这对于我们理解什么是"标准华语"明显是不利的。假若"标准华语"无法有效地建立起来,所谓的新加坡华语语法的特征也就相应地无法有效地被提取出来。此外,即使我们再退一步,把"标准华语"直接等同于普通话,这也会有问题。根据定义,普通话以典范的现代白话文著作为语法规范,而朱德熙(1987)就总结说:

> 总之,作为现代汉语标准语的普通话,目前还不是十分稳定。

这种不稳定性,主要就体现在普通话的语法规范并不容易把握。朱德熙(1987)的分析如下:

> 不过我们很难给"典范白话文著作"规定明确的标准与范围。不少语法著作从鲁迅、毛泽东、老舍、赵树理、曹禺、巴金、叶圣陶等人的

著作里援引例句。可是这些著作的语言远远不是均匀、一致的。甚至
同一部著作内部也不一定都一致(例如老舍、曹禺的作品里对话部分
和叙述部分就不一致)。这些著作的语言跟基础方言北京话的关系
或远或近,在不同程度上受到作者本人的方言的影响和干扰……

由此可见,普通话并不属于内部均匀、无矛盾的语料,加上受方言影响的
"港台国语"的不稳定性,要判断陈重瑜所谓的"标准"不是一件容易的事,并
不能用"其语法结构及基本词汇大致相同"简而概之。确切来说,文中所谓的
"标准华语"其实可能更像是建立在三者之上的一种抽象的"规范汉语",其用
途着重于华语的教学而非语言本体的研究。无可否认的是,这种将新加坡华
语中特殊的语法现象一一列出,简单说明是受到哪个方言的影响,并附上"标
准说法"的研究方式,其实相当符合早期新加坡社会的发展需求。一来当时
新加坡总理李光耀在华人社群推广"讲华语运动",希望扭转当地不同籍贯的
华人使用不同方言的习惯,以使用华语作为共同语;二来当时从事有关新加坡
华语语法研究的多数是教育工作者,他们更注重的是本地人学习华语的需要。
这种研究方法可对受到方言影响而产生的"不合规范"的语法现象加以纠正。
据陈重瑜(1993),《新加坡华语——语法与词汇特征》正是为了教育部中小学
教师在职进修课程而作的。然而,陈重瑜所谓的"标准华语"既不是普通话,
也不是港台的"国语",从"规范"的角度看新加坡华语,比较的结果只能告诉
我们新加坡华语里受到南方方言(尤指闽、粤、客)影响而产生了哪些"不符合
规范"的语法现象。从教育的角度来看,这有助于人们学习及使用华语;但从
语言研究的角度来看,这样的比较并无法让我们看出新加坡华语的本质,也无
法体现出新加坡华语语法的特色。

此外,也许因为这时期的研究以教学为目标,文章的分类与论述也显得不
够严谨。譬如,陈重瑜虽将重叠式分为单音节及多音节两类分别论述,但此二
类别之下又有"杂纂""不当重叠之词"及"不合习惯之并列重叠"等小节,列
出了许多不同词类、不同形式的重叠式,如在"特殊重叠词条"的"杂纂"小节
中,语料是非常丰富的:

(1)你不要<u>乱乱</u>讲。

(2)你不能<u>硬硬</u>来!

(3)<u>敢敢</u>把它买下来。

(4)这条路走到尾尾,就到我家了。

陈重瑜(1983)共举出了 12 个例句,却没有对每一个例句进行分析,只简单说明"标准华语"里动词前的"乱、硬"通常不重叠,当来自闽南语。然而当我们细看这些例句时会发现,其实已经展现了新加坡华语里形容词重叠做状语(例 1"乱乱讲"及例 2"硬硬来")、助动词重叠(例 3"敢敢")、名词重叠做补语(例 4"走到尾尾")等丰富的重叠现象。从上一章我们对现有新加坡华语研究资料所做的整理中可以看出,陈重瑜文中的语料几乎已经涵盖了所有新加坡华语的重叠现象。除了朱淑美(1996)发现的单音名词重叠表性质(如"水水")外,其他有关重叠现象的研究都没有超出陈重瑜的范围。① 然而,由于陈重瑜并没有对这些丰富的语料进行系统的分类,文中所呈现出来的新加坡华语重叠现象是杂乱而零散的,我们也很难从中看出新加坡华语语法的规律与特色(参见本书第四章)。简单地指出哪个特殊重叠现象源于哪个方言的做法,也加深了一个刻板印象:方言对新加坡华语的影响是随机且无止境的,任何一个在新加坡通行的方言都可以随机进入并影响新加坡华语的语法系统。陈重瑜也没有引用方言证据来论证新加坡华语里的这些特殊现象,这不禁让我们产生疑问:新加坡华语对闽、粤、客方言的重叠系统是不是照单全收? 如果不是,是什么原因造成新加坡华语吸收了一部分,而不吸收另一部分? 取舍的标准是什么?

再以述补结构为例,应该是陈重瑜(1993:360—361)最早指出新加坡华语的补语标记具有"到"取代"得"的特点,并指出这是受了粤语和闽语影响(序号依本文):

"到"取代"得"出现于补语之前——粤、闽

(5a)真是气到我半死。　　　　　　　　(5b)气得

(6a)他那么说弄到我很不好意思。　　　　(6b)弄得

(7a)别弄到一地都湿了啊!　　　　　　　(7b)弄得

(8a)你害到我白忙一场。　　　　　　　　(8b)害得

(9a)他中途退股使到我们不得不改变计划。　(9b)使得

① 朱淑美(1996)的论文指导老师亦是陈重瑜。

左边的例子是新加坡华语的说法,而右边是与其对应的新加坡"标准华语"说法。但这样的描写是不够的,原因就在于它并没有指出上述的替代在新加坡华语的语法系统中其实是有条件的,即"得"可以用于可能式而"到"却不能。比如我们能说"这里卖的鸡饭吃得饱",但不能说"*这里卖的鸡饭吃到饱"。由此可见,在语法现象的描写上,陈重瑜仅注重新加坡华语语法中存在变异的现象(如"到"取代"得"作为补语标记),而忽略了整体的系统性(如"到"无法在可能补语的句法位置上取代"得")。

陈重瑜(1983)很好地体现了这个时期新加坡华语语法研究的典型模式,如:以口语作为主要研究语料,采用"一一对照"的方式描写新加坡华语中"不规范"的说法,简单说明受到哪种方言影响,使用的参照语为"标准华语"或普通话等。这些模式在这个时期的新加坡华语语法研究文献中都可看到。吴英成(1986)以在台湾的新加坡侨生联谊会的 131 位新加坡留学生为调查对象,通过问卷的方式,对新加坡华语特有句法的普遍程度进行了定量研究。问卷里的每一道题都有 A、B 两个句子,吴英成将普通话及新加坡华语的说法任意安插在 A、B 两句里,让受访者选择:"你认为哪一句正确""你个人常说哪一句"及"你常听新加坡人说哪一句"。这种对照方式甚至隐含了"普通话是正确的"及"新加坡华语是不正确的"的假设。在新加坡华语语法研究的思路上,吴英成(1986)虽没有超越陈重瑜(1983),但因为他的描写和分析是建立在 50 份收回的问卷的基础上,因此除了有力地证实陈重瑜(1983)所总结的一些新加坡华语语法的特征外,也对原有的语法特征提出了更深入的分析,如陈重瑜(1983)就提到的新加坡华语的助词"会"因受到了闽语的影响而产生了表程度的功能:

（10）从这里去宏茂桥会远吗?

（11）会噢,会远噢!

吴英成(1986)在上述的基础上做出了更进一步的讨论:

助动词"会"在普通话里有两种意思。(1)"能够""晓得怎么样"的意思比如"会浮水""会说广东话";(2)"可能"的意思比如"这儿不会的""你不会忘了吧?"(赵 1968:936)。却不能表示程度,新加坡华语有此种句法或许受闽语影响。闽南语的"会"[e]除了表"能够""可能"外,也能表程度。如:

（这里）去　　车　　头　　会　　远　　吗？

tsia kʻi　tsʻia　tʻau　e　hən　be

此种句法相当流行,至少有 13 位(26%)受访者认为正确与常说,高达 24 位(48%)常听新加坡人说,这可能在口语里相当普遍。

此外,他也纠正了陈重瑜(1983)的一些观点。如陈重瑜(1983)提出“早”出现于动词之后的现象是新加坡华语语法的特点。就此,他指出:

> 从受访者的反应中,高达 30 位个人常说和 32 位常听新加坡说普通话句式,即副词“早”出现于动词之前,这与陈重瑜与余耕文认为副词“早”出现于动词之后有很大的出入,与实际的语言情况不符。闽南语和普通语“早”多出现于动词之前而粤语出现于动词之后。新加坡闽南人占华族总人口的首位,广东人退居第三,自然普通话句式占优势。“早”出现于动词之后,我们不应将之列为典型的新加坡句型。更何况从受访者的问答中,只有 10 位(20%)认为常听新加坡人说,我们只能将之视为部分新加坡华人尤其是广东人的个别语言特征或风格罢了!

这十分有意思,但由于他未进一步指出这 10 位受访者是否都是以广东话为母语,因此对于新加坡华语中的一些特殊语法现象如何形成就无法进行更深入的讨论。此外,就同一个个案而言,吴英成(1986)还提出一个相当有趣的观察:

> 有趣的是居然有 32 位(64%)认为新加坡华语句式正确。这或许是受访者缺乏判断此句的语言能力,在此情况下,既然自己常说普通话句型。所以就猜测或许是新加坡华语句型是正确的表达方式。

这类的观察对于我们重新探讨新加坡华语语法的形成过程具有极大的参考价值。最后,值得指出的是,吴英成(1986)也提供了新的材料,让我们观察到新加坡华语语法的其他特点,如介词“用”的特殊用法:

> “用”在普通话里是作为工具格(instrumental case)的助词(co-verb),但在新加坡华语里却有人将“用”加在动词前面形成“用+V 的”的词组,这可能受闽南语的影响,闽南语可以出现“用走的”[ioŋ kiã e]句型,换句话说,“用”可以加在动词前表示说话者行动的方式、方

法,此种句式台湾也颇流行(魏 1984:79)。不过,在新加坡华语中并不普遍,受访者仅仅只有 7 位(14%)认为正确或个人常说,也只有 10 位(20%)常听新加坡人说,然却有高达 15 位(30%)不肯定新加坡人是否常说此种句式。

这个语法现象至今依然存在(见本书第四章),而且我们也怀疑这类表达在今日的新加坡华语里已是一种普遍的说法。

二、1990 年以后的新加坡华语语法研究

随着 1990 年新中建交,两国学者的交流日益频繁,新加坡学者的研究视野也逐渐扩大,不再局限于单纯地对照普通话和新加坡华语的异同。周清海(2002)讨论了新加坡华语词汇及语法的变异现象,并从新加坡社会与教育的角度讨论了新加坡华语的产生及变异的原因,认为变异"有一部分是不完整的学习造成的"。Chua(2004)用语言接触理论探讨新加坡华语和方言接触的情况,主要关注华语如何在新加坡的语言政策和多语环境中形成变异,并探讨变异产生的原因。Chua 指出,在新加坡,华语由于中国南方方言元素的渗入而逐渐形成本身的特色,成为拥有显著区域性特征的语言变体——新加坡式华语。文中区分了"新加坡式华语"(Singaporean Mandarin)和"新加坡标准华语"(Standard Singapore Mandarin),并指出后者是由新加坡教育部设立的委员会所倡导,以中国大陆普通话为模范,于 20 世纪 80 年代在新加坡推广的"华语"。两者在新加坡是并存的。值得指出的是,将"新加坡式华语"和"新加坡标准华语"加以区分的做法,根据目前所能见到的文献资料,应该是 Chen(2002)。Chen(2002)在其博士学位论文的第三章就指出:

However, after more than twenty years of the Speak Mandarin Campaign, there are some changes in the language habits of, especially, the younger generation. This kind of situation is similar to the development and use of English in Singapore as discussed in the previous chapter. More and more children are growing up acquiring Mandarin as their home language. The kind of Mandarin they are exposed to at home is usually a variety which is quite different from the Standard Singapore Mandarin (SSM) as taught in the schools; it is a colloquial variety, which is referred to in this study as Singapore Colloquial Mandarin (SCM). Rather than dismissing this as an erroneous and sub-standard form of Mandarin, this variety may be taken as the low variety which most Chinese would use for daily informal communicative purposes, just like the case of Singapore Colloquial English (SCE) as described in the previous chapter. The high variety would be used in formal occasions, such as in education and making formal speeches. As such, another model of diglossia may be established with SSM as the high variety and SCM (and dialects) as the low varieties. This model exists in parallel to the English diglossic model described in Chapter 2. [虽然如此,在讲华语运动已推行了二十多年后的今天,新加坡华人,尤其是年轻的一代,在语言习惯上已出现了一些变化。这和前一章讨论英语在新加坡社会的发展和使用情形相似。愈来愈多的孩子虽以华语作为他们的家庭语言,但他们在家里所接触到的华语和在学校所教授的新加坡标准华语毕竟有差异。这是一种口头的语言变体,我们称之为新加坡口语华语。与其把这种华语视为一种错误和次等的华语,倒不如把它看成是一种大部分新加坡人在日常生活中使用的低阶变体。这和前一章描述的新加坡口头英语的情形一样,即高阶变体用于正式的场合,如教育和正式演讲,而低阶变体则用于日常的非正式交流。有鉴于此,我们也可以把新加坡的华语划分为两种变体:新加坡标准华语为高阶变体,而新加坡口语华语(及方言)为低阶变体。这个分阶模式和第二章提及的英语分阶模式是平行的。]

从这个时期开始,中国学者也开始加入了新加坡华语的研究队伍中。他们的研究成果主要集中在词汇的特殊性方面(刘慧博 2010),关于新加坡华语语法的研究还很少,主要有陆俭明等(2002)、祝晓宏(2008)、刘慧博(2010)等。陆俭明等(2002)以"新加坡华语口语尚未成熟"为由,主张以新加坡华语的书面语为主要考察对象,文中将新加坡华语语法与普通话不同的现象进行比较,对两地的语法现象做细致的描写,但其描写仅限于平面比较,并没有对新加坡华语语法特点的由来进行论证。祝晓宏(2008)是继 Chua(2004)之后另外一本研究新加坡华语的博士学位论文,全文"以书面文献、大型语料库和问卷调查为材料,系统地比较新加坡华语和普通话语法的使用差异"。刘慧博(2010)延续了祝晓宏(2008)的做法,根据新加坡《联合早报》2009 年刊登的文章发掘出和普通话有分歧的语料,进而研究新加坡华语和普通话书面语的分歧,并进一步探讨造成分歧的原因。

和 1990 年之前的阶段相同的是,无论是新加坡本地还是中国的学者所讨论与描写的新加坡华语的特点,大部分都是与普通话相比较而言的。然而我们之前也讨论过普通话不是一个理想的参照系的原因。不同的是,中国学者的参与也使新加坡华语语法的研究不再只关注教学,而开始注重对新加坡华语语法的描写。如祝晓宏(2008)系统地对新加坡华语中词法和句法的变异现象进行了分类描写和分析。然而,学者们也开始在书面语的基础上对新加坡华语进行论述。从书面语的角度探讨新加坡华语语法的特点,周清海(2002)曾指出,新加坡华语保留了许多近代汉语的成分,比如"抑或"是近代汉语的连词,现代汉语已经很少用了,但还保留在新加坡华语的书面语里。这是因为在新中建交以前,新加坡人所接触的书面语是五四前后期的汉语书面语,而不是现代汉语的书面语。由此可见,从书面语的角度来研究新加坡华语,能发现其具有存古的特点。这样的研究虽也深具意义,但是在理论上却会遇到一个难以克服的问题。吕叔湘(1983:57—76)在分析文言和白话时,就指出笔语(或书面语)的一个特点:

> 笔语是口语的代表…… 但笔语是否完全和口语符合呢? ……语言是不断地在变动的,这就造成笔语和口语不尽符合的机会。……因为笔语里可以保存一些口语里已经舍弃的早一时期的成分——词汇和语法。

> 我们说过,笔语是口语的代用品,何以它又会包容口语里所抛弃的成分呢? 它不要人懂吗? 这里,我们必须明了一个技术上的事实和一个社会学上的事实。第一,笔语是写在纸上的,不像口语瞬息即逝;写的人可以仔细琢磨,看的人可以从容玩索。因此笔语比口语更胜任修辞上的变化,而这些修辞上的变化往往要利用非口语的成分。其次,更为重要的事实,笔语和口语通行的范围有广狭之分。口语是一

个社群里人人天天使用的工具,笔语却只是其中一部分人有时候使用的工具。

而汉语的笔语(或书面语)由于使用汉字"这种特别的笔语工具","语文发展就有和一般西文不很相同的历史",进而"缩短两个时代的笔语的距离"(吕叔湘 1983:69)。根据这个分析,在书面语上有存古的特点,这与其说是新加坡华语的语法特点,倒不如说是现代汉语书面语的一个很突出且普遍的语法特点。就"抑或"而言,我们其实不难从台湾的现代汉语平衡语料库中找到相同的例子:

(12)看懂您的字字珠玑,抑或我不适合读您的书!

(13)问及温德斯的电影描绘的是德国青年的主流抑或局外人,他在电影学校的同学许瓦姆说当然是局外人。

上述的这个特点也见于"港式中文"。《全球华语语法·香港卷》指出:

港式中文中多用文言词语或句式,也可看成港式中文的一种类型。在香港婚丧嫁娶的中式请帖上,一律用的是文言文,这在中国内地是很少见的了。此外,港式中文里用一些文言,首先是因为粤语中保留了这些文言。有人说粤语是古代汉语的活化石,这不无道理,不仅表现在保留古音上,也表现在保留古汉语词汇上,比如"食(吃)、饮(喝)、行(走)、走(跑)、今次(这次)、经已(已经)"等等。特别是古汉语中的一些虚词,比如副词"未、未有、亦、亦都、甫",连词"故此、抑或、倘若、甚或、如若"等等,都会在港式中文中出现。

"抑或"除了出现在"港式中文"中,也见于"通用中文"中。《全球华语语法·香港卷》进一步指出:

"抑或"也是通用中文与港式中文都使用的连词,表示选择关系。通用中文的"抑或"与"还是""或者"等相比,书面语色彩较浓。港式中文的"抑或"没有较浓的书面语色彩,可使用于很口语化的语体环境。

此外,正如吕叔湘所指出的,笔语(或书面语)允许写的人仔细琢磨,看的人从容玩索,因此它除了具有保存古代语法成分的特点外,我们推测它也存在由欧化及修辞带来的所谓变异现象。祝晓宏(2008:144)分析了新加坡华语

的"被"字句,并指出:

> 新加坡华语的被字句使用得很频繁,在句法层面没有出现施动者时,往往也使用"被"字。估计是受了英文的影响,以下"被"字在普通话里都要去掉。
>
> (1)希望楼下停车位能够被划上红线,给我们这些购买停车月票的居民停车。(联合晚报 2007-9-16)
>
> (2)当手机简讯传送到一个固定电话线的号码时,电话一被接通,这个系统会读出音讯。(联合早报 2002-6-19)

类似的语法现象其实也存在于现代汉语中,朱德熙(1987)就讨论过以下的例子:

> 从近年来刊布的语法论著(包括专著、教材、论文)来看,在选择语料的标准上,似乎有失之过宽的倾向。现在就本文作者平时浏览所及随手记下来的不甚妥当的语法例句中摘出一部分,略加归类,列举如次。
>
> ……
>
> (9)他被朋友偷了钱。(S/He was robbed of money by a friend.)
>
> (10)我被老师问过那个问题了。(I was asked that question by the teacher.)
>
> (11)我被他从身上偷了手表。(My watch was stolen by him.)
>
> "被"字句里的动词如果带名词宾语,名词所指往往是主语的不可分割的(inalienable)部分,例如人的肢体:他被炮弹炸断了腿|我被太阳晒脱了皮。以上三例不是汉语里可以接受的说法。

朱德熙虽然未指出其文中所讨论的例子是欧化句式,但从他在每一个例子的后头都注明了相应的英语表达可知,这些句子的出现皆和欧化有关。可见,如果从书面语的角度入手对新加坡华语语法进行描写和分析,必然会遇到不少类似的语法现象,而如果我们一致地把这些现象都视为体现了新加坡华语语法的特点,则极可能无法有效地把这种特点和现代汉语书面语的基本特点分开。

修辞所带来的变异现象也是个问题。祝晓宏(2008:132)曾指出下列例子中的"是"体现了新加坡华语语法的特点：

> 下面的"是"字也是不必要的：
>
> （1）到底是怎样才能将他的心结解开了，求你帮帮我。（别碰51）
>
> （2）他是在一间船务公司工作，有时工作到很晚才回来。（别碰200）
>
> （3）那时候，弟弟已是服完兵役，而我——你惟一的女儿——答应你：我将努力养家。（别碰250）
>
> 英语里用系动词"to be"表达判断，以上多余的"是"字可能是受到英语判断句表达的影响。

祝晓宏虽认为上述的特点是受了英语判断句表达的影响，但却未对此进行更多的论证。此外，曾骞（2013）在讨论VP前"是"的语法性质时，就有这样的分析：

> 一般认为，焦点标记"是"在主谓之间具有相当的灵活性，它可以在副词、状语前后，甚至可以在多重状语之间自由选择位置。随着强调对象的不同，"是"的句法位置也会在不同句法成分间来回游［移］，其本身并不贡献什么真值意义，这就是焦点标记"是"的认知来源。
>
> （18）他是昨天中午去了上海。
>
> 他昨天中午是去了上海。
>
> 他刚刚是去了上海。
>
> 他是刚刚去了上海。
>
> 他昨天中午是一个人坐飞机去了上海一趟。
>
> 他昨天中午一个人是坐飞机去了上海一趟。

这两批例子在句法分析上并没有本质的分别，"是"都出现在谓语的前面，并且表示强调。我们认为这是一种修辞手段，因此在文学作品中能轻易地找到相关的例子。须指出的是，祝晓宏（2008）所引用的和"是"有关的例句几乎全都出自蓉子的《别碰！那是别人的丈夫》，而根据蓉子的《城心城意》中的《蓉子自述》，这是一部小说。

除了上述的问题外，这个时期的研究也具有和上个时期相同的问题。祝晓宏（2008）列举了新加坡华语里"在在"出现在动词结构之前的情况，并认为这是新加坡华语语法的特点：

（14）李清照、纳兰性德等的情诗，<u>在在</u>都印证了这点。（诗海萍缘Ⅷ）

（15）丈夫的死结，儿子的问题，<u>在在</u>都令你痛苦烦恼！（别碰253）

（16）他的行为<u>在在</u>的摆明告诉别人我是个贼。（别碰325）

（17）天皇未死，日本人已经神经兮兮，被强制表示哀伤，全国一致，日本沦为"哀悼列岛"，<u>在在</u>显示，天皇制有回光返照，重新受到重用的倾向。（看日本22）

就这个特点如何产生，祝晓宏（2008：29）的解释如下：

> 从以上例子来看，"在在"意思相当于"明确地、确切地"，与"都"的连用能传达出肯定和强调的意味。普通话的"在"作为动词和介词都不能重叠，所以"在在"不是普通话"在"的重叠式。新加坡华语的"在在"是闽南话来的。闽南话里，"在在"为"镇定不动摇"，"在"指"稳固、牢靠"（周长揖，1998：144），两者在闽南话语法系统里构成扩展式与基式的关系。新加坡华语吸收了扩展式"在在"，而没有吸收基式。

这样的论述方式若不够严谨，就容易让人对新加坡华语语法产生疑问。祝晓宏并没有告诉我们，闽南语里的"在在"到了新加坡华语里如何产生"明确地、确切地"的意思，而不是原本的"镇定不动摇"，也没有论证闽南语里"在在"的语法表现和新加坡华语是否一致。他也没有解释为什么新加坡华语吸收了闽南语扩展式的"在在"却没有吸收表"稳固、牢靠"的基式"在"。然而，我们发现《现代汉语词典》（2012年第6版）也收录了"在在"：

【在在】〈书〉圖处处：～皆是。

《现代汉语词典》是以记录普通话语汇为主的词典，也就是说，普通话本身就有"在在"的说法，而例（14）到例（17）的"在在"也可以用"处处"来解释。相比之下，"在在"更像是新加坡华语书面语中的存古现象，说是"吸收了闽南语语法"反而显得牵强。这似乎也再一次反映了普通话的不稳定性：即使研究者本身是普通话用语者，也无法完全地掌握。

从书面语的角度出发来研究新加坡华语语法除了会遇到上述问题外,也会遇到语料不稳定的情况,因此在本书中,我们尝试从口语的角度入手。这不仅符合朱德熙(1987)的观点,也和近期台湾"国语"语法研究的思路是一致的。朱德熙(1987)指出:

> 我们认为北京口语语法的研究是现代汉语语法研究的基础。在这一点上,赵元任先生也有类似的看法。他不只是这样主张,他自己研究语法的时候,也一直是以北京口语为对象的。……我们强调研究北京口语语法,……是基于以下几方面的原因:
>
> 1. 北京话是现代标准汉语的基础方言。
>
> 2. 北京话是几百万人口里说的活生生的"具体"的语言,不像普通话那样只是理论上存在的抽象的东西。它基本上是稳定的、均匀的。一个语法格式北京话说还是不说,大家可以找到确定的答案;因此比较容易总结出规律来。

这里值得特别注意的是第二点。上文重点谈的虽然是北京话,但却很准确地指出口语是一种"稳定的、均匀的"语言材料。此外,近年来关于台湾"国语"的研究也突显了以口语为基础的研究方式。黄慧如(Huang 2010)是一部讨论台湾"国语"的"说"的语法化过程的博士论文。在研究目的和语料取材方面,她做了如下说明:

> The study aims to investigate the grammaticalization of *shuo* on the basis of the theory of *integrative model of grammaticalization* by Heine and Kuteva (2006). This study includes an empirical part to probe into the real use and degree of acceptance of *shuo* with different functions. To collect authentic discourse data and investigate the full types of sentences containing *shuo*, our empirical part employs instruments such like questionnaire, TV talks corpus, spontaneous spoken Mandarin corpus. [这项研究立足于 Heine & Kuteva(2006) 的语法化综合模型理论来研究"说"的语法化过程。本研究在实证的部分会搜集反映"说"的真实用法的材料并考察说话者对这些不同用法的接受度。为搜集这些真实的话语材料及包含"说"的所有类型的句子,我们在这部分会以问卷、电视访谈节

目的语料库和华语口语的语料库等为工具。]

此外,郭沛玹(2013)研究了台湾"国语"中动词重叠"VV看"与"V看看"之社会变异,而文章一开篇就点出了研究材料源自口语:

> 针对"台湾国语"的语法结构探讨,可以从日常生活中的对话发现闽南语影响国语的语法结构,例如"老师说,没关系!试看看!反正都是要有第一次"(平衡语料库)、"真的吗?吃了会变得更漂亮吗?那当然要多品尝看看啰"、"你不妨就近去高雄医学复建科或神经科请教看看"(联合知识库)。

第二节　本书的研究取向

一、立足于口语材料来研究新加坡华语语法的特点

结合本书前两章以及本章第一节的讨论,我们认为新加坡华语语法的研究必须以口语材料为基础。朱德熙(1987)在讨论如何进行语法研究时就指出:

> 研究一种语言的语法的理想化的方式是确定一批靠得住的语料(corpus),只要这批语料的数量足够大,同时内部是均匀(homogeneous)、无矛盾(consistent)的,那末研究者只要针对这批语料来研究,无需对它进行鉴别、抉择、补充或划分层次,就有可能从中寻绎出可靠而且有价值的语法规律来。

这是一种理想化的研究方式,而我们认为为了尽力接近这个理想化的研究方式,立足于口语的语料显然比立足于书面语的语料更符合逻辑。为了确保本书的新加坡华语语法研究满足语料的内部应是均匀的、无矛盾的要求,本书的语料多取自日常对话、新加坡口述历史材料以及新加坡电视剧或电影对白。

我们主要通过以下几种途径收集口语语料:

1.日常生活的随听随记。收集人们日常生活的对话材料是研究一个活语言语法的最佳途径,通过人们自然的互动交流,能反映出新加坡华语最真实的

面貌。

2.自然语言的录音。新加坡国家档案馆(National Archives of Singapore)的口述历史中心(Oral History Centre)建立了口述历史资料库(Collection of Oral History Recording Database),以口述历史方法学的方式访问了见证新加坡历史转变的各阶层人士。由于口述历史资料是在毫无准备的情形下,以对话方式进行收集、录音,并转写成文稿的,所以文稿也保留了口语化的特征,是了解新加坡年长人士华语口语用语习惯的宝贵语料。若我们假定一个人的用语习惯定型于30岁左右,则这一部分语料在一定程度上也反映了20世纪六七十年代新加坡华语口语的面貌。另一方面,我们也通过学生作业收集学生们的日常生活对话,通过他们提供的录音文件收集新加坡华语口语语料。虽然这一部分语料的年龄覆盖面较广,却也呈现了现今新加坡华语的普遍用语现象。

3.新加坡综艺节目、电视剧及电影对白。虽然通过这类渠道收集而来的语料并不比日常生活口语来得自然,受到节目主持人本身的语言程度、编剧剧本的影响,其规范程度较高,但正因如此,我们从中发现的变异现象就更难能可贵,因为这些现象已经成为新加坡华语的一部分,且不易为人所察觉。综艺节目部分,我们主要选择的是真人秀节目以及谈话节目,这两种性质的综艺节目即兴成分较高,更能真实地反映出新加坡华语的普遍用语现象。另外,新加坡也有许多反映本土生活的电视剧及电影,这些电视剧和电影使用的语言更为通俗、本土化,更加贴近生活。因此,这些电视剧和电影也为我们提供了可靠的语料。

4.自拟。为了确保自拟的语法例句的可靠性,我们都会向其他新加坡华语用语者再三确认。若出现争议,也会尽可能做出说明。在本书的一些篇章里,也采用了立足于一个新加坡华语用语者的研究方式,研究者从自身的语感来描写、论述新加坡华语语法的特色。这也类似于通过一个发音人进行汉语方言田野调查的方法。为确保语料的可靠性,研究者也会与其他新加坡华语用语者进行核实。

5.现有研究文献的例句。由于现有文献对新加坡华语的研究包含了书面语及口语,因此在使用这一方面的语料之前,我们会先确保该例句在口语里是能说的。

从上述五个方面所收集到的口语材料就构成了本书对新加坡华语语法进

行描写和分析的基础。我们必须承认上述的口语材料也存在内部差异，而这种差异主要体现在年龄及教育程度上。我们该如何看待这种差异？这种差异是否也会对我们的描写和分析造成干扰？就这些问题，我们将在下一节的讨论之后再尝试回答。

二、从非对比性的语法研究方向看新加坡华语的语法系统

从第二章的文献回顾可发现，过去研究的共同倾向就是从普通话的立场来单向地看待新加坡华语语法的特点。在这种研究模式下，研究者"挑出"新加坡华语中与普通话不同的语料加以讨论，认为这些就是新加坡华语语法的特点。然而，这并不足以让我们看到新加坡华语语法的整体面貌。首先，这种研究方法只告诉我们新加坡华语"变"了什么，却忽略了"不变"的部分。"不变"的部分之所以重要，是因为过于强调"变"的部分容易出现以偏概全的毛病，如陆俭明等（2002）说道：

> 譬如在谈到双宾语的词序时，说新加坡华语由于受到闽、粤语的影响，双宾语语序是：指物宾语在（即直接宾语）在前，指人宾语（即间接宾语）在后（如："他给三本书我"）。这给人一个错觉，似乎在新加坡华语里双宾结构只有这一种说法。实际情况是，在新加坡华语里，既有指物宾语在前、指人宾语在后的双宾结构（如上面所举的例子），也有指人宾语在前、指物宾语在后的双宾结构（如"给他五块钱""告诉他一个好消息"）。

此外，现有研究让我们看到了新加坡华语"有"而普通话"没有"的语法现象，却忽略了普通话"有"而新加坡华语"没有"的语法表现。从这个角度来研究汉语的变异，其实早在 Kubler（1981：175）研究台湾"国语"时就已清楚地指出了：

> Indeed, those elements of another language which bilingual speakers avoid may be as worthy of study as those they do use. It is not only the simple fact of whether a feature occurs at all or not that matters, but also the relative frequency of use.（双语者避免使用另外一个语言的某些成分和他们会使用的这个语言那些成分一样都是值得研究的。我们除

了要关注某个特点是否出现外,也要注意相对的使用频率。)

他还进一步用例子说明:

Examples of traditional Mandarin structures little used in Taiwan Mandarin today because of lack of reinforcement from Southern Min include spilt choice-type questions (such as Tā huì shuō Zhōngguó Huà búhuì 'Can he speak Chinese?', for which Taiwan Mandarin has almost only the ordinary choice-type question Tā huì bú huì shuō Zhōngguó Huà) and the very infrequent, or sometimes incorrect, usage of the verb suffix zhe (instead of Standard Mandarin Wǒ chīzhe fàn ne 'I'm eating', one usually hears Wǒ zhèngzài chī fàn). [一些华语里传统、常用的结构因闽南语少用而罕见于台湾"国语"的例子包括了分裂式的选择问句(如"他会说中国话不会"在台湾"国语"里几乎都以普通的选择问句出现,如"他会不会说中国话")和少用或误用"着"这个词缀(如华语中的"我吃着饭呢",在台湾"国语"里常听到的是"我正在吃饭")。]

本书在进行新加坡华语语法的描写上,希望能兼顾到上文所说的"有"和"无"的语法现象,而要达到这个目标,Kubler(1981)的分析框架似乎是个不错的选择。他(Kubler 1981:85)提供了这样的示范:

It is comparatively rare to find that the syntax of one language has been influenced by that of another … Nevertheless, due to influence from Southern Min, the syntax of Mandarin as spoken in Taiwan — especially as regards verb structures — has changed in several respects. Below we shall discuss individually several examples of Southern Min influence on the syntax of Taiwan Mandarin.

3.3.1 Yǒu/méiyǒu as Auxiliaries. The most frequent and, indeed, most often cited example of Southern Min influence on Taiwan Mandarin involves "errors" in the use of yǒu 'have' and méiyǒu 'not have.' … Mandarin yǒu and méiyǒu are used as main verbs, or méiyǒu as an auxiliary indicating the completion of a verb.

　　（一个语言的语法系统为另外一个语言的语法系统所影响是相对罕见的……但在闽南语的影响下，台湾地区所说的华语，在语法系统上，尤其是和动词有关的结构，已出现了几方面的变化。以下我们将逐一讨论几个例子。

　　3.3.1 助动词"有/没有"。最常出现及最常被引用的例子就是跟"有"和"没有"相关的"错误"……华语里的"有"和"没有"是当动词来使用的，而"没有"也是个表动作完成的助动词。）

我们不难发现 Kubler（1981）虽提出了必须兼顾台湾"国语"中的"有"和"无"的语法现象，但这个做法却也必须先默认台湾标准"国语"作为一种标准，然后再根据这个标准讨论台湾"国语"中不同于这个标准的语法现象（"有"）以及这个标准有而台湾"国语"没有的语法现象（"无"）。这虽然已比之前的研究进步了许多，但是却也体现了一种对比性的语法研究方式。徐烈炯（1998）在一篇题为《非对比性的方言语法研究》的文章中就概述了现今方言语法的研究状况，对我们理解什么是对比性的语法研究有积极的作用：

　　　　汉语方言学研究的实际情况是把方言语法局限于以下两个方面：一是报导方言调查结果，把各地区居民对某一类句子，例如疑问句的表达方式罗列出来，让读者知道各地有什么不同；二是在描述某地方言的著作中最后几页提一下该地区方言如何表达某些语法范畴，例如用哪几个代词，有几个体貌词等等。这种材料很有价值，但是似乎默认：方言语法研究的任务仅仅在于观察方言之间在语法上的有限差异，而深入研究汉语语法理论则必须以普通话为语料。

现代汉语方言语法的研究固然如此，而新加坡华语语法的研究也未尝不是如此。从最早的陈重瑜（1983）、吴英成（1986）到后来的祝晓宏（2008），始终采取了对比性的语法研究的方向。吴英成（1986：95—96）有一段话就很好地说明这个研究取向：

　　　　本研究第四章新加坡华语句法分析的整个构想与设计就是建立在对比语言学的基本假设：过去从母语所习得的语言行为常会自动地、无控制地、无意识地迁移到新的目标语认知上。这已是一项公认的事实。根据我们第四章所设计的新加坡华语句法问卷调查，几乎每一个典型的新加坡华语句型都受到汉语方言句法的影响。在"来源与注解"栏中,我们也一一说明新加坡华语与普通话句法差异之处和它是受何种汉语方言句法的干扰而产生。

对比性的语法研究方向虽然能在极短的时间内让我们快速地掌握新加坡华语语法的一些特点,但是其局限就在于我们很容易就会忽略了这个标准之外的语法现象。此外,对比性的语法研究也必须建立在一个明确的参照系的基础上,而根据本章的讨论,如何建构一个稳定的参照系始终是新加坡华语语法研究中所面对的最大的理论上的问题。这个问题不容易克服,尤其是本书已把整个讨论的中心放在口语上,就使我们更不能再以普通话作为参照系,因为根据其定义,普通话还是一种书面语的语法规范。

在这个背景下,我们提议在处理新加坡华语的语法现象时,采取徐烈炯(1998)所提倡的非对比性的语法研究方向。一旦采用这个思路,最大的好处就是无须考虑参照系的问题,而把新加坡华语当成一种独立于普通话的语言变体来进行描写和分析。这样的做法由于不预设哪些语法现象是重要的,哪些是不重要的,因此更能让我们发掘出完整的语法系统。我们尝试根据几个特定的语法范畴把该语法范畴下相关的语法现象都加以描写,再进一步讨论这些语法现象的意义。这样的研究方向虽然依旧承认了新加坡华语是一种变体,但是却也认为新加坡华语和世界上其他语言及方言一样,都有自身的语法系统和规律。这里就简单地举几个例子进行说明。本书第四章和第五章分别以新加坡华语构词法中的重叠现象以及新加坡华语的介词系统为主轴,从不同途径所收集到的口语语料里寻找相关的语法现象,再综合起来,并进行描写和分析。此外,本书的第七章以新加坡华语的句末语气词为主轴进行描写。句末语气词"啦、咧、咩"等在新加坡华语口语中非常重要,然而早期的研究文献对这些句末语气词的讨论较少,反而许多研究新加坡英语语法的英文论著已经多次讨论新加坡华语语气词如何对新加坡英语造成影响。这或许和早期新加坡华语语法研究大多注重现象描写而不是功能描写的研究方式有关。此外,句末语气词的研究非常依赖用语者的语感,非新加坡华语用语者往往很难准确地分析或理解隐含在不同句末语气词里的语用功能。从整体系统的角度来研究,不仅能让我们看到新加坡华语丰富的句末语气词,也有助于我们分析、讨论这些句末语气词在使用时的不同语用功能,了解句末语气词所表达的

不同的情绪、态度(详见第七章、第八章和第十章)。在这个基础上,我们发现
新加坡华语中具有一些特殊的句末语气词,也发现这些句末语气词和普通话
固有的句末语气词同样存在于新加坡华语的语法系统中,而这些不同的句末
语气词在功能上其实是有分工的(详见本书第八章和第十章)。

三、确立"新加坡华语"的范围

在我们对新加坡华语语法的语料进行描写与分析之前,必须先确立一个
标准:如何判定某个语法现象属于"新加坡华语语法"。判定是以该语法现象
在新加坡华语用语者口中的普遍程度为基准的。过去有学者质疑新加坡并没
有作为新加坡华人共同语的"新加坡华语口语",然而我们在调查中发现,在
近30几年的发展中,新加坡华语口语里的不少语法现象已经相当稳定,融入
大部分本地华语用语者的日常对话中,其中也包含了一些与普通话或南北方
言不同的变异部分。值得一提的是,这些变异现象几乎不受用语者的年龄及
教育程度的影响。当然,也有许多早期明显的变异现象如今已经渐渐式微,或
不再使用,或仅限于某些年龄层或某些群体口中。为了区分这些现象,我们把
新加坡华语的语法表现分成两个部分,如图1:

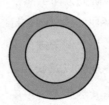

图 1

图中心的核心部分,指的是为大部分新加坡华语用语者所接受的语法现
象。我们说过,新加坡华语口语里依旧存在内部差异,这种差异主要体现在年
龄层及教育程度上。然而许多语法现象在华语用语者群体中的接受度高,几
乎不受这两种因素影响,如"动词+来/去+处所宾语"格式。我们也发现,核
心部分的语法现象与普通话或南北方言并不完全相同,如在介词中,普通话及
北方话可用"给"标记受害者,如"对不起,这本书给你弄脏了",但这种用法在
新加坡华语里并没有,因此不属于新加坡华语语法现象。也有一些语法现象

是普通话及北京话所没有的,如用介词"跟"标记受益者的用法(跟我买咖啡),这种语法现象普遍存在于新加坡各阶层华语用语者口中,因此也属于核心部分。

核心之外的游离部分指的是仅限于小部分群体使用的新加坡华语语法。也就是说,这一部分的语料对于大部分新加坡华语用语者来说,接受度较低,也较为陌生。如吴英成(1986)通过问卷调查发现,在实际的语言运用中,副词"早"出现于动词之后的说法并不常见,认为这只是"部分新加坡华人尤其是广东人的个别语言特征或风格",并不是新加坡华语的典型句式。多年后,我们也发现这种语法现象已经式微,尤其年轻的新加坡华语用语者已经不再使用,因此这一语法现象就属于我们所说的游离部分。我们都知道,语言是不断发展的,这类随着时间的推移而逐渐消失、脱离新加坡华语语法核心的语言现象并不少,大部分是南方方言的句式。也有一些新的语法现象逐步走入新加坡华语语法系统的核心,成为新加坡华语语法的一部分。

我们在研究新加坡华语语法时,都尽量选用属于新加坡华语语法核心部分的语料,因为这部分的语料最能真实反映新加坡华语语法的现状。对于游离部分的语料,我们也会在必要时加以论述,因为这些语料都曾经或可能在未来的日子里影响新加坡华语语法系统。此外,从吴英成(1986)的问卷调查中受访者对新加坡华语和普通话的判断就可看出,虽然都是新加坡华语用语者,但每个人的语感并不完全一样。我们只能尽可能多方求证,以期反映大部分新加坡华语用语者的语感,展现新加坡华语语法系统的面貌。

四、从方言类型学的角度来看新加坡华语语法的特点

过去学者们的研究告诉我们,新加坡华语是中国北方方言(普通话)和中国南方方言(闽、粤、客)相互接触而生成的,因此在我们根据口语语料把新加坡华语语法中一些基本的语法范畴进行描写和分析清楚之后,就能在这个基础上观察新加坡华语语法和南北方言的语法系统的异同。这样做能更好地解释新加坡华语里一些特殊的语法现象。近年来学界也开始重视方言语法的研究,描写各种方言语法的文献也越来越多,这些都使我们的研究更加方便。

以介词"给"为例,我们的调查发现,新加坡华语中"给"可以引介对象、受益者、被动和致使,而北方方言中"给"是不能用作致使和被动的。然而近年

来普通话受到南方方言影响,也开始使用"给"引介致使和被动。过去的研究只告诉我们新加坡华语中"给"引介致使和被动的用法是受到南方方言的影响。在南方方言里,一般使用给予动词表达被动和致使,其虚化路径是"给予动词→使役标记→被动标记",北方方言则是"给予动词→接受者标记→受益标记",两者的语法系统并不相同。从语言发展的规律来看,受益标记可以进一步虚化成受害标记,因此,北方方言及普通话里,"给"也可用来引介受害者,如"对不起,这本书给你弄脏了",然而,新加坡华语里并没有这种说法。[1]也就是说,虽然新加坡华语的"给"也有北方方言的受益用法,但却还未虚化至标记受害者。如果我们不对"给"的语法功能做整体系统的对比,这些细微的部分就会被忽略掉(详见第五章)。

我们都知道,一种语言的语法系统并不是随意的,而是存在一定的语法规则。新加坡华语虽是北方方言(普通话)和南方方言(闽、粤、客)相互接触而形成的,然而南北方言各有各的语法系统,并不完全相同。从上一章的综述来看,目前的研究只能告诉我们新加坡华语和普通话有多少不同之处,哪种变异现象受哪个方言影响,这种说法给了我们一种错觉:新加坡华语毫无章法、没有语法规则,它在北方方言的基础上,受到南方方言的影响是任意而永无止境的。然而,若我们将研究视野放大至整个语法系统,就会发现新加坡华语的变异并不违反跨方言比较所得出的蕴涵性规律。换言之,方言接触导致哪些方面发生变化,却不影响哪些方面,是可以在跨方言比较所得出的规律中获得合理的解释的。新加坡华语虽然混杂了南北方言的语法系统,但是其变异现象存在着一定的章法与规律,并不是任意的。这些规律是新加坡华语对方言成分进行取舍的依据。然而目前的研究工作虽已涵盖了新加坡华语中大量的语法变异现象,但是由于学者们对个别现象采取分开叙述的方式,并没有从整体系统的角度看新加坡华语里的综合语法现象,因此存在资料零散,涉及面虽广却不够深入的问题。

---

[1] 在我们所收集的语料中并没有"给"引介受害者的例子,也与其他新加坡华语用语者确认过。不过这并不包括新加坡华语书面语和正式场合用语。

第三节　小结

　　本章在前一章的文献综述的基础上,对新加坡华语语法的研究现状进行了讨论,指出了其中存在的一些问题。为克服这些问题,本书立足于口语语料,采取非对比性的语法研究方向,并根据几个不同的语法范畴对新加坡华语的语法现象进行描写和分析。我们也希望揭示出新加坡华语语法系统所具有的现代汉语南北方言特点,因此也会从方言类型学的角度进行分析。最后须指出的是,本书的思路虽然和之前的研究不完全相同,但是我们认为现有的研究成果就像一个平面上的许多散点,只要经过整理归纳,并结合新的语料,就能将各点连成线并形成面,初步展现新加坡华语语法系统的概貌,并在此基础上对新加坡华语进行更深一层的研究,这也是我们上一章整理新加坡华语研究现状的一个重要的目的。我们希望在现有研究成果的基础上,结合新的语料及语法理论,来探讨新加坡华语的语法系统如何体现南北方言的特点。当我们从一个整体的语法系统去看新加坡华语语法的现象时,我们可以同时看到新加坡华语里的"变"与"不变",也更能看出方言接触如何改变新加坡华语的语法系统,使其自成一格;通过语法理论,能论证新加坡华语并不是任意吸收方言成分、毫无语法规则,也可进一步解释为什么有些方言语法如今已在新加坡华语中消失,有些方言语法却完全融入新加坡华语语法,其"方言性质"已经降低,对大部分新加坡华语用语者来说,在使用上并不会有陌生感。

参考文献

陈重瑜　1983　《新加坡华语——语法与词汇特征》,新加坡:新加坡国立大学华语研究中心。

陈重瑜　1993　《华语研究论文集》,新加坡:新加坡国立大学华语研究中心。

郭沛玹　2013　《动词重叠"VV 看"与"V 看看"之社会变异》,中正大学硕士学位论文。

刘慧博　2010　《新加坡华语与普通话的分歧研究》,黑龙江大学硕士学位论文。

陆俭明、张楚浩、钱　萍　2002　《新加坡华语语法的特点》,周清海主编《新加坡华语词汇与语法》,新加坡:玲子传媒。

吕叔湘　1983　《吕叔湘语文论集》,北京:商务印书馆。

吴英成　1986　《新加坡华语语法研究》,新加坡:新加坡文化研究会。

徐烈炯　1998　《非对比性的方言语法研究》,《方言》第 3 期。

曾　骞　2013　《再论 VP 前"是"的语法性质》,《汉语学习》第 1 期。

周清海　2002　《新加坡华语变异概说》,周清海主编《新加坡华语词汇与语
　　法》,新加坡:玲子传媒。

朱德熙　1987　《现代汉语语法研究的对象是什么?》,《中国语文》第 5 期。

朱淑美　1996　《新加坡华语语法、词汇中的方言成分》,新加坡国立大学荣
　　誉学士学位论文。

祝晓宏　2008　《新加坡华语语法变异研究》,暨南大学博士学位论文。

Chen, E. S.　2002　"You Play with Me, Then I Friend You.": Development of
　　Conditional Constructions in Chinese-English Bilingual Preschool Children in
　　Singapore. The University of Hong Kong, Ph. D. Thesis.

Chua, C. L.　2004　The Emergence of Singapore Mandarin: A Case Study of Lan-
　　guage Contact. The University of Wisconsin-Madison, Ph.D. Thesis.

Huang H.-J.　2010　An Integrative Approach to Grammaticalization of *shuo* in Tai-
　　wan Mandarin. National Tsing Hua University, Ph.D. Thesis.

Kubler, C. C.　1981　The Development of Mandarin in Taiwn: A Case Study of
　　Language Contact. Cornell University, Ph.D. Thesis.

第四章　新加坡华语的重叠现象

第一节　引言

重叠作为汉语里一种重要的语法手段,在普通话及方言里的分布都很广泛。目前,尚未有专门针对新加坡华语重叠现象进行研究的文献,相关论述都仅作为文献中的一小部分出现。从这些研究文献中,我们发现新加坡华语里的部分重叠现象在使用上和意义上和普通话并不完全相同。朱德熙(1982)指出,普通话里的动词重叠式表示动作的时量短或动量小,如:

(1)晚上想去看看电视。(看一会儿电视)

(2)我该去理理发了。(理一次发)

然而陈重瑜(1983)发现新加坡华语里的动词重叠式也可以表示动作的完成和动作的全面性,如:

(3)我吃吃就来!(吃完就来)

(4)这些书收收起来!(都收起来)

陈重瑜只告诉我们这两种用法是受到闽南语影响而形成的。不过,如果我们从重叠式表"量"的角度来看,例(3)和例(4)中的动词"吃、收"重叠后动作的"量"和基式相比明显增加了,这与普通话动词重叠式表量减的语法功能不同。这样看来,新加坡华语的动词重叠式似乎可以同时兼表增量及减量两种相反的语法意义,这是一种罕见的语言现象。只是除了陈重瑜(1983)之外,我们并没有在其他文献中发现这两种用法的例子。

除了动词重叠式,陈重瑜(1983)也发现新加坡华语里的其他词类如形容词、助动词等也有许多与普通话不同的特殊重叠现象,如"坐好好"(好好地坐)、"敢敢"(大胆地)等。然而文中仅简单地列出这些特殊现象的例子并指出其可能的来源(南方方言中的闽语、粤语),并没有对这些重叠式的功能与意义做进一步的研究与分析。由于没有系统地将这些不同的重叠现象进行分类(如"杂纂"一节中所列出的重叠式就包含了动词、形容词及助动词等不同词类),其研究虽然让我们看到了新加坡华语里丰富的重叠现象,却稍显杂乱。陆俭明等(2002)深入探讨了不同的单音节形容词重叠式在句法上的表现,指出了新加坡华语里的单音节形容词重叠式可不带 de(的/地)直接做谓语、补语和定语。其论述相当详细,但没有论及其他不同词类的重叠式。其他有关新加坡华语语法的研究文献如周清海、周长楫(1998),Chua(2004)等对重叠现象的描写着墨不多,基本也没有超出陈、陆等人的框架。

祝晓宏(2008)在词法变异的部分依据词类对不同的重叠现象进行分类与论述,是现有研究资料中最全面也最有系统的。即便如此,其中仍有一些值得我们进一步研究的地方。首先,张敏(1999)指出,重叠这种能产的语法手段也广泛地分布在世界上大多数语系的诸多语言中,以类似的形式表达相近的意义。由此可见,语言里的重叠现象并不是任意的,其形式与意义之间的关系是密切的。就汉语内部而言,即使是在不同的方言之间,其形式-意义匹配也形成了有规律的类聚模式。虽然祝晓宏(2008)已经开始从重叠的形式及句法位置等角度看不同重叠式的意义与功能,但仍只局限于单个词类的描写,也没有说明不同词类的重叠式之间在意义与功能上是否有关联。其次,新加坡华语口语的重叠现象涵盖了所有书面语里的重叠式,许多重叠现象也只出现在口语里。祝晓宏(2008)的语料大多来自书面文本,虽然也兼顾了电影对白等口语语料,但由于缺乏新加坡华语的语感,他无法准确判断哪一些用法属于新加坡华语语法,哪一些用法其实是作者受到自身方言的干扰,或作者刻意使用方言表达式来书写的。如,祝晓宏(2008)在形容词重叠部分所举的"急急脚、细细声、口哑哑"等其实是粤语的表达式,并不是新加坡华语的一部分。[①] 也就是说,这些说法新加坡华语用语者是不说的,即便在书面语里也不使用。最后,现有的研究都显示,新加坡华语里丰富的重叠现象是受到南方方言的影响而形成的。新加坡华语跟普通话一样,也是以北方话为基础方言(周清海 2002),而南方方言和北方方言的重叠系统本就不同,因此南北方言

---

① 这三个例句都来自余丽莎《堕入红尘》。据调查,余丽莎出生于香港,婚后才到新加坡定居,因此我们推测,这几个例句是作者受香港粤语影响才使用的。

这两个异质的语法系统对新加坡华语的重叠系统造成影响,也是值得我们探讨的课题①。这点在祝晓宏的文章里并没有论及。

其实,虽然现有关于新加坡华语重叠现象的研究文献不多,但从语料的覆盖范围来看,几乎已经涵盖了新加坡华语里所有的重叠现象。因此,我们的研究将在前人的基础上,结合新的语料及研究方法,对新加坡华语的重叠现象进行整理、描写与论述,并在形式对应的基础上,从语法的角度探讨方言的重叠式如何对新加坡华语语法造成影响。此外,语言是不断发展与前进的,在这个过程中有些用法会被淘汰,有些则会保留下来。陈重瑜(1983)所指出的许多特殊重叠现象在现今的新加坡华语中已经不存在了。然而,现有的文献都只是从共时的层面上对新加坡华语的重叠现象进行描写,而没有从历时的角度探讨不同的重叠式在新加坡华语里的发展与变化。因此我们也将探讨一些特殊的重叠式在现今的新加坡华语里的使用情况,并尝试从语言类型学的角度做出解释。

如上一章所述,我们主要的研究对象是新加坡华语口语。语料主要来源于前人的研究、本地的电视电影对白及日常生活的随听随记等。前人的研究资料让我们看到早期新加坡华语的面貌,有助于我们从历时的角度看新加坡华语重叠式的变化;新加坡反映本土生活的电视电影和综艺节目中的对白,以及我们在日常生活中随听随记所取得的语料,都是新加坡华语在现今社会中使用的真实情况。每一条例句我们都会请新加坡华语用语者再三确认,以确保这些例句在新加坡华语口语中都是能说的。出现争议的部分,我们也会加以说明。

此外,和以往的研究不同,我们将着重讨论出现语法变化的重叠现象,如形容词在重叠后语义出现变化,"AA"所表示的程度比基式"A"还高;新加坡华语中名词"水"重叠后可作为状态形容词出现在谓语的位置上,这些词类在重叠之后出现了词类转换的现象,其句法功能产生变化。我们希望能从这些变化中寻找规律,以此揭示新加坡华语重叠式的系统。因此,我们所谈的重叠并不包括语素重叠如"妈妈""奶奶",叠音词如"猩猩",拟声词如"哗啦啦",儿语如"糖糖""乖乖"及复说(repititon)如"非常非常""好,好!"等。这是因

① 有关采用南北方言作为参照系的原因,请参考第三章。

为这些词在重叠后的意义、功能并没有改变,而且其基式的构成是任意性的,并无规律可循。

　　我们将先对新加坡华语里不同词类的重叠形式进行整理与描写,并简单地与普通话的重叠形式进行对比。第三节则从南北方言的角度来探讨新加坡华语里特殊的重叠形式。最后,我们将尝试从语言类型学的角度对新加坡华语重叠现象的历时变化加以解释。

第二节　新加坡华语里的重叠类型

一、名词重叠

(一)单音名词重叠式

　　普通话的名词一般不能重叠。据张斌(2010),可以重叠的名词多可兼表单位计量,带有量词性质,如"天天、家家、年年"等。新加坡华语里也有这种说法,如(周清海 2002):

　　　　(5)这本书,人人都喜欢。

　　　　(6)他天天都看报。

　　这类名词重叠式一般出现在主语、状语的位置,表示"每一、所有"。和普通话一样,新加坡华语大部分的名词重叠式都属于这一类型。

　　此外,过去已有学者注意到新加坡华语里的部分物质名词及方位名词可以重叠,其意义及功能与一般的名词重叠式不同。朱淑美(1996)指出了新加坡华语中物质名词重叠的现象,如:

　　　　(7)那碗粥水水的,吃时好像是在喝水。

　　　　(8)昨天没洗发,今天就油油。

　　　　(9)你的地板为什么会有一点沙沙?

　　以上例子中"水、油、沙"原是物质名词,重叠后做谓语,说明所述主语具有该物质的特质,分别表示"粥像水一样稀、头发油腻、地板像是有沙子一样(粗糙、不平滑)"。这类名词重叠式带有"相似性"意义,与一般名词重叠式表"每一、所有"的意义并不相同。不过,这类物质名词重叠式的数量相当有限,只有少数名词有这种用法。句法上,这类名词重叠式也可以在不加"的"的情

况下直接充当谓语,如例(8)及例(9)。同时,我们发现这类名词重叠式也可以用作定语及补语,但数量更少,如:

（10）<u>水水</u>的粥｜<u>油油</u>的头发｜<u>沙沙</u>的地板

（11）把头发弄到<u>油油</u>(的)

除了物质名词外,新加坡华语中的方位名词"底、尾"也可以重叠,如:

（12）可以帮我拿一下毛巾吗? 就在衣橱的<u>底底</u>层。（朱淑美1996）

（13）你只要走到<u>尾尾</u>那边,就能看到那间店了。（朱淑美1996）

（14）这条路走到<u>尾尾</u>,就到我家了。（陈重瑜1983）

这两个方位名词重叠后表达了"极限"的意思,即"最底层的地方、最尾端的地方"。在句法上,这类方位名词重叠式可充当定语或补语,一般不加"的"。

（二）双音名词重叠式

新加坡华语里双音名词重叠式有两种,即"AABB"式及"ABAB"式。其中"AABB"名词重叠式与普通话一样,通常是名词对举重叠。据张斌(2010),部分单音名词可以对举重叠,对举的名词可以是同义、类义或反义的,如:

（15）瓶瓶罐罐｜花花草草｜恩恩怨怨

这些说法在新加坡华语里也是通用的。和普通话一样,这些名词重叠后都有"程度增加"的意思,与基式相比更强调"多量"。在句法上这些名词重叠式除了保留基式充当主语和宾语的用法外,也可以充当定语、谓语及补语。双音名词重叠式中,有些是"AA+BB"重叠,即"AB"本身并不成词,如"瓶瓶罐罐"并没有"瓶罐"的说法,有些"AB"本身就是名词,如"花花草草、恩恩怨怨"可以说成"花草、恩怨"。

部分双音节的方位名词可以重叠,其意义和句法功能与上述例子大致相同,如:

（16）里里外外｜前前后后

还有一些用法已经固定,往往使用该名词的引申义和比喻义,如:

（17）婆婆妈妈｜风风雨雨｜形形色色

除了"AABB"名词重叠式,新加坡华语里还有"ABAB"名词重叠式,这是普通话里没有的。我们在陈重瑜(1983)中发现了这样的例子:

（18）她做起事来,<u>小姐小姐</u>那样。（像个大小姐似的）

（19）我看他<u>少爷少爷</u>的，大概什么事都不会做。（一副大少爷的样子）

陈重瑜（1983）认为这是"不当重叠之词"。然而我们发现，这两个例子都含有"像……一样"的意思，是从"相似性"角度说明主语的状态，可见这类重叠式和我们之前提到的单音物质名词"水、油、沙"的重叠式在意义上是一样的。句法上，这类双音名词重叠式一般只用作谓语或补语。

二、动词重叠

（一）单音动词重叠式

1."VV、VVN"

新加坡华语的动词重叠式"VV"和普通话一样，都可用来表达短时态，包括时量短及动量小，如：

（20）拿出来<u>看看</u>。

（21）那你今天肯定要<u>试试</u>啊！

例（20）的"看看"指动作"看"的时间不长，表示时量短；例（21）并不是"试一会儿"的意思，而是"试一次"的意思，表示动量小。以上两个例句中的"VV"也可用"V—V"替换，说成"看一看、试一试"，其意思不变。此外，新加坡华语的"VV、V—V"也可带宾语，组成"VVN、V—VN"式，其功能和"VV"一样，都用来表示短时态，如：

（22）<u>看看</u>电视、<u>上上</u>网，时间就过了。

（23）能不能<u>谈一谈</u>你的家庭？

除了表示短时态，陈重瑜（1983）发现新加坡华语的"VV"可以表完成体，如：

（24）我<u>吃吃</u>就来。

（25）衣服<u>洗洗</u>就去啦！

以上二例的意思是"我吃完就来、洗完衣服就去"，"VV"可表示动作的完成。这类"VV"式也可带宾语形成"VVN"式，如：

（26）你快<u>做做</u>你的功课 leh，我等很久了。

例（26）出自新加坡某中学的学生口中。从语境及句法上来看，"做做功课"是"把功课都做完"的意思，而不是表达短时态的"做一会儿/做一次"。

2.“VV 一下”

新加坡华语里可以说“V 一下”如“吃一下、说一下”，也可以说成“VV 一下”，如：(周清海 2002)

(27)给父亲骂骂一下又有什么关系？

(28)说说一下你的看法。

“VV 一下”是新加坡华语里用来表达短时态的一种用法，也和“VV”一样可用来表尝试，如例(28)中的“说说一下”就有两种意思，除了表示“说”的动作时量短，还可表示“尝试说出你的看法”。

“VV 一下”后也可加宾语，意思与功能不变，如：

(29)可不可以请你谈谈一下你的家庭背景？

祝晓宏(2008)曾指出，“一下”用在动词后，表示做一次或试着做，表达短时量的用法和动词重叠式的意义是一样的，因此“VV 一下”的形式会造成语义的重复，以上例子应该去掉“一下”或使用动词的原式。就新加坡的情况看来，书面语中一般都使用“VV”表达短时态或尝试，然而口语里似乎更倾向于使用“V 一下”或“VV 一下”。

3.“VV 看、V 看看”

新加坡华语里，除了用“VV 一下”表尝试外，最常用的尝试态重叠式是“VV 看”或“V 看看”，如：(陈重瑜 1983)

(30)再等等看吧！

(31)你试看看。

(32)吃看看啦，保证好吃。

新加坡华语里，“VV 看”和“V 看看”是可以相互替换而不改变原本意思的。普通话里并没有“V 看看”的用法，以上例句只能说成“试试看、吃吃看”。

4.“VVC”

普通话的动词重叠式并不能带补语。在新加坡华语里，动词重叠式可以搭配补语，表示周遍、全部的意思，如：

(33)把东西搬搬进来。

(34)这些书收收上架子。

(35)把功课做做完。

(36)这些你吃吃掉好吗？

以上例子表达了"都搬进来、都收上来、都做完、都吃掉"的意思。吴英成(1986)收集了针对新加坡华语用语者的问卷,调查结果显示,几乎所有受访者都认为这种说法不正确,但承认这种说法"在新加坡华语的口语里仍相当流行"。

我们也发现,这类"VVC"结构除了可以带趋向补语及结果补语外,也可以带表示处所的介词结构,如:

> (37)东西搬搬到屋子里。

> (38)书放放进书包里。

5."VVV"

新加坡华语单音动词除了有二叠式"VV"外,也有三叠式"VVV",如:

> (39)我走走走就走到图书馆去了。

> (40)海风吹吹吹很舒服啊!

例(39)表示动作的重复,例(40)则强调动作的持续。新加坡华语里的"VVV"都有程度增加的意思。

(二)双音动词重叠式

新加坡华语里的双音动词重叠式和单音动词重叠式相差不大,也可重叠成"VV"式、"VV 一下"和"VV 看、V 看看",用来表示短时态和尝试,但双音动词的"VV"式并没有表周遍、全部的意思,也没有"V 一 V"和"VVC"的说法。

在结构及语序上,新加坡华语里部分双音动词重叠式和普通话有些不同。

1."VOVO"(O 为宾语)

普通话中,动宾结构的离合动词重叠式为"VVO",如"散散步、见见面、吃吃饭"。陈重瑜(1983)发现,在新加坡华语中这类动词也可重叠成"VOVO"式,如:

> (41)大家见面见面一下也好。

> (42)吃饱饭去散步散步!

无论"VVO"还是"VOVO"动词重叠式在新加坡华语里都表示短时态。朱淑美(1996)指出,新加坡华语中能这样重叠的离合动词数量有限,多是一些常用的口语动词。

2."VOVP"(O、P 皆为宾语)

新加坡华语里常用"VOVP"式取代普通话的"OVPV"式,如普通话的"东想西想、东搞西搞"在新加坡华语里常见的说法为"想东想西、搞东搞西"。陈重瑜(1983)、祝晓宏(2008)等都提及了这种现象。祝晓宏指出:"普通话里的'东想西想',可以认为是'状₁动状₂动',而新加坡华语是'动宾₁动宾₂'。"由此可见,新加坡华语和普通话使用了不同的句法手段来构成这类重叠式。

三、动词短语重叠

现有的研究文献里并没有讨论过新加坡华语里的动词短语重叠式,只有陈重瑜(1983)举出了两个例子:

(43)这棵树好像<u>要倒要倒</u>的样子。

(44)我看他好像<u>要哭要哭</u>那样。

例(43)和例(44)分别表示"快要倒下来似的、要哭出来似的"。从结构上来看,以上二例都是由"助动词+动词"组成的偏正结构。我们发现,这类动词短语重叠式一般搭配"好像/看起来……的样子/那样/这样",也可以搭配"了"(liǎo/le),如:

(45)那棵树<u>要倒要倒</u>了。

这类重叠式和基式在语义上有所不同——基式是陈述、说明、判断某个事件的,重叠式是描写某种状况的。以(45)为例,"树要倒了"是在说明、叙述一个事件,"树要倒要倒了"却是描述主语的状态,即"树"呈现出"要倒"的状态。可见这类短语在重叠式后出现了状态形容词的用法,然而所描写的状况在程度上却比基式稍弱。

除了偏正短语的重叠式外,我们发现新加坡华语中也有动宾短语重叠式,如:

(46)他只是<u>开玩笑开玩笑</u>而已啦!

例(46)是"半开玩笑"的意思。这是一种把状态往轻里说的用法。和偏正短语重叠式一样,动宾短语重叠式在句法上也出现了状态形容词化的现象。

在新加坡华语里,这类重叠式的数量是非常有限的,仅用于几种常见说法。我们也发现,这种重叠式不但不出现在书面语里,在现今新加坡人的口语里也很少见,更有人表示从来没听过这种说法。

四、助动词重叠

普通话里的助动词是不能重叠的,然而新加坡华语中却有个特殊的助动词重叠式"敢敢"。"敢敢"一般充当状语,占副词的句法位置,相当于普通话的"敢、大胆",有程度增加和生动的意味(祝晓宏 2008),如:

(47)<u>敢敢</u>唱!

(48)<u>敢敢</u>撇下女孩,独自离去了。

(49)今天大家敢来这边,就<u>敢敢</u>地说出来。

例(47)在普通话中只能说"大胆地唱、大声唱出来"(陈重瑜 1983)。罗小品(2009)认为"敢敢"有"竟然、出乎意料"的意味,例(48)体现了这层意思。例(49)则显示了"敢敢"也可加"地"出现在动词之前。"敢敢"的使用在新加坡口语中相当普遍。

五、形容词重叠

(一)单音形容词重叠式

1."AA、AAN"

新加坡华语里单音形容词重叠式"AA"的使用相当普遍,一般表示程度增加,也有小称的意思,如:

(50)那个时候<u>小小</u>嘛。

(51)你的字<u>歪歪的</u>,我看不懂。

(52)从小看到你大,从<u>瘦瘦</u>,<u>胖胖</u>,又到<u>瘦瘦</u>。

例(50)和例(51)中"小、歪"分别表示"很小、很歪",比起基式在程度上有所加深。例(52)中说话者是看着听者长大的长辈,重叠说法不仅加深了"瘦、胖"的程度,也带有亲昵、喜爱的感情色彩。如果换成"很+形容词"的说法,说成"很胖、很瘦",对听者而言就少了一份亲切感。

除了用作谓语外,"AA"重叠式也可做定语,直接修饰单音节名词,形成"AAN"式,如:

(53)儿子常常为了一点小事就<u>大大声</u>跟我吵。

(54)会赚<u>多多钱</u>吗?

(55)其实<u>好好</u>一个家,搞到这样子。

以上例子中,"AA"都有程度增加的意思。这类"AA"不带助词"的"直接做定语的用法数量有限,有"多多钱、大大声、小小力、大大张"等。由"多、大、小"组成的"AAN"大部分已经是固定说法,如"大大声"就不能说成"大大的声"。例(55)则可说成"好好的一个家"。

2."NAA"

普通话里,形容词重叠式出现在名词后充当谓语时,都必须加"的",如:

(56)眼睛大大的｜个子高高的

新加坡华语里,形容词重叠式也可以在不加后缀"的"的情况下直接用在名词后,形成"NAA"式,如:

(57)我一进门看到他脸黑黑。

(58)他们开门出来,看我脸臭臭。

(59)可是你大小姐,却还顾虑多多。

新加坡华语用语者在口语里也常把例(56)说成"眼睛大大、个子高高"。例(57)及例(58)中"NAA"已经是固定说法,一般不加后缀"的"。例(59)的"N多多"在新加坡华语中相当常见,如可说"口水多多、理论多多"等(林万菁2006),一般情况下不能加上后缀"的"。

3."AAV"

在普通话中,做状语的形容词重叠式一般要加"地",而新加坡华语中的形容词重叠式也可直接用在动词前,构成"AAV"型,如:

(60)你不要在我的纸上乱乱写!

(61)这根本就塞不进,不要硬硬来啦!

(62)不要假假说没有关系啦。

一般情况下,上述例子中做状语的形容词重叠和动词之间不加"地",只有在少数需要特别强调的情况下才会说成"乱乱地写、硬硬地来、假假地说"。

4."VAA"

新加坡华语中的形容词重叠式可放在动词后做补语,构成"V得(到)AA"型,如:

(63)你今天打扮得美美的,要去哪?

(64)我被捧到高高,身价一天比一天高。

普通话里一般使用"V得AA"而不用"V到AA"。在新加坡华语重叠式的句法环境里,不但可以用"到"取代"得"做补语标记,也有补语标记不出现的用法,如:

(65)有些人还会算准准。

　　（66）记得<u>吃饱饱</u>才出去啊。

　　祝晓宏（2008）指出，新加坡华语中有一类形式上像是"VAA"型的重叠式，但"AA"却不是做补语，如：

　　　　（67）大家都<u>坐好好</u>。

　　　　（68）他<u>跑快快</u>来拿东西。

　　　　（69）从这里<u>走直直</u>就到了

　　祝晓宏认为，这些形容词重叠式虽然在动词后，却是作为方式状语，在普通话里要说成"好好地坐、快快地跑、直直地走"。我们发现，在新加坡华语里，以上三例也可以说成"好好坐、快快跑、直直走"，例（65）及例（66）的"AA"并不能移到动词之前说成"准准算、饱饱吃"，也不能加"地"说成"准准地算、饱饱地吃"。

　　5．"AA+M"（M 为量词）

　　新加坡华语里的形容词重叠式可直接修饰量词，如：

　　　　（70）你帮我找<u>小小个</u>的。（陈重瑜 1983）

　　　　（71）<u>小小只</u>的好。（陈重瑜 1983）

　　　　（72）文凭<u>大大张</u>，找工作用的！（祝晓宏 2008）

这类重叠式中的"AA"一般为"大、小"，数量有限。

（二）多音节形容词重叠式

　　除了单音形容词重叠式，在多音节形容词重叠式中，新加坡华语也出现了以"ABAB"式取代普通话"AABB"式的现象（陈重瑜 1983），如：

　　　　（73）他做事情总是<u>随便随便</u>的。

　　　　（74）明天穿得<u>漂亮漂亮</u>的来！

　　在普通话里以上二例只能说成"随随便便、漂漂亮亮"，新加坡华语里两种用法都通用。此外，祝晓宏（2008）也发现新加坡华语里有一种多音节形容词重叠式，是普通话里不多见的，如：

　　　　（75）全世界爱看演出的人都七早八早赶到半价票房中心，<u>紧紧张张</u>购票。

　　　　（76）那疯子嘴里疯疯癫癫地唱着歌儿，全身<u>肮肮脏脏</u>。

祝晓宏指出"紧紧张张、肮肮脏脏"等重叠式在新加坡华语中可表多量，有生动色彩。但是,"紧张、肮脏"在普通话里一般不能重叠,如果要表达多量,则在前面加"很、非常"等程度副词。而根据吕叔湘(1999),普通话里"紧张"不能重叠。此外,普通话里"美丽"也不重叠,新加坡华语却可以说"打扮得美美丽丽"。

另外,也有以"ABAB"式取代普通话"AABB"式的说法,如吕叔湘(1999)中提到的"矮胖、冰凉、干瘦、细长"等词,普通话只有"矮胖矮胖"的重叠,没有"矮矮胖胖"的重叠。新加坡华语除了可以说"矮矮胖胖",也可说"冰冰凉凉、瘦瘦干干、细细长长"等。

除了表示程度增加,我们在陈重瑜(1983)的例子中也发现了一个特殊的双音节形容词重叠式:

(77)我要透明透明的那种。

在本小节的讨论中,无论是单音节形容词还是多音节形容词在重叠后所呈现的程度都比基式高,这和普通话的形容词重叠式的语义是一致的。然而,例(77)中的形容词"透明"重叠后,指的是"半透明、有点透明",可见其程度比基式还轻,这在新加坡华语里是相当少见的。普通话里也没有这种说法。

六、小结

从以上的描写中,我们不难发现新加坡华语和普通话的重叠式有一定的差异。以名词为例,普通话的名词重叠式数量很少,一般表示"每一、所有"。新加坡华语的单音名词重叠式多了两种功能:物质名词重叠式表相似性及方位名词重叠式表极端。双音名词重叠式方面,除了表示程度增加的"AABB"式,新加坡华语里特殊的"ABAB"名词重叠式和单音物质名词重叠式带有"相似性"的语法意义,可用来描写主语的性状。

动词重叠式方面,新加坡华语在种类、用法和意义上都比普通话更为丰富。普通话的单音动词重叠后表现的是短时态,进而延伸出尝试的意思。新加坡华语不只有单音动词重叠表示短时态的用法,还有表周遍、所有的用法,这种以相同形式("VV")分别表示"量增"和"量减"的用法是一种罕见的语言现象。此外,在表尝试时,新加坡华语较少使用"VV"式,而选择了"VV看"或"V看看"。此外,"VV"也可用来表示动作完成,这是普通话里没有的。

新加坡华语里的形容词在重叠后都出现了状态形容词的用法,表示程度的加深或强调。相比于普通话,新加坡华语的形容词重叠式更为多元,可重叠的形容词更多。据朱德熙(1980),现代汉语中有两类形容词是不能重叠或很少重叠的。第一类是绝对的性质形容词,例如"错、假、横、竖、粉、紫"等。第二类是一些所谓"坏字眼",例如"坏、丑、臭、歹、怪、野、穷、乱、破、腥、脏、旧"等。朱德熙认为,这两类形容词之所以不能重叠,显然跟重叠式有表示加重、强调和爱抚、亲热两种感情色彩这个事实相关联。然而,在我们所举出的例子中,不难发现朱德熙所说的"绝对的性质形容词"和"坏字眼"在新加坡华语里大多可以重叠,如"假假、坏坏、丑丑、乱乱"等,使用范围也相当广泛,多用作状语,也可作为谓语单说,很少加"地/的"。虽然如今这类"坏字眼"的重叠在普通话里也逐渐使用开来,如可以说"硬硬地撕扯开、头发乱乱的",但仍不能不借助"地/的"直接做状语或谓语。(祝晓宏 2008)

　　此外,朱德熙也指出,普通话里形容词重叠式所表示的程度的深浅跟它们在句子里的位置有关系——在定语和谓语两种位置上表示轻微的程度,在状语和补语两种位置上则带着加重或强调的意味。以"大"为例,在说普通话的人的语感里,作为定语和谓语的"大大的眼睛、眼睛大大的"中"大大的"在程度上比基式"大"轻微,作为状语和补语的"大大地请一次客、写得大大的"中"大大地/的"程度比基式"大"重。然而就我们目前所掌握的资料来看,除了"透明透明"以外,在新加坡人的语感里,无论是在哪个句法位置,形容词重叠式都只有程度加重或强调的意思,亦可表示亲近、亲昵。

　　另外,普通话里并没有新加坡华语里的助动词重叠"敢敢"及动词短语重叠式。

第三节　从南北方言重叠式类型的差异看新加坡华语

　　上一节里我们对新加坡华语的重叠现象进行了分析与描写,并在小结部分用普通话和新加坡华语进行对照,指出了两者的差异。不难发现,新加坡华语的重叠现象比普通话更为丰富多样。而现有的研究也告诉我们,新加坡华语里有别于普通话的重叠式都是受到南方方言(闽、粤、客)的影响而产生的。因此,本节将针对新加坡华语与普通话不同的特殊用法,以南北方言重叠式类型的角度进行研究与探讨。北方方言部分,我们将以北京话的语法为主,南方方言部分则包括了影响新加坡华语语法最深的闽语、粤语及客家话。

一、表相似义的名词重叠式及动词短语重叠式

周一民(1998)指出,北京话里的名词一般不能重叠,能重叠的大多是兼有量词用法的名词,其语法意义为"每",如"人人、天天"。这和普通话的名词重叠式是一样的。张敏(1999)也发现,绝大多数汉语方言里的量词重叠式都有周遍的语法意义。然而,北方方言里并没有类似新加坡华语里的名词重叠式(如"水水、油油、沙沙")表相似义的说法。

张敏(1999)从现有对汉语方言进行考察的文献中,发现多种闽南语里有名词重叠后表相似的用法,如厦门(周长楫 1991)、长春(林联通、陈章太 1989)等:

　　(78)今仔日买的豆腐水水。(今天买的豆腐像水一样[稀软]。)

　　(79)金金(像金子一样[闪亮])

以上例子中,名词重叠式都含有"像……一样"的意思,表示具有和重叠的名词代表的事物类似的性质或状态(张敏 1999)。由此看来,名词重叠式表相似义的用法是闽语的语法特色。其实,若从方言的角度来看,这些重叠式的基式在方言中都可兼做名词和形容词。以汕头话为例,施其生(1997)指出汕头话里可重叠的名词如"雾、水"等都有形容词用法,"雾"表示"像雾里看东西一样朦胧不清","水"表示"像水一样稀而缺乏黏性"等,这些词都可受程度副词的修饰,可做谓语和补语,做谓语和补语时可用"会"。施其生也发现,这类名词重叠式的意义是有一定的规定性的,如"水"取其液体状而无黏性不取其无色透明,也就是说,这类重叠式另有其本身约定俗成的词汇意义。

新加坡华语不仅吸收了闽语里的这些名词重叠式,也吸收了其基式的功能,常见的可重叠名词如"水、油、沙"等也有形容词用法,如可说成"很水、很油、很沙"。然而新加坡华语对方言里的名词重叠式并不是照单全收的,闽语里"布布(像布一样柔韧)""皮皮(像表皮那样肤浅)"等说法在新加坡华语中并不使用。相比于方言,新加坡华语里能进入这类重叠式的名词数量更为有限,这或许和不同名词在日常使用上的普遍程度有关。

此外,新加坡华语里的"ABAB"名词重叠式如"小姐小姐、少爷少爷"也有

表相似义的用法。陈重瑜(1983)认为这种重叠式或源自闽南语,因闽南语也有类似的结构。张敏(1999)指出,潮汕方言里多音节的名词短语(以及一些动词、形容词性短语)也能重叠,重叠后功能类似于形容词,有摹状的意思,表示"像……的样子",如潮阳"大头鲢大头鲢(形容人头大,即像大头鲢鱼的样子)""大干部相大干部相(形容样子像职位高的干部)"(张盛裕1979)。施其生(1997)也发现汕头话的多音节名词有这种用法,做谓语和补语时可以加上摹状助词"哙",如:

(80)块形阿舍阿舍(哙),睇着就□[ke?⁵⁻²]目!(那德行公子哥儿似的,一瞧就不顺眼!)

(81)伊生来竹篙竹篙(哙)。(她长得瘦高瘦高的。)

由上可见,新加坡华语和闽语里的"ABAB"名词重叠式在结构上、意义上和功能上都是一样的。和单音名词重叠式一样,这类多音节名词重叠式的意义也是约定俗成的,数量有限。

新加坡华语里的动词短语重叠式也可表示相似义,然而北京话乃至普通话里都没有动词短语重叠的现象。如张敏(1999)所述,潮汕方言里的动词短语是可以重叠的。施其生(1997)指出,汕头话里一些动词短语在符合特定条件的情况下可以重叠,但数量有限,如:

(82)个天爱落雨爱落雨。(这天就要下雨的样子。)

(83)唔甘唔甘。(有点儿舍不得。)

(84)有意见有意见。(似乎有意见。)

这类重叠的基式和重叠式在语义上有重要差异,基式是叙述、评议、判断或说明某件事情的,重叠式是描写某种状况的,状况的程度或肯定(否定)的程度比较弱,其情况没有基式绝对。可见这类重叠式也表达了"像……的样子"。如此看来,潮汕方言里的动词短语重叠式和新加坡华语里的动词短语重叠式的语义是相同的。

综上可见,新加坡华语里重叠式表相似义的用法是吸收了南方方言尤其是闽语语法特色而形成的。

二、表极处的名词重叠式

北方方言里的方位名词并不能重叠,然而在许多南方方言里都存在着方位名词重叠式,表现为单音方位词重叠或双音方位短语中某个语素重叠。如张敏(1999)指出,厦门话可用"边边、尾尾、头头、角角、底底"表极边缘处、最末端处(周长楫 1991),昆明话"那那边、中中间、高高上、底底下"的意思是"最那边、最中间、最上面、最底下"(张宁 1987)。这类重叠式都有相同的语义,即表示方位的极处。

一般来说,方言里的方位名词有四种重叠形式,即"AA"式、"ABB"式、"AAB"式及"ABAB"式,不同的方言所拥有的方位名词重叠式的形式并不一样。目前,我们只发现新加坡华语里有单音的"AA"方位名词重叠式,数量也不多。

三、表完成、遍指的动词重叠式

在动词重叠式的用法与功能上,新加坡华语显然比普通话更为丰富,如"VV"式表示动作完成及"VVC"式表示遍指等都是普通话里没有的。现有的研究文献都认为这些用法是受到方言影响而形成的。

若从方言的角度来看,我们不难发现新加坡华语和普通话的不同其实也体现了南北方言语法系统的差异。以北京话为例,周一民(1998)指出重叠式"VV"有时量短及动量轻的特征。如"看看"相当于"看一下""看一会儿",因此不能说成"*用很长的时间看看",否则语义上将产生矛盾;同样地,"砸砸"也不能说成"*狠狠地砸砸"。此外,北京话里单用"VV"就可表达尝试义,并不用"VV 看"的形式。

南方的闽粤方言里,重叠式动词"VV"直接做谓语表短时态的用法不多。有些需要通过变音来表示短时态,如广东信宜话(叶国泉、唐志东 1982)。在大多数情况下,这些方言都采用"VV+数量词(下、一下)""VV+尾音"表示短时态,如:

(85)客家话(罗肇锦 1984):

　　　t'ap┐　t'ap┐　ta┐　le√(踏一踏)

　　　t'aŋ┘　t'aŋ┘　na┐　le√(听一听)

(86)福建永春话(林联通 1988):汝想想仔吼呎说。(你稍微想一想再说。)

许多南方方言里的"VV"并不表示短时态,如闽语用"VV"表完成体(陈重瑜 1983)、汕头话用"VV"表示动作状态("哭哭":带着哭相的样子)(施其生 1997),因此在表示短时态时,要么不重叠,要么以"VV+后附成分"的形式出现。反之北京话里的"VV"已经可以表示短时态,所以不需要在动词后添加任何成分。正因为受到南方方言语法的影响,新加坡华语口语里出现了用"VV+一下"表短时态的形式,但就北方话而言,"VV"和动量宾语"一下"的语义重复了,并不符合语法规范。

北京话及大部分北方方言的"VV"都不能带补语,但南方方言里"VVC"是很常见的语法形式,用来表示全部、遍指,其中"C"可以是结果补语,也可以是趋向补语,如澄海话的"踢踢掉、写写好",永春方言的"踢踢倒、敲敲破"和厦门方言的"关关去(都关了)"等(张敏 2001)。对此,石毓智(2007)指出:

> 普通话的动词重叠是动补结构类推的一种结果,那么其动词重叠的语法意义也相当于一个动补短语,表示动作在时间上或者程度上达到了一定的结果。所以普通话的动词重叠是排斥补语的,比如"看看清楚、吃吃饱、写写完"等都不能说。据此可以预测,在方言中,不是在动补结构类推之下所产生的动词重叠式,且不表示结果的意义,那么也就不排斥补语,因此一些方言的动词重叠式仍然可以带上补语。

这里所说的普通话的动词重叠特点也是大部分北方方言如北京话所具有的。由上可见,南方方言里的"VV、VVC"在语义上和北方方言的"VV"并不相同。若我们从"量"的程度来看,前者增加了动作的程度(周遍、完成)而后者的动作程度却降低了(短时态)。新加坡华语存在以相同的形式("VV")来表达增量和减量的用法,是因为同时受到了南北方言不同的语法系统的影响,然而在缺乏语境的情况下,也容易造成误解,如上一节提到的"做做你的功课",既可以理解为"完成你的功课"(增量),也能理解为"做一下你的功课"(减量)。

四、表尝试的"V 看看"

在普通话及北方方言里,动词重叠式"VV"具有表达短时态的意思,进而延伸出尝试的意思,因此北方方言如北京话里的"VV"带有尝试的意思,如周一民(1998):

(87)你去打听打听,有没有这么个人。

　　（88）你靠边儿，让我<u>试试</u>。

　　上面两个例子是"打听打听看、试试看"的意思。周一民指出,普通话里用"VV 看"表尝试的用法是从南方方言里借来的。袁毓林(2004)也指出吴语中"VV"不能单独表示尝试,必须用"VV 看"。

　　就我们目前所掌握的语料来看,虽然福建福州话也用"VV 看"来表示尝试(郑懿德 1983),然而大部分的闽语、粤语和客家话中"VV"都没有表尝试的意思,也没有"VV 看"的语法形式。福建厦门话里,用"V 看卖"表示尝试、短暂的意思(吴仲平 1958);广东梅县话可用动词加尾音"ae"表示动作或行为的弱化和尝试,但表尝试更多用"V+a 盛 e"①(张维耿、伍华 1982);四县客家话在表达一个动作试试看或重复一下的时候,都用"VV+尾音(ne/te/e)"的形式,如:kʻ on˧　kʻ on˧　ne˩　看看(看一看)(罗肇锦 1984);连城客家话用"V+一下/一刻"表示短时,表尝试则有四种形式,分别为"V 一下、V 看、V 一下看、V 看一下"(项梦冰 1997)。这些方言里都没有"VV 看"乃至"V 看看"的说法。

　　台湾华语和新加坡华语一样有"V 看看"和"VV 看"两种用法。据陈秀琪、赖文英(即出),台湾客家话里表尝试的句式有两种:一是动词不重叠格式如"V+后缀(看)+啊"("你食看啊");二是通过后缀"看"的重叠来表尝试之意,如"你食看看啊了"。他们认为,台湾华语的"你吃看看、你想看看"应该和台湾客家话里的"动词+看看+啊了"句式有关。"VV 看"和"V 看看"的不同之处在于,前者的尝试义是通过动词重叠而后者则是使用了后缀重叠的方式。

　　我们推测,"V 看看"的产生与闽粤方言中本不使用动词重叠式表尝试义的语法系统有关。对于受到自身方言语法影响的早期新加坡华语用语者来说,更容易接受动词不重叠的"V 看看"的用法,因为这种用法符合自身母语方言里动词不重叠的尝试义表达形式。此外,新加坡华语中也有不用动词重叠式而用"V 看、V 一下、VV 一下、V 一下看"表尝试的说法,这些说法都贴近闽粤方言的尝试态表达形式而易于被新加坡华语接受。其中"V 看"和"VV 一下"是普通话里没有的。

　　现今的普通话里,"VV 看"的使用已经相当普遍。在年轻一代的新加坡

---

①　"盛"音[sənv],这里写的是同音字。

华语用语者口中,"V 看看"的说法也已经很少见了,然而虽然书面语常用"VV"表示尝试,但口语里一般仍使用"VV 看"形式。

五、特殊的助动词重叠式"敢敢"

"敢敢"是一种通行于新加坡及马来西亚两地的助动词重叠式,重叠后加强了"敢"的程度。北方方言里助动词是不能重叠的。南方方言里,我们发现闽语和粤语都可用助动词的重叠式表示"非常"的意思。如闽东话"敢敢讲话"是"非常敢于说话"的意思(袁家骅等 1989);在汕头话里,"敢敢"的意思是"放胆的样子",如:"敢敢(呤)行!"表示"放胆地走吧!","呤"是汕头话里的摹状助词,可加在重叠式后或不加(施其生 1997)。

粤语里,助动词"敢"也可以重叠,加上"哋"尾后可以表示轻微,如"我敢敢哋食辣椒"是"我有点儿敢吃辣椒"的意思(袁家骅等 1989)。然而,和形容词重叠式一样,不论是否加上后附成分,"敢敢(地)"在新加坡华语里都只有程度增加的意思,并不表示减量(见下一小节)。

六、不加"的"的形容词重叠式

形容词重叠式一般表示程度增加,这个语法意义在新加坡华语和大部分南北方言里都是一样的,值得注意的是新加坡华语里有两种特别的现象:

(a)形容词重叠式可以不加"de(的、地)"直接充当句子的定语、谓语和状语;

(b)形容词重叠式出现了程度减少的用法。

据周一民(1998),北京话里部分形容词重叠式也有(a)的用法,但相比于带"de"的形容词数量有限,与新加坡华语里可以大量使用的"AVV""VAA""AAN"式的说法不同。陈重瑜(1983)、吴英成(1986)等都认为这种用法来自闽粤方言,尤其闽粤方言常用"大"和"小"的重叠来加强或减少程度。林万菁(2006)指出,"多多"作为叠词,带出了更多的"量",起了强调作用。他认为这种用法"本用于粤方言,但后来有的用语者将之转移到华语当中"。不过,我们发现"多多"的用法在闽语里也很常见。

通过对方言的考察,我们发现许多南方方言的形容词重叠式都可在不带任何黏附成分,如助词或尾音的情况下,直接充当定语、谓语和状语。如在汕

头话里,形容词重叠式可以带摹状助词"呤",也可不带:

（89）个额（呤）烧烧（呤），未是寒着?（额头有点儿发烫,莫非着了凉了?）

（90）双铁箸烧到（呤）红红（呤）。（那双火筷子烧得红红的。）

据施其生（1997）的研究,"呤"对汕头方言形容词重叠式的"量"起着决定性的作用,在重叠式后程度减弱,在前或前后都有程度的加强。也就是说,在汕头话里形容词重叠式的"量"由多到少的表现形式如下:

呤 AA 呤 → 呤 AA → AA → A → AA 呤

由此可见,汕头话里形容词重叠式表"量"的程度是由其黏附成分决定的。客家话也有类似用法（罗肇锦 1984）,如:

（91）形+形+e↘→比原式弱　如 tʻiam˩ tʻiam˩ me↘（有点甜）

形容词（单音）→原式　如 tʻiam˩（甜）

形+形→比原式稍强　如 tʻiam˩ tʻiam˩（甜甜）

客家话中,不带黏附成分的形容词重叠式在程度上比基式稍强。然而在北京话里,形容词的"量"是由句法决定的（张敏 2001）。也就是说,北京话和普通话一样,在单用及做谓语、补语时是表减量,做定语、状语时是表增量。由此可见,南北方言在形容词重叠式的语义上出现了语法差异。

因此,我们推想,新加坡华语常单用形容词重叠式而不加助词"de",是因为方言里不带黏附成分的形容词重叠式已经带有"量多"的语义,黏附成分反而减少了重叠式的"量"。因此,对早期来自闽粤地区的新加坡华语用语者来说,由于受到自身母语方言语法的影响,他们在说华语时更倾向于使用不带"de"的形容词重叠式表示多量。不谙方言的年轻新加坡华语用语者虽然没有这种方言语感,但也在耳濡目染的情况下接受了"AA"表示量多的语法形式,可是对他们而言,"AA"和"AA+de"在程度上反而没有差别,都可表示增量。由于新加坡华语用语者没有北方方言的语感,因此对他们而言,华语里做定语、谓语的"AA 的"并没有表示减量的意思,而是和做状语、谓语的"AA 的"一样表示增量。

第四节　谈新加坡华语重叠系统的演变与发展

现有关于新加坡华语语法的研究,都是针对个别的语法现象提出可能的方言影响,却没有从一个整体的角度对新加坡华语语法进行描写。如上一节中,只能说明新加坡华语里不同重叠形式的语义和用法分别来自哪一种方言。可见,当我们仅将所有的重叠形式平面地摊开叙述,似乎新加坡华语就是一个兼具了南北两种不同方言类型、不同语法特色的混杂的变体。然而若从新加坡华语重叠式的历时演变看来,我们却发现新加坡华语在发展的过程中,对这些重叠形式是有取舍的。陈重瑜(1983)里的重叠现象是早期新加坡华语的现象,但是新加坡华语发展至今,许多说法已经不再使用。究竟新加坡华语的重叠系统如何对这些重叠形式进行取舍,正是本节要讨论的。在有关重叠式的"量"的论述中,我们将采用张敏(2001)的说法,将带有"程度增强、性状加深、意义强化"之类的意义统称为增量(augmentation),反之则称为减量(attenuation)。

首先,以形容词为例。据张敏(2001)的考察,汉语方言的形容词重叠式只有两种类型:一是完全没有表减量的,二是既有表增量的也有表减量的。前一种情况比较少见,绝大部分的方言是后一种情况。在既表增量又表减量的汉语方言里,又有四种类型:

(一)同一重叠构形既可表增量又可表减量,由句法位置决定;

(二)基本形式相同的重叠格式既可表增量又可表减量,具体表增还是表减则由其黏附成分以某种象似的方式决定;

(三)基本形式相同的重叠格式既可表增量又可表减量,由其黏附成分或超语段成分以某种非象似的方式决定;

(四)增量和减量分别由不同的格式表示。

上文中已提到,普通话里形容词重叠式所表示的程度的深浅跟它们在句子里的位置有关——在定语和谓语两种位置上表示轻微的程度,在状语和补语两种位置上则带着加重或强调的意味(朱德熙1982),可见普通话属于第一种类型。张敏(2001)的考察发现北京话也是如此。然而,南方的闽、粤、客方言里,大多数属于第三种,除了上一章所提及的汕头话和四县客家话,广州话的单音节形容词重叠前变调的"A'A"式表增量,后变调的"AA'〔tei〕"式表减量(张敏 2001),福建厦门话"AA"亦表示强调和比较的意思(周长楫 1991)。在这些方言里,形容词重叠式都无须任何后附成分就能充当句子成分,表达普通话"AA 的"表量增的意思,不受句法位置的影响。

张敏(2001)也根据汉语方言的形容词重叠式的现象提出了两条普遍规律:

(一)若某个语言/方言的形容词重叠式有表减量的,则一定也有表增量的;

(二)如果"AA"表增减只体现在形式的标记上,表增量的是无标记的,表减量的是有标记的。

普通话和北京话属于第一种。闽粤方言属于第二种,"AA"是表增量的,因此表减量的"AA"就必须有标记,如汕头方言的"呤",广州话的"〔tei〕"等。由此可见,南方闽粤客方言的形容词重叠式和北京话及普通话的形容词重叠式属于不同的类型,也就是说,两者采用了不同的语法体系。

我们再来看新加坡华语的形容词重叠式,就会发现一个奇特的现象:它既不像北方方言,也不像南方的闽粤客方言。一方面,新加坡华语的形容词重叠式无论充当哪一个句子成分,都只表"量增"而不表"量减"。也就是说,对新加坡的华语用语者而言,形容词重叠式只有一种表示"量增"的意义,这种意义并不像普通话那样会随着句法位置而改变。另一方面,由于只表"量增",它并不像闽粤客方言那样,需要用黏附成分作为标记,来影响形容词重叠式的量。无论是"AA 的"还是"AA",在新加坡华语里的用法及意义几乎都是一样的。

因此,我们发现现今的新加坡华语的形容词重叠式更倾向于张敏所说的第一种类型,即完全没有表减量的。在陈重瑜(1983)所提出的表减量的形容词重叠式例子"我要透明透明的那种"中,"透明透明的"的用法或许是受到方言影响而产生"量减"的意思,然而据我们的调查,这种说法在年轻一代的新加坡华语用语者口中已经不存在了。虽然是受到方言影响而形成的,但"AA"不带"de"的语法现象在现今的新加坡华语中还是常见的,甚至也进入了书面语。这或许是因为这种语法现象在形式上与普通话的差距不大,加上其能产性高,表现力丰富,也符合语言的经济原则。

再来看动词重叠式。如之前所述,新加坡华语里的动词重叠式既有北京话里表示短时态的用法,也能表示"遍指、完成",前者属于量的减少,后者则增加了动作的量。据张敏(2001)的考察,各种语言的重叠式经常负载的最为显著的意义是"量的增加"(increased quantity)。这么说来,北方方言的动词重叠式表达的短时态(少量)似乎并不符合世界语言的语法规律。张敏(2001)对此做出了两种解释:(1)从历时角度来看,现代汉语的动词重叠式原本并非重叠,而是动量宾语式"V 一 V"省略"一"而来,"一 V"最早是表"一次动作"这样的固定量,由"一次"引申出"少量几次"及"短时"的意义,并成为这种格式的主要意义。动词重叠式所含的[+少量]特征显然来自其前身所含有的少量义。(2)从共时的层面来看,世界语言的二叠式本身就具有既可表增量又可表减量的量化效应,它在动词重叠式和形容词重叠式里的表现是类似的。虽然大部分的语言里,动词二叠式所含的量一般为多量,但在有些语言里动词重叠式也可表示动作时间短暂或尝试,如 Quileute 语和他加禄语。

南方方言里很少或几乎不单用"VV"式来表示短时态,而是使用"VV+后附成分"(如闽语)或"V+后附成分"(如粤语)。陈重瑜认为新加坡华语里"VV"表完成体的用法是受到闽语的影响,另外我们发现吴方言中也有这样的用法,如"信寄寄就来(寄了信就来)"(詹伯慧 1981),但这种"VV"的说法一直以来在新加坡华语里也并不普遍,似乎也只限于小部分人使用。在许多南方方言里,"VV"数量不多,用法也相当有限。新加坡华语里的"VV"表完成及"VVC、V 看看"的用法都是南方方言语法系统的遗留。这些用法保留了南方方言里动词重叠式表"量多"的语法意义。

一个语言形式若同时包含两种不同的语法意义,在沟通上就容易产生误解。新加坡华语的动词重叠式由于受到两种异质的方言系统影响,出现了"VV"既能表示量减(短时态)也能表示量增(完成、遍指)的用法。也就是说,在"做做你的功课"里,"做做"可以有两种解释,既可以是"做一会儿",也可以是"做完"的意思。这么一来,"VV"就产生了歧义,这种现象并不利于语言发展,也不符合世界语言的规律。然而在现今的新加坡华语里,产生这种歧义现象的情况已经越来越少了。在新加坡华语向普通话靠拢,及年轻的新加坡华语用语者已经不谙方言的趋势中,"VV"表示完成的用法在新加坡华语里已经渐渐消失,或仅局限于几个常用动词。同样,我们也发现"VVC、V 看看"的说法在新加坡华语里的使用率也已大幅降低,取而代之的是和普通话相同的"(都)VC、VV 看"形式。

同样是受到南方方言的影响而产生的,不加"的"的形容词重叠式在现今的新加坡华语口语中使用还是相当频繁的,甚至也进入了书面语,可说是成为了新加坡华语重叠系统的一部分;反之,表增量的动词重叠式却在新加坡华语发展的过程中逐渐被淘汰了。我们发现新加坡华语语法在从早期的不稳定趋向稳定发展的过程中,似乎有一种隐形的规律,促使用语者审视语言现象,使其向世界语言的语法规律靠拢。因此,当一种语言里出现以相同形式、相同句法表现表达不同语法意义的现象时,用语者将做出取舍——造成这种取舍的原因可以是语言内部因素,也可以是社会因素。从新加坡华语的情况看来,或许更多是受到社会因素的影响:一是政策上,政府鼓励向普通话靠拢,提倡国人说"标准华语";二是年轻用语者普遍不谙方言,加上从小接受正规的华语教育,因此受到南方方言的语法影响较小;三是新加坡的行政用语是英语,日常生活的沟通也以英语为主,听、用华语的几率较少,也减少了学习、使用所谓"不规范华语"的机会。从之前的论述中我们也发现,新加坡华语在向普通话靠拢的过程中,并非一味地摒弃方言语法,而是在符合一定的语法规律的情况下,保留了自身的特点。在大趋势的影响下,表增量的动词重叠式势必被淘汰,因为这种用法与普通话动词重叠表减量的用法差距太大,也容易造成歧义,从语言类型学的角度来看,似乎也并没有动词重叠式可以用相同的形式、相同的句法表现同时表示增量及减量。因此,一旦新加坡华语选择了"VV"表减量的用法,则"VVC、V 看看"的说法也将受到影响而慢慢地不再使用。

新加坡华语里表相似义的名词重叠式和动词短语重叠式在现今的新加坡华语里的使用率也相当低,保留下来的说法有限,也有人表示从来没听过类似说法。上述的形容词重叠和动词重叠,和普通话的差别主要在于"量"的增加与减少这两种相反的语义。表相似义的名词重叠式和普通话的差别则在于除了表示"增量(遍指)"外多了表"相似"的语法意义,并不涉及两种相反的语义,因此在发展趋势中,并不存在取舍的过程,而取决于用语者的接受程度。其实,在现今新加坡青少年的口语中,偶尔也有这样的用例,如:

(92)你的穿着为什么这样 auntie auntie 的?

例(92)的说法与之前谈到的"小姐小姐、少爷少爷"在语法上有异曲同工之处,都是表示"像……一样"的语法意义,差别在于其中的名词换成了英语。
"auntie"一词在新加坡指的是上了年纪的妇女,这句话用普通话来说是"你的
穿着为什么这么像大妈"。句子里掺杂华语和英语的说法是新加坡口语的特
色,值得注意的是,这里的名词重叠采用的并不是英语的语法,而是闽语的语
法。

　　动词短语重叠表相似义的用法在新加坡华语里几乎已经不再使用了,我
们推测,这是因为普通话里并没有这类重叠式,而这类重叠式又只存在于部分
闽语里。然而,我们发现,这类重叠式对马来西亚的华语用语者而言并不陌
生,虽然并不是所有人都能接受这类重叠式,但普遍上仍存在这类用法,使用
者对其的接受度及使用率也比新加坡来得高。同样的情况也发生在表极处的
方位名词重叠式里。新加坡华语中单音的"AA"方位名词重叠式已经很少见
了,然而,马来西亚的华语口语里不仅保留了单音的方位名词重叠式,还有
双音节的方位名词重叠式"ABAB"式,如可说"走到里面里面(走到最里面
的地方)、放在上面上面那里(放在最上面的地方)"。这或许是受到华语规
范的影响所致,而新马两地在华语规范的力度上又大有不同,造成两地华语
出现差异。

参考文献

陈秀琪、赖文英　即出　《台湾客语语法调查报告:台湾客、华语之语法接
　　触》,邢福义、汪国胜主编《全球华语语法·台湾卷》,北京:商务印书馆。

陈重瑜　1983　《新加坡华语——语法与词汇特征》,新加坡:新加坡国立大
　　学华语研究中心。

林联通　1988　《福建永春方言的"仔"尾》,《中国语文》第2期。

林联通、陈章太编著　1989　《永春方言志》,北京:语文出版社。

林万菁　2006　《"多"与"多多"的用法及其变异问题》,林万菁《汉语研究与
　　华文教学论集》,新加坡:新华文化事业有限公司。

陆俭明、张楚浩、钱　萍　2002　《新加坡华语语法的特点》,周清海主编《新
　　加坡华语词汇与语法》,新加坡:玲子传媒。

罗小品　2009　《新加坡华语和中国普通话中叠词使用的异同》,《甘肃联合
　　大学学报》(社会科学版)第6期。

罗肇锦　1984　《客家话语法》,台北:学生书局。

吕叔湘主编　1999　《现代汉语八百词》(增订本),北京:商务印书馆。

施其生　1997　《论汕头方言中的"重叠"》,《语言研究》第 1 期。

石毓智　2007　《汉语方言中动词重叠的语法意义和功能的差别》,《汉语学报》第 4 期。

吴英成　1986　《新加坡华语语法研究》,新加坡:新加坡文化研究会。

吴仲平　1958　《厦门话的语法特点》,《方言与普通话集刊:闽广方言与普通话》(第一本),北京:文字改革出版社。

项梦冰　1997　《连城客家话语法研究》,北京:语文出版社。

叶国泉、唐志东　1982　《信宜方言的变音》,《方言》第 1 期。

袁家骅等　1989　《汉语方言概要》(第二版),北京:文字改革出版社。

袁毓林　2004　《容器隐喻、套件隐喻及相关的语法现象——词语同现的认知解释和计算分析》,《中国语言》第 3 期。

詹伯慧　1981　《现代汉语方言语法》,詹伯慧编《现代汉语方言》,武汉:湖北人民出版社。

张　斌主编　2010　《现代汉语描写语法》,北京:商务印书馆。

张　敏　1999　《汉语方言体词重叠式语义模式的比较研究》,伍云姬编《汉语方言共时与历时语法研讨论文集》,广州:暨南大学出版社。

张　敏　2001　《汉语方言重叠式语义模式研究》,《中国语文研究》总第 12 期。

张　宁　1987　《昆明方言的重叠式》,《方言》第 1 期。

张盛裕　1979　《潮阳方言的重叠式》,《中国语文》第 2 期。

张维耿、伍　华　1982　《梅县话的"动+ae"和"形+ae"》,《中国语文》第 6 期。

郑懿德　1983　《福州方言单音动词重叠式》,《中国语文》第 1 期。

周长楫　1991　《闽南话与普通话》,北京:语文出版社。

周清海　2002　《新加坡华语变异概说》,周清海主编《新加坡华语词汇与语法》,新加坡:玲子传媒。

周清海、周长楫　1998　《新加坡闽南话与华语》,《联合早报》10 月 20 日。

周一民　1998　《北京口语语法 词法卷》,北京:语文出版社。

朱德熙　1980　《现代汉语语法研究》,北京:商务印书馆。

朱德熙　1982　《语法讲义》,北京:商务印书馆。

朱淑美　1996　《新加坡华语语法、词汇中的方言成分》,新加坡国立大学荣誉学士学位论文。

祝晓宏　2008　《新加坡华语语法变异研究》,暨南大学博士学位论文。

Chua, C. L.　2004　The Emergence of Singapore Mandarin: A Case Study of Language Contact. University of Wisconsin-Madison, Ph.D. Thesis.

第五章　新加坡华语的介词系统

第一节　引言

一、研究目的与背景

在众多讨论新加坡华语语法的文献中,有关介词的研究资料很少,仅祝晓宏(2008)指出新加坡华语中有多用"在""对"和"被"的现象,刘慧博(2010)则认为新加坡华语出现了介词搭配缺省及可单独做谓语的用法。由此看来,新加坡华语与普通话在介词的使用上似乎并无多大差别。

在现有关于新加坡华语语法的研究资料中,所讨论的语料大部分来自书面语。然而我们发现,有些介词的特殊用法虽然普遍存在于新加坡华语用语者的口语中,但在书面语中几乎找不到用例。例如,潘秋平(2009)指出,新加坡华语里的介词"跟"已发展出与普通话不同的功能,即能引介受益者及受事,如:

　　(1)我跟小明换尿布。

　　(2)衣服脏了,跟它洗一下。

然而,这些用法在书面语中并不存在,若仅以书面语作为研究对象,就无法发现"跟"的这些功能。这也显示出书面语研究的局限性。因此,我们希望能从兼顾口语和书面语的角度出发,对新加坡华语的介词进行深入探讨,并以此构建新加坡华语的介词系统。

二、研究方法

语料方面,我们所采用的书面语语料主要来自新加坡主要的华文日报《联合早报》(简称《早报》),包括新闻文稿、评论及读者来稿等。口语的部分则使用了口述历史资料库(Collection of Oral History Recording Database)、本地的综艺节目及随听随记的日常生活口语。其中,口述历史资料库是由新加坡国家档案馆(National Archives of Singapore)的口述历史中心(Oral History Centre)所建立的,中心以口述历史方法学的方法访问了见证新加坡历史转变的各阶层人士,主题包括了政经、文教、艺术及历史等。由于口述历史资料是在毫无拘束的情况下,以对话方式进行收集的,所以文稿也保留了口语化的特征,能借此了解及收集新加坡年长人士的华语口语用语习惯。若我们假定一个人的用语习惯定型于 30 岁左右,则这一部分语料在一定程度上也反映了 20 世纪六七十年代新加坡华语口语的面貌。综艺节目及日常生活口语部分的语料来源包括在校的学生、不同工作领域的人士等,虽然年龄覆盖面较广,却呈现了现今新加坡华语的普遍用语现象。

参照系方面,除了通过与普通话的对比来探讨新加坡华语介词的特点外,我们也会从中国南北方言异同的角度对新加坡华语介词的特点加以论述。使用南北方言作为参照系的原因有二:第一,普通话是以北方方言为基础的汉语共同语,新加坡华语却是在南方方言背景下推广的,新加坡华语用语者并没有北方方言的语感,也没有北方方言的用语环境,在学习上难免受到自身母语(南方方言)的影响。而南北方言的语法体系本就不同,因此新加坡华语与普通话在语法上产生差异是必然的结果。通过与南方方言的相互参照,能对新加坡华语中与普通话不同的特殊用法的来源与使用有进一步的认识。第二,普通话以典范的现代白话文著作作为语法规范,但这些白话文著作的作者并不一定都来自北方或在北方方言的环境下成长,他们的作品在一定程度上亦会受到自身方言的影响,加上普通话发展至今也吸收了不少南方方言的成分,普通话的语法出现南北杂糅的现象。若单从普通话的角度出发,新加坡华语的部分特点不容易被发现,反之通过与南北方言的对比,更能体现出新加坡华语的特色。

我们在第二节及第三节将把介词分成空间域(spatial domain)和非空间域(non-spatial domain)两种,根据 Wang(2012)及张敏(2008)所描绘的语义地图对介词的引介功能进行分类与描写。第四节则通过语义地图看同一介词的多种功能之间的关系,同时探讨南北方言在介词使用上的差异。除了对普通话与新加坡华语进行横向的共时语料对比,我们也希望能从历时的角度看新加坡华语介词的使用变化。因此,第五节将从口语角度研究伴随介词"跟、和、同"在新加坡华语里的使用概况,以此探讨早期新加坡华语的情况及在近年来不断"向普通话靠拢"的大环境趋势下产生的变化。

第二节　新加坡华语的空间域介词

空间域介词引介的是人或物体在空间中的位置和运动关系。这一节里我们将讨论空间介词主要的五个功能,即处所(location)、终点(goal)、方向(direction)、起点(source)及路径(path)。

一、处所

处所标记可以引介事件发生的地方,也可以引介人或事物的位置。新加坡华语里的处所标记是"在",当引介事件发生的地方时,"在+处所"所组成的介宾短语一般出现在动词之前,如:

(3)表演场所附近没有杂货店或餐饮店,观众必须先在其他地方吃晚餐或自备食物。

(4)继苏州工业园区和天津生态城之后,新加坡和中国正探讨在中国西部开展第三个政府间的合作项目。

(5)他们在瓜拉庇劳已经创办了脚车店跟一些脚车、脚车零件跟汽车零件。

上述例子中"在+处所"不能出现在动词之后。出现在动词之后的"在"引介的是人或事物的位置,如:

(6)你的鳄鱼不是养在那个水池的咩?

(7)幸亏饼干不重,放在行李箱里也不占地方。

例(6)和例(7)的"在+处所"也能提到动词之前:

(8)……在水池里养着。

(9)……在行李箱里放着也不占地方。

上述例子中例(3)、例(4)和例(7)是书面语料,例(5)和例(6)是口语语料,可见"在"引介处所的用法在口语及书面语里并没有太大分别。

二、终点

终点指的是动词所表示的动作行为结束的地点或状态,新加坡华语里引介终点的介词有在、到、向、往、朝等。

(一)在

和引介处所的"在"不同,引介终点的"在"指的是动作行为使事物达到的地方,如:

(10)所以我妈妈一直把这些所得到痛苦的地方,一直灌输在我脑子里面。

(11)吃完了她就随手把糖果纸丢在地上。

(12)将难吃的食物倒在桌上,然后离开餐馆。

例(10)是口语语料,例(11)及例(12)来自《早报》,其中"在"引介的是动作"灌输、丢、倒"导致事物终结的地方,呈现的是动态的位移事件。这种用法和普通话是相同的。

(二)到

"到"可以引介行为到达的目标或处所,大部分表示终点的"在"都可以换成"到",但不是所有的"到"都可以换成"在",如:

(13)回到公司。

(14)社员每年都会渡海到龟屿演奏南音给大伯公听。

(15)南中的中四学生分成两批来到了牛车水,展开文化学习之旅。

以上三例中的"到"都不能被"在"替代。相比于"在","到"的位移意义更为明显。

现代汉语里,"到"是动词还是介词仍有争议,但《现代汉语虚词例释》(1996)仍将它归类为介词,周一民(2002)也指出"到"还有介词用法,不过仍保留着动词的特征,如可以加"了"。吕叔湘(1979)指出:"介词也跟动词不同,多数动词可以在一定条件下甩开宾语,例如'我已经买了一个,你买不买?'介词办不到,例如不能说'党的政策摆在这里,你按照不按照?'"

(三)向、往、朝

"向、往、朝"都能用在书面语中,如:

（16）奶奶揉了揉脚踝，继续<u>向</u>狭隘的山路走去。

（17）……新加坡分公司也将眼光投<u>向</u>中国，正考虑转<u>向</u>中国大陆和印度发展。

（18）……若要成为公司合伙人，为公司赚取更丰厚的收益，就得<u>往</u>中国去。

（19）唐、宋、元时期外销瓷主要销<u>往</u>东南亚、中东。

（20）萨兰甘被拍到<u>朝</u>翻覆的警车抛石头以及用绿色垃圾桶砸裂一辆警车的挡风镜。

（21）约40名乘客虽井然有序地步出车厢，<u>朝</u>临近轻轨车站行进，但场面仍让不少网民为之捏了一把冷汗。

和普通话一样，用"朝"的句子都可以用"向"，但"朝"不能出现在动词后做补语，如例（17）的"向"就不能说成"朝"。和普通话不同的是，新加坡华语书面语和口语中都很少用"朝"，一般用"向、往"。此外，新加坡华语里"朝"多数用在非空间域上，如"朝共同目标前进"。

根据《现代汉语八百词》（增订本），"往"可以用在动词后，组成介词短语，但只限于"开、通、迁、送、寄、运、派、飞、逃"等少数几个动词，但我们在新加坡华语书面语里发现了"往"搭配其他动词的用法，如：

（22）公司也定下了5年的计划，要把这个概念带<u>往</u>中国、越南和印度。

（23）45岁的林清德在1988年便加入渣打银行，五年前被调<u>往</u>中国，负责建立当地的批发银行业务。

（24）……希望能为新中两国的抗炎运动筹集一笔义款，一部分捐作英勇基金，一部分则交由驻新加坡中国大使馆汇<u>往</u>中国。

（25）不用否认一些马来西亚公司已经移<u>往</u>中国。

口语里，上述句子一般都用"到"。

三、方向

新加坡华语常用的方向介词是"向、往"，书面语有时也用"朝"。李临定、周清海（2002）也发现，新加坡华语可用"朝往、朝向"引介方向，这是普通话里没有的。此外,现代汉语里有用"对"引介方向的用法,如"对院里喊、对窗外指了指"等,这些用法里"对"可用"向"替换而不改变原意(傅雨贤等 1999),但在新加坡华语里这些例子只能使用"向"或"对着","对"并没有引介空间域方向的功能,从《早报》的用例看来,"向、对"的分工相对明确,一般都不能相互替换。

(一)向、往、朝

新加坡华语里,引介终点的"向、往、朝"也可用来引介方向,和普通话的用法相同,如:

(26)它身躯短,叶子长,恰似长柄椰叶,<u>向</u>空中伸展。

(27)你可以选择<u>往</u>南走。

(28)瞬间,他已经<u>朝</u>我的方向奔来。

和引介终点的"向、往、朝"一样,在引介方向时,新加坡华语口语和书面语多用"向、往",较少用"朝"。

另外,李临定、周清海(2002)指出,新加坡华语里有"朝往"引介方向的用法,并举了《联合晚报》的例子,如:

(29)一辆小型罗厘在阿裕尼路,<u>朝往</u>麦波申路方向行驶。

(30)第一起车祸发生在昨天早上 8 时左右,地点是在淡宾尼高速公路<u>朝往</u>义顺的路段。

李、周指出,《现代汉语词典》并没有收录"朝往",以上例句在普通话里要用"朝"。然而我们认为,新加坡华语里的"朝往"并不是典型的介词,如例(30)中的"朝往"就只能是动词或"动+介宾"(朝+往义顺的路段)结构,因为"朝往"或"朝"是这个句子的谓语中心,而介词并没有直接充当句子的谓语中心的功能。我们在《早报》里发现,"朝往"的用例不多,一般用在与交通、路况有关的报道里,句型也与上述二例相似,然而以下例子中"朝往"亦只能是动词或"动+介宾"结构:

(31)这起致命车祸发生在上星期五(20 日)早 8 时 30 分,地点是盛港东大道<u>朝往</u>盛港东路方向。

(32)两艘<u>朝往</u>新加坡的船只,昨日在香蕉屿发生相撞,其中一艘船只沉没,所幸 23 名船员及时获救上岸。

（33）行色匆匆的路人来自不同的点<u>朝往</u>各自的点。

和例（29）相比，例（31）中"朝往"可以在不搭配动词的情况下单独使用。因此我们认为，不把"朝往"分析为介词还是比较合理的。新加坡华语口语里并没有"朝往"的说法。

四、起点

新加坡华语里引介动作起点的介词，书面语及口语里都常用"从"，如：

（34）此外，通过关卡<u>从</u>马国运送构件到本地也可能面对交通阻塞问题。

（35）平生第一次不在新加坡过年，<u>从</u>广州转机到南昌，再<u>由</u>南昌乘车到靖安，已是深夜。

（36）我们六只眼睛看到她不是从我们房间拿出来的，而是<u>从</u>另外一个房间。

（37）你们<u>从</u> Stadium 搭回 Yew Tee，很贵的咧。①

新加坡华语书面语可用介词"由、自"引介起点，如例（35）分别使用了"从"和"由"。普通话里一般用"从"标记起点，也可用带有北方方言色彩的"打"，新加坡华语没有"打"的说法。

五、路径

路径介词表达的是动作在空间里移动的轨迹，新加坡华语里引介路径的常见介词有沿、沿着、顺着等，如：

（38）吴万财骑电单车<u>沿</u>亨德申路行驶，他后来做 U 转。

（39）和朋友<u>沿着</u>公园连道慢跑到勿洛军营的小贩中心。

（40）2013 年跨年他又组织朋友们从北<u>顺着</u>铁路故道走到南边，大概 40 公里。

其中，"沿、沿着、顺着"都带有"依从、依循"的意思，表示事物所经过的路线，"沿"多用于书面语，口语里多用"顺着、沿着"，一般而言这三个词可以相互替换而不影响原句意义。新加坡华语表路径的介词基本与普通话无异。

---

① 本书引例中存在大量语码转换现象，现尊重原文不做括注。

第三节　新加坡华语的非空间域介词

非空间域介词的功能主要和人与人、人与物、物与物之间的关系有关。这一节里我们将讨论的非空间域介词的功能有以下十一种：伴随者（comitative）及共同施事（co-agent）、方向（direction）、接受者（recipient）、受益者（beneficiary）、原因（cause）、处置（pretransitive）、使役（causative）、被动（passive）、工具（instrumental）、方式（manner）和比较（comparison）。

一、伴随者及共同施事

伴随者及共同施事引介的都是动作的参与者。前者引介的只是伴随主语完成动作的人，动作其实由一方就能完成，如英语"I go to school with Lily"中"go to school"的动作只需"I"一人就能完成，"Lily"是伴随者；后者引介的宾语和句子的主语都是组成动作行为的必要参与者，如英语"We will discuss the details with them"，"discuss"的动作必须由两个或两个以上的动作参与者才能完成，因此"them"是"we"的共同施事。新加坡华语里标记伴随者及共同施事的常用介词有"跟、和、同、与"等。

（一）跟

新加坡华语常用"跟"来引介伴随者及共同施事，如：

（41）如果我<u>跟</u>朋友出去没有钱的话会有点尴尬。

（42）我们也不<u>跟</u>你们对抗。

同样是引介动作参与者，例（41）中的动作行为只须由一方就能完成，例（42）中主语和宾语都是组成动作行为的必要参与者，并由主语起主导作用。因此，前者"跟"标记的是伴随者，后者则标记了共同施事。"跟"在新加坡华语口语里是非常常见的介词，使用率远高于其他同类介词"和、同、与"，上述皆为口语例句。就书面语而言，轻松的语体如对话、访谈等已出现多用"跟"的倾向。如：

（43）（身为主管的）你必须与大家并肩作战，员工才会愿意<u>跟</u>你一起打拼、做好工作。（引介伴随者）

（44）公司每个月<u>跟</u>两个至五个赞助商合作，让客户获得免费产

品或样本。(引介共同施事)

(二)和

在新加坡华语里,"和"一般用作连词,口语里"和"用作介词的例子很少。在我们收集的口语语料中并没发现"和"用作介词引介伴随者及共同施事的例子,唯正式的书面语语体如报刊新闻一般仍用"和",如:

(45)罹难者中有一名 33 岁的荷兰青年,正准备<u>和</u>开花店的女友欢欢喜喜到亚洲度假。(引介伴随者)

(46)格兰维尔<u>和</u>供应商、消费者和同业交谈后发现,许多人对环保海鲜市场一知半解,许多人对这方面存在疑问多于解决方案。(引介共同施事)

(三)同

除了"跟、和"之外,"同"也能用来引介伴随者及共同施事,我们在陈重瑜(1983)中发现了以下例句:

(47)中国警告美国不好<u>同</u>越南建立友好关系。

建立关系的行为需要主语和宾语共同完成,因此例(47)的"同"引介的是共同施事。在口述历史语料里也有"同"引介伴随者及共同施事的用法,如:

(48)我是在店里面<u>同</u>我父亲一块。(受访者:陈鸿陶)

(49)他们会两种语文,<u>同</u>华校校长交流是讲华语,回去教育部要做英文报告。(受访者:李志贤)

例(48)引介了伴随者而例(49)引介了共同施事。从我们收集的语料来看,新加坡华语口语里介词"同"的使用率相对较低,在综艺节目及日常生活的语料里都没有发现用例,似乎这种用法只出现在老一辈人士的口语中。然而近年来,在报刊等正式的书面语体和电视新闻播报员口中,我们发现"同"的使用率已开始增加,如:

(50)老年医学与乐龄研教学院昨天<u>同</u>南洋理工大学及加拿大英属哥伦比亚大学百合卓越联合研究中心签署备忘录,供后者在新中心测试帮助年长者提高肢体和认知能力的资讯通讯科技。(引介伴随者)

(51)基层领袖先后向 1 万 1000 个居民征询对这一区的发展建

议,并同多个部门合作,将分散在不同角落的社区设施聚集到一起,打
造这个综合活动中心。(引介共同施事)

(四)与

新加坡华语书面语也可用"与"标记伴随者及共同施事,也有同一句子中
出现"同、与"交替使用的情况,如:

(52)我们相信梦想成真的力量,与更多的人一同逐梦,梦想会变
得更美。

(53)巴特礼中学的合并对象——大智中学于1969年创办,是大
巴窑市镇的第一所中学,并在2001年同培道中学与德新中学合并,
三年后再与实廉中学合并。

例(52)"与"引介了伴随者,例(53)中"同、与"都用来引介"合并"这个动
作的共同施事。相对于"同"而言,书面语中"与"用作介词引介伴随者及共同
施事更为普遍,然而口语中一般都不用。

二、方向

方向和接受者标记在张敏(2008)语义地图中处在同一个节点。然而这
里的"方向"指的是动作行为的方向,而不是空间的方向。除了是动作面对的
对象外,也可以是起点或终点。如"borrow book from him"中,"him"是东西原
来的拥有者,因此是动作行为的起点;在"talk to him"中,"him"是聊天的对
象,因此是动作的终点。新加坡华语里用来引介方向的常用介词有"跟、和、
同、与、向、往、朝、对、给、为"等。

(一)跟

新加坡华语里最常用来引介方向的介词是"跟",如:

(54)她躺在我书桌边,跟我讲述一些记忆犹新的往事。

(55)病人一看到他,就会热情的跟他打招呼,而他也会和病人互
动,说说笑,逗他们开心。

(56)我很少跟人家谈话。

(57)跟他租的。

例(54)和例(55)来自《早报》,例(56)和例(57)则是口语语料。其中例

（54）、例（55）和例（56）中"跟"引介的是终点，而例（57）"跟"引介了起点。"跟"在口语里比较常见；书面语方面，我们在《早报》里发现，"跟"引介方向的用例一般出现在言论版或读者来稿，较少出现在正式的新闻文稿里。《现代汉语八百词》（增订本）也指出，普通话口语中常用"跟"，书面语现在倾向于用"同"。

（二）和、同、与

相较于"跟"，"和、同、与"一般出现在书面语里，口语里较少见，以下例句皆来自《早报》：

（58）警方希望他的亲友能<u>和</u>警方联络，以调查此案。

（59）两年前入行的苏瑞德因为<u>同</u>朋友打赌而开始学习喊标。

（60）不谙中文的护士<u>与</u>华族病人沟通常会词不达意，而年轻护士遇上只懂方言的年长病患时更彷如鸡同鸭讲。

和引介伴随者及共同施事的"跟、和、同、与"一样，用来引介方向的"和、同、与"和"跟"一般都能相互替换使用而不改变原意，差别仅在于语体色彩。书面语中"和"一般用来引介伴随者和共同施事，引介方向的用例比"同、与"来得低。

就普通话而言，"跟、同"都带有地域色彩。"同"常见于华南地区的口语里或正式的书面语语体中。"跟"则是个带有北方口语色彩的介词，但随着普通话的普及，如今已普遍在书面语里使用。目前我们发现新加坡华语书面语也开始出现多用"跟"的倾向。此外，和普通话一样，新加坡华语的"和"通用于口语及书面语里，"与"大多只用于书面语。

（三）向、往、朝

空间域介词"向、往、朝"也可以用在非空间域里。其中"向"可以引介动作的起点或终点，如：

（61）超过五成参与联合早报网调查的读者表示，马来西亚<u>向</u>外国车收入境费后，他们会减少驾车入境。（引介起点）

（62）这包括自 2012 年 4 月，<u>向</u>政府租赁的新小贩摊位不得全天转租和顶让摊位。（引介起点）

（63）他在审讯第二天到法庭<u>向</u>罹难者家属致意。（引介终点）

（64）机组人员在 2 时 45 分左右<u>向</u>其他乘客宣布，班机将折返新

加坡。(引介终点)

一般情况下"跟、向"可以相互替换,但口语里多用"跟",书面语则常用"向"。"往、朝"只能用来引介终点,且大多用在书面语中,以下皆是《早报》的例子:

(65)他就作手握藤条状,不停地<u>往</u>我身上使劲地抽打。

(66)大家一窝蜂的<u>往</u>名校挤,千方百计的想进名校幼稚园。

(67)很窝①心地<u>朝</u>她微笑。

(68)他当时凶神恶煞,<u>朝</u>厨师拳打脚踢。

(四)对

"对"在新加坡华语口语及书面语里都是常用的介词。"对"表示对待方向,只能引介动作的目标方向,即终点,如:

(69)你的家人<u>对</u>你蛮好的。

(70)这首诗表达了老师<u>对</u>学生的如湖水般的深情。

(五)给、为

介词"给、为"在引介方向时一般都可以交替使用而不改变原意,如:

(71)<u>给</u>大家示范 ┃ <u>为</u>你示范

(72)用福建话<u>为</u>老人家讲解建国一代配套和终身健保。

以上二例都是"给、为"引介终点的例子,例(71)中"大家、你"都是动作的对象,例(72)中,新加坡华语也能将"为"换成"给",并不会影响句子的原意。

三、接受者

接受者指的是给予事件中接收物件的对象,新加坡华语里的接受者标记为"给"。据《现代汉语八百词》(增订本),普通话可用"给"标记接受者,"给"作为介词出现在动词之前,如:

(73)<u>给</u>我来封信。

(74)<u>给</u>他去个电话。

新加坡华语也有以上用法,但口语里更习惯采用连动式,"给"出现在动词之后,以上例句在新加坡华语里一般说成"写封信给我、打个电话给他",

---

① 本书引例中大量出现异体字、繁体字,为保留华语特色不做修改。

又如：

(75)发了一封简讯<u>给</u>他。

(76)老师分了很多资料<u>给</u>我们。

书面语里两种用法并存，且看《早报》的例子：

(77)一个想要<u>给</u>孩子灌输传统家庭价值观的家长，完全可以巧用《三口之家》，向孩子传达爱家庭的主流信息。

(78)据了解，这家公司发电邮<u>给</u>一些潜在投资者，称公司在向金管局申请银行执照。

接受者接收的不仅是具体的物件，也可以是抽象的物件，如例(77)中"孩子"接收的是抽象的"价值观"。例(77)"给"出现在动词之前而例(78)"给"出现在动词之后。

四、受益者

受益者指的是在受益事件中获益的对象。据 Van Valin & LaPolla(1997)，受益事件可分为三种类型，即：

1.单纯受益(plain benefactives)：施事付诸行动后，为受益者提供一种服务，如英语"I sang a song for you"中，受益者"you"得到的是听觉上的，施事"I"给予的是唱歌服务。

2.替代受益(deputative benefactives)：施事所付出的"动作"原是受益者应该做的，施事与受益者之间存在一种替代关系，如英语"I stood in line for him"中，排队的动作原是"him"负责的，但后来"I"代替"him"排队，"him"则得到了受替代的好处。

3.接受者受益(recipient benefactives)：施事与受益者之间有具体的物件转移，如英语"I baked Linda a cake"，受益者"Linda"在事件中得到具体的、实质的物件，即"cake"。接受者受益与接受者的不同之处在于，接受者受益通过转移的物件得到好处，接受者仅是接收物件而已。

新加坡华语里的受益标记有"给、跟、为、同"等。

(一) 给

新加坡华语口语和书面语里都用"给"标记单纯受益，如：

（79）戏剧盒<u>给</u>观众呈现河水山的故事,通过演出、游览、民声会议和历史游走一系列活动,探讨社群关系及多次经历拆除与重建的岛国上的情感纽带。

（80）邮差<u>给</u>我们送信。

例（79）中"戏剧盒"是新加坡一个专业剧团,"观众"通过剧团呈现的表演而受益;例（80）中,"我们"因为邮差提供的服务而得到益处。在单纯受益事件中,"给"也可以作为动词,以连动式形式出现在动词之后,如以上二例可说成:

（81）戏剧盒呈现河水山的故事<u>给</u>观众……

（82）邮差送信<u>给</u>我们。

在用"给"表达接受者受益时,新加坡华语也多采用连动式,受益者出现在转移的物件之后,不出现在动词之前,如:

（83）雅国昨天在开斋节献词和个人面簿页面上,列举青年和义工在过去一个月分发礼篮<u>给</u>贫困家庭,以及帮助这些家庭进行大扫除的事迹,说明斋戒月深化回教徒信仰并鼓励他们帮助弱势群体的意义。

（84）送礼物<u>给</u>老师。

（85）我们要筹备这些饮食<u>给</u>他们。

例（83）和例（84）源自《早报》新闻,例（85）则是口语,在新加坡华语口语及书面语里,连动式"V+N+给+N"都是表达单纯受益及接受者受益的常见句式。

普通话里"给"可用来表达三种受益事件,且看吕叔湘（1999）的例句:

（86）老师<u>给</u>学生上课。

（87）你<u>给</u>他打个电话,说他在我这儿有事。

（88）<u>给</u>黑板报写稿。

例（86）"学生"通过"老师"提供的服务而受益,是单纯受益。由于普通话"给"也常用来标记接受者,例（87）单用会产生歧义,然而通过上下文,我们知道这里是"替他打电话"的意思,因此是替代受益。例（88）中"黑板报"接收的是具体事物"稿件",因此是接受者受益。然而,新加坡华语一般不用"给"表达替代受益事件,因此例(87)中"你给他打个电话"在没有上下文的情况下,普通话里会有歧义,既可以表示"替他打电话",也可以表示"打电话通知他",但在新加坡华语用语者的语感里,"给他打个电话"只有"打电话通知他"的意思,"给"只能标记动作的接受者,并不能表示替代受益事件。

普通话里"给我"加动词,用于命令句也属于受益事件,这种用法在新加坡华语里也有,如:

(89)出去的时候给我把门关好。

(90)你给我走开。

(二)跟

新加坡华语口语里常使用"跟"来表达单纯受益及替代受益事件:

(91)他是由美国人开的医院里面毕业,后来出来做这个西医,跟人家看病。

(92)甚至于我们还有跟人家裁剪,就是在这个三楼后半部。

(93)我跟你打电话问看。

例(91)及例(92)中,"跟"标记的都是接受主语提供的服务的受益者,属于受益事件中的单纯受益。例(93)是"替你打电话"的意思,因此"你"是替代受益者。

"跟"也能取代"给"用在命令句中:

(94)你们跟我安静。

(95)你跟我走。

潘秋平(2009)指出,因"跟我"在新加坡华语里能表达命令的语气,因此例(95)在新加坡华语里就有两种解释:我跟随你一起走、你给我走。然而若介词"跟"的宾语转换成其他人称代词,歧义就会消除。

新加坡华语里的"跟"和普通话里的"给"的受益用法相似,相较于"给",新加坡华语口语里更习惯使用"跟"表达受益,然而普通话的伴随介词并没有引介受益者的功能。此外,"跟"并不能用来表达所有受益事件,只能用来表达替代受益及单纯受益,尤其可广泛用在替代受益事件上,但却不能标记接受者受益。在表达接受者受益事件时,新加坡华语尤其是口语里倾向使用连动式"V+N+给+N",其中"给"不能换成"跟"。普通话典型的受益介词"给"在新加坡华语书面语的使用上较为普遍,然而口语里并不普遍。

此外,潘秋平(2009)发现,新加坡华语口语中"跟"也可用来标记受害(malefactive),如:

(96)对不起,玻璃跟你碰碎了。

(97)小心别把衣服跟人家弄脏了。

世界上许多语言里的受益标记都能标记受害者,普通话也可用"给"标记受害者,如可说"对不起,这本书给你弄脏了",然而,新加坡华语里的"给"并不能标记受害者,"给你弄脏了"在新加坡华语用语者的语感中是"被你弄脏"的意思。(见被动"给")

(三)为

"为"做介词也可以引介受益事件,如:

(98)昇菘集团总裁林福星希望这项新计划能够达到预防罪案,以及为顾客提供良好服务的双重目标。

(99)为他捏一把冷汗。

以上例子里"为"分别引介了单纯受益及替代受益。"为"一般能和"给"相互替换使用。然而"为"不能引介接受者或接受者受益,因此在表达如例(87)"打个电话"的动作时,"为他打个电话"只能是替代受益事件。

(四)同

陈重瑜(1983)中有这么一个例句:

(100)你同我把那本书拿来。

句子里的"同"引介的正是替代受益者。然而,在我们收集的语料里并没有发现其他"同"引介受益者的例子,相信这种用法仅存在于老一辈说粤语、客家话的群体中,因粤语及客家话中受益者标记正是"[tʰuŋ]",发音近于"同"。"同"和"跟"一样是伴随介词,在普通话乃至北方方言里,伴随介词是不能用来标记受益者的。

五、原因

原因指的是动作行为发生的动机或根据,新加坡华语里常见的原因标记是"为、为了",两者可以交替使用,在口语及书面语里都很普遍,如:

(101)不要为了一点小事发脾气。

(102)因为他经常把家里的好东西送给他们,然后妈妈就会为这些事情跟他吵架。

（103）我希望父母能<u>为</u>我感到骄傲。

以上例子里，"为"后宾语是谓语动作产生的原因。

六、处置

处置标记指的是主语通过动作行为使受事宾语发生变化或产生某种结果。新加坡华语里常见的处置标记是"把、将、跟"。

（一）把、将

"把"作为主要处置介词，在普通话及新加坡华语里的使用范围都很广泛，常见于书面语及口语里。介词"把"表处置，"把"后宾语是后边及物动词的受动者，如：

（104）<u>把</u>盐放在皮的表层。

（105）因为它会<u>把</u>花蟹给吃掉。

朱德熙（1982）指出，介词"把"后动词不能是单纯的单音节或双音节动词，至少也得是动词重叠式，更常见的情形是前后有一<u>些</u>别的结构。例（104）中动词"放"后有表物体最终目的地的补语"皮的表层"，例（105）则搭配了介词"给"以加强处置语气。

以上例子中"把"也可以用"将"代替。但是"将"大多用于正式的书面语，如：

（106）只要接上电线和 HDMI，不用太多设定就能够开始<u>将</u>电脑的媒体档案串流到电视欣赏。

（二）跟

除了"把、将"，潘秋平（2009）发现，新加坡华语口语里有个特殊的处置介词"跟"。"跟"引介受事或作为处置标记，其语法功能与普通话的"把"字句类似，"跟"后名词是后面动词的受动者，如：

（107）这幅画你们<u>跟</u>它移动一下。

（108）衣服脏了，<u>跟</u>它洗一下。

普通话的"跟"并不能做处置标记。新加坡华语口语虽然能用"跟"作为处置标记，但仍有一定的局限，如在上述例子中，动词的宾语提前，"跟"后以代词"它"指代。我们尚未能证明，新加坡华语口语有"跟"直接带受事宾语的

用法,如:

（109）* 你们<u>跟</u>这幅画移动一下。

（110）* <u>跟</u>这件脏衣服洗一下。

七、使役

使役标记可分为两种,一种表示"致使对方做某事",一种表示"容许对方做某事",句子的主语不是受事,而是使令、听任、容许的主事者。新加坡华语里表达使役的介词有"给、让、使、叫、令"等。

（一）给、让

"给、让"在新加坡华语里不仅有容许义,也有致使义,如:

（111）<u>给</u>他多休息几天。

（112）<u>给</u>他戴绿帽。

（113）我要放很多菇类的东西在汤里面<u>给</u>它那个味道越浓越好。

（114）我问过他要不要安排补习,他说不要,所以我<u>让</u>他自己学习。

（115）今天在课堂上发生了突发状况,<u>让</u>我一时间不知所措。

（116）复杂多变的舞步,加上富有寓意的动作,<u>让</u>台下观众大饱眼福。

上述例子中,例（111）及例（114）的"给、让"分别是"容许他多休息、容许他自己学习"的意思,例（112）、例（113）、例（115）和例（116）则说明了主语致使宾语出现的状态。以上的"给"都是口语语料。新加坡华语里表使役的"给"大多出现在口语里,其引介致使义的功能相较于"让"有一定的局限,如上面例子中表致使的"给"都能被"让"替换,但表致使的"让"却不能换成"给"。"让"在新加坡华语书面语及口语里都是常见的使役标记,但口语更倾向于使用"给"

（二）使、叫、令

"使、叫、令"都可用来表达致使义,在新加坡华语口语里比较少见,多出现在书面语里,如:

（117）政府有必要调整博士研究生的津贴,<u>使</u>其更加贴近市场价格。

（118）店内的怀旧摆设和铁皮玩具都<u>叫</u>人忍不住怀念童年的好时光。

（119）张智扬在翻阅旧照片时，记起中学时期一名<u>令</u>他感恩至今的舞蹈老师。

这里的"叫"表达的不是实际动作"呼唤、喊叫"的意思，而是"致使、使令"的意思。书面语里"使、叫、令"和表致使义的"让"可以相互替换使用。普通话和北京话里兼具被动与使役功能的"叫"在口语中常用，但新加坡华语中"叫"只能作为使役标记出现在书面语里，但用例不多，且不能用来表达被动。

八、被动

被动标记可用来引介动作的施事，或在省略施事的情况下表示主语遭受了什么。主语是动作的承受者而宾语是动作的施事。新加坡华语常见的被动标记有"被、给"两种。

（一）被

"被"的使用在新加坡华语口语和书面语里都很常见，是主要的被动介词，如：

（120）当年要不是我啊，那个小孩早就<u>被</u>鳄鱼咬死了。

（121）小时候因为这个而<u>被</u>欺负，被叫外号。

（122）信已<u>被</u>投入了邮筒。

陆俭明等（2002）、祝晓宏（2008）都指出了新加坡华语里"被"字多用的情况，如例（122）中的"被"在普通话里可以去掉。陆、祝都认为"被"字多用是受到英语的影响而产生的。然而，如今普通话里也出现这种情况，如可说"战争结束后，才又被重新挖了出来"。

（二）给

新加坡华语口语里，也可用"给"标记被动，如：

（123）因为我讨厌的人大概都<u>给</u>我处理掉了。

（124）但是你不好<u>给</u>他捉到，捉到那个是没有命的，就没有命了。

（125）那么学生超额了，如果<u>给</u>教育部知道，可能要罚款或者什么。

值得注意的是,新加坡华语里的被动标记"给"通常不能省略宾语,"被"则不受限制。普通话里"被、给"都有带受事宾语和不带受事宾语的用法。普通话也常用"让、叫"标记被动,但新加坡华语却很少使用"让、叫"标记被动。

九、工具

新加坡华语里,常用"用"来引介动作所使用的工具,如:

（126）用木桶跟铁桶去装海沙,拿回店里去磨镜片。

（127）所以他是用单反相机拍的吗?

（128）时下年轻人流行自拍,随时随地用照片记录生活。

"用"引介的宾语是执行动作所用到的工具,如例（126）中装海沙的工具是木桶和铁桶,例（127）中拍照使用的工具是单反相机,例（128）中记录生活的工具是照片。

十、方式

与工具标记不同的是,工具标记的是具体的物件,方式则是抽象的途径或手段。新加坡华语里可用"用、以"来引介方式,如:

（129）他们会用华语讲解给我们听。

（130）我们不要用一种高于读者的姿态去俯视他们。我们要与读者一起生活。

（131）中峇鲁一些街名以华人先贤命名。

（132）至于什么是"好",父母心中都有一把尺,不要以单一的成绩作为衡量标准。

"用"和"以"的用法大致相同,上述例子中两者都可相互替代,唯"以"一般用在书面语里,口语里更倾向用"用"。

新加坡华语里口语里有个特殊的用法,就是"用+名词化动词",其中动词是通过"V+的"的方式名词化的,如:

（133）快! 用跑的。

（134）看不到还可以用听的。

（135）我读书都是<u>用</u>背的。

这其实是闽语的常见结构,在台湾"国语"里也很常见。

十一、比较

新加坡华语口语里常用"跟"来引介比较的对象,如:

（136）不要<u>跟</u>别人比,跟自己比。

（137）alligator <u>跟</u> crocodile 这两个的差别是什么?

"跟"也可用来标记平比,如:

（138）就觉得为什么我不可以<u>跟</u>他们一样?

（139）<u>跟</u>其他中国的农村一样,海南岛可以说是社会闭塞,经济落后,思想封建,墨守成规,一百年间看了没有什么变化。

"跟"标记平比在新加坡华语口语里最为普遍,书面语则多用"和、与",如:

（140）单色的指甲颜色,就<u>和</u>口红一样,可配搭不同穿着打扮。

（141）担任监制的刘夏宗说电视剧不会完全<u>与</u>漫画一样。

在表示差比时,新加坡华语和普通话一样使用介词"比",如:

（142）你<u>比</u>我早一年认识这个世界。

（143）祖籍南非的白狮因有隐性基因,毛发的色泽<u>比</u>一般狮子来得浅。

除了"比"之外,新加坡华语口语里也用"形容词+过+比较对象"的形式来表示差比,偶尔也用于书面语,如:

（144）我的华语好<u>过</u>你。

（145）《名厨出走记》精华版的收视,竟然高<u>过</u>同一周同时段的其他综艺节目。

第四节　从南北方言介词系统差异看新加坡华语

如前言所述,目前有关新加坡华语介词的研究资料很少。综合以上两节的整理与分析,我们也发现,若单就介词的数量和语义来看,新加坡华语和普通话在书面语上的表现几乎是一致的。然而,新加坡华语书面语和口语里介

词的使用却是有分别的,其中有三点值得我们注意:

1.书面语中使用的介词比口语更为多元,如:口语中引介空间起点一般用"从",书面语还能用"自、由";口语中一般只用"跟、和"引介伴随者及共同施事,书面语里也常用"同、与"。

2.有些介词在书面语和口语的使用比例差距比较大,如:介词"和"引介伴随者或共同施事的功能在口语里很少使用,但书面语里却很常见。

3.有些介词在书面语和口语中的功能并不完全相同,如:介词"跟"在口语里可以标记受益者和处置,但我们却没发现书面语里的"跟"有这两种用法。

如果我们只从书面语的角度来看新加坡华语,就会忽略这些用语现象,尤其在第 3 点中,新加坡华语口语的"跟"出现了变异现象,可以标记受益者和处置,这是新加坡华语书面语和普通话里都没有的。

这一节,我们将从南北方言介词系统的异同来看新加坡华语介词的变异现象,并尝试解释新加坡华语介词在书面语和口语出现差异的原因。主要讨论的介词是"在、跟、给",小结部分也会论及其他介词。我们也将使用语义地图对不同介词的功能变异现象进行解释。语义地图是语言类型学(Linguistic Typology)用来描述语言的多功能性模式(multifunctionality grams)的研究方法,是分析跨语言的多功能性、解释语义演变和语法化内在规律的有效手段。语义地图假定一个语法形式的多功能性只有在各种功能相似的情况下才能形成,通过跨语言的比较,相似性在空间中表现为节点,形成一个概念空间(conceptual space)。不同语言或方言都可以在这个概念空间地图上切割出不同的语义地图,根据语义地图连续性假说(Semantic Map Connectivity Hypothesis),其多功能必须以连续区域的形式分布在概念空间上。我们则可以通过语义地图直接观察一个多功能语素不同功能之间的亲疏与远近关系:位置相邻且用连线相连的功能之间关系近,是直接关联;位置间隔远且没有连线相连的功能之间关系远,是间接关联。

一、介词"在"

(一)从语义地图看"在"的功能

如第二节所述,新加坡华语介词"在"可以标记空间域的处所及终点,这和普通话的用法是一样的。根据吕叔湘(1999),普通话里做空间域介词的

"在"有以下功能：

【介】

1.指动作发生或事物存在的处所，"在……"用在动词、形容词或主语前；

2.指出生、发生、产生、居留的处所，"在……"可在动词后或前；

3.指动作达到的处所，"在……"用在动词后。

其中，介₁和介₂是我们说的引介处所的功能，而介₃说的是引介终点的功能。由此可见，新加坡华语的"在"和普通话的用法大致相同，都可用来标记处所及终点。因此，我们可以从 Wang（2012）所描绘的语义地图中画出以下区域：

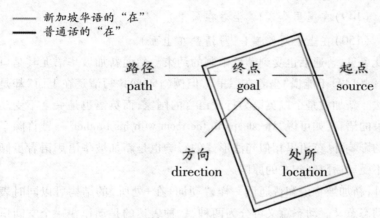

（二）从南北方言的处所标记看新加坡华语的"在"

虽然新加坡华语里引介处所的"在"和普通话的用法大致相同，都可用来标记处所及终点，然而从方言的角度来看，我们发现新加坡华语里"在"的使用与北方方言有两个不同之处，即：

1.受动后限制（post-verbal constraint）的约束较少；

2."动词+在+处所"结构可以表示静态意义。

现代汉语句式受到动后限制的约束，动词之后最多只能接一个成分。张敏（2011）根据不同的方言考察发现，越往北的方言受到的约束越严格，呈现出地域差异。南方方言是较少或不受动后限制约束的语言，如粤语可说：（Matthews & Yip 1994）

　　（146）Ngòh gwa fūk wá hái gòdouh.
　　　　　　我　挂　CL 画　在　这里（CL: noun classifiers）

在新加坡华语口语中，也常出现不受动后限制约束的例子，如：

　　（147）他躺 在床上 看书。

　　（148）挂 风铃 在窗口。

例（147）中，动词"躺"后带了两个成分，即"在床上"及"看书"，例（148）中动词"挂"后也有两个成分"风铃"及"在窗口"。若根据动后限制的规定，这两个句式应说成"他在床上躺着看书""在窗口挂风铃/把风铃挂在窗口"。吕叔湘（1999）也指出，现代汉语里"动词如带有后附成分，'在……'只能用在动词前面"，并举了两个例子：

　　（149）在屋里坐着(*坐着在屋里)

　　（150）在上面写清楚(*写清楚在上面)

由此可见，普通话也受到动后限制的约束。然而新加坡华语尤其是口语里，虽然例（149）不能说"坐着在屋里"，但例（150）的"写清楚在上面"却是常见的说法。新加坡是个以英语为行政语言的国家，而英语也是一个不受动后限制约束的语言，如可说"He sleeps in the room with his brother"。或许除了受到方言的影响外，英语里相似句法形式的影响也是新加坡华语用语者更倾向于使用不受动后限制句式的原因。

此外，新加坡华语和普通话一样，"动词＋在＋处所"的结构可以同时表达静态和动态意义。动态意义可分为两种，一种表达的是动作在一个空间里的持续状态，另一种则是动作的趋向。前者属于我们论述中的处所标记，后者则是终点标记。所谓的静态及动态意义和动词是息息相关的，如：

　　（151）她坐在椅子上呢。

　　（152）老李跟在后边。

上述例子中，例（151）的动词"坐"和语助词"呢"说明这是一个已然的静态动作，"在＋处所"表示的是"她"目前所处的位置。例（152）动词"跟"则表达了"老李"在一个处所空间里持续的动作状态。柯理思（2003）的调查发现，在许多北方方言里，"在＋处所"只能用在动词前表示静态意义，"动词＋标记＋处所"结构只能表示动态意义，且这个标记不能用"在"，要用另一个语素，如冀州话的"唠"，因此例（151）及例（152）是不符合语法规律的。柯理思以冀州话为例指出，普通话里常用在"V 在 L"（L 为处所）句式里表示静态位置的动词"坐、装、摆、躺"等,在冀州话里,只能把处所词挪到动词前,说成"在 LV 着哩"("哩"相当于普通话"呢"),如例(151)应该说成:

(153)她在炕上坐着哩。

普通话表达动作持续状态的"在+处所"在冀州话里除了可说成"在 LV 着哩",也可只用表示位置的动词"在",如:

(154)老李在后头哩。(普通话:老李在后头跟着呢)

柯理思表示,与冀州方言同类型的方言还包括山西闻喜话和河津话、河北泊头话、陕西永寿话、河南林县话、山东平邑话等,主要分布于冀鲁官话区、晋语区和中原官话区。他认为,普通话之所以能使用"V 在 L"形式表达静态位置,是受到南方官话的影响,如吴语里"V 在 L"就能表示"存续体"。现代北京话的处所标记"在"虽然能出现在动词后,但周一民(2002)指出,北京话里动词后补语中的"在"一般说成轻声 zai,其变体有 de、dai、dou,而除了"在"之外,北京话也常用"挨、跟"引介处所,但"挨、跟"却不能出现在动词之后。可见"在"出现在动词之后的用法可能源自自身的发展,也有可能是受到方言影响,我们在此不做深入讨论。在通行于新加坡的闽语及粤语里,我们并没有发现"在+处所"受动词的静、动态意义而影响句法位置的情况,如:

(155)客家话:(项梦冰 1997)

a.着汽车上看书。

b.字写着黑板上。

(156)粤语:(Matthews & Yip 1994)

a. Kéuih hái jáudim chēutbihn dáng ngóh.

　　她　在　酒店　外边　　等　我

b. Go gongkhàm fong hái haak-tēng jūnggǎan。

　　CL　　钢琴　放　在　客厅　　中间

(157)闽南语:(李如龙 2000)

a. 因翁佇城里食头路。(她丈夫在城里做事)

b. 因外家徛佇(嘞)乡下。(她娘家住在乡下)

例(155)中"着"是客家话的处所介词,相当于普通话的"在";例(156b)中"hái"说明钢琴所处在的空间位置,可见粤语里"在+处所"可以用在动词后表示静态意义；李如龙也指出，闽南语中带宾语的处所介词"伫"可在动词前，也可在动词后，如例（157）。此外，闽南语"带[tua$^{31-55}$]、垫[tiam$^{31-22}$]、那[nã$^{31-22}$]、橐[lɔk^5]"也是一组引进处所宾语的同义介词，带处所宾语后可置于动词前，也可置动词后。由上可见，新加坡华语的"V 在 L"可用来表达静态意义的说法和南方方言是一致的。

此外，新加坡华语和普通话的处所标记"在"可用在动词后表达动态意义，如用来引介终点，但是许多北方方言并不如此。柯理思（2003）以冀州话为例，指出冀州话里"动词+标记+处所"形式中的标记不能用"在"而要用另一个语素"唠[lau]"，"唠+L"只能在动词后表达动态意义，不能出现在动词之前，如：

（158）把书包搁<u>唠</u>桌子上！（把书包搁在桌子上吧）

（159）她倒<u>唠</u>炕上啦。（她躺在炕上了）

柯理思指出不少北方方言都有和冀州方言一样的语法特征，即"在+处所"不能表达动态意义，也没有引介终点的功能。

新加坡通行的南方方言里，客家话的"着"除了标记处所外，也可用来标记终点，如：（项梦冰 1997）

（160）拂<u>着</u>溪底去（扔到河里去）

（161）车开<u>着</u>车库底去（把车开到车库里去）

由于没有动后限制，粤语里表终点的"在"可有两种形式：（Matthews & Yip 1994）

（162）Nògh jēung go　fā-jēun báai hái gòdouh.

　　　我　　将　CL　花盆　放　在 这里

（163）Mgōi léih fong　dī　　yěh　hái　tái　seuhngmihn.

　　　请　你　放　CL　东西　在　桌子 上面

由上可见，新加坡华语的处所标记"在"可以标记终点的功能及不受动后限制约束的句法表现是受到南方方言的影响而产生的。

二、介词"跟"

（一）从语义地图看"跟"的功能

上一章我们探讨了新加坡华语里"跟"的多种标记功能，其中有一些是普通话所没有的。根据吕叔湘《现代汉语八百词》（增订本），普通话里介词

"跟"有以下功能：

【介】

1.表示共同、协同，只跟指人的名词组合。

2.指示与动作有关的对方，只跟指人的名词组合。

3.表示与某事物有无关系。

4.引进用来比较的对象。后面常用"比、相同、不同、一样、差不多、相像"等词。

【连】

1.表示平等的联合关系；和。

……

与张敏的语义地图相对照，介₁即伴随者及共同施事，介₂、介₃、介₄都是接受者/方向，连₁是并列。因此，普通话与新加坡华语"跟"在语义地图里呈现如下区域：

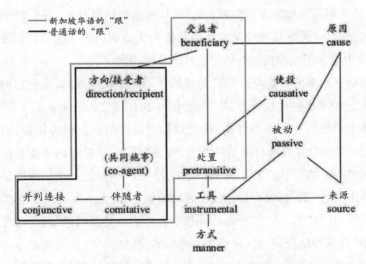

由上可见，新加坡华语里的"跟"比普通话多了标记受益者及处置的功能。现代汉语普通话中"跟"能否标记受益者尚有争议。傅雨贤等（1999）认为现代汉语里"跟"有表示"给"的用法，而这种用法在口语里并不鲜见。他引用了陈建民（1984）中附录的一篇口语材料里的句子及曹禺《雷雨》中的对白作为例证：

（164）您跟我说说，我让他跟您换换，或者跟您重做一做。[陈建民（1984），转引自傅雨贤等（1999）]

（165）鲁四凤：（轻蔑地看着她的父亲，叹了一口气）好，您歇歇吧，我要上楼跟太太送药去了。（傅雨贤等 1999）①

（166）周朴园：你告诉你的母亲，说我已经请法国的克大夫来，跟她看病。（傅雨贤等 1999）

从例子上看来，这里的"跟"与"给"的功能相同，可以用来标记受益者。然而吕叔湘（1999）、朱德熙（1982）的研究并没有指出普通话中"跟"有标记受益者的功能。根据潘秋平（2009）的考察，"跟、和、同"在早期白话文中确实有一些引介受益者的例子，但这些例子很有限，且多出现于南系作品。他也指出，在以北京话为基础的《红楼梦》里"跟"就没有引介受益者的功能，而出版于 19 世纪的《官话类编》中，也没有发现北京话的"跟"具备引介受益者的功能。因此，我们并不能确定"跟"标记受益者的用法是否为普通话及北方方言原有，或是受到其他地区方言影响。此外，从目前的语料看来，"跟"所引介的都是单纯受益，并没有发现接受者受益及替代受益的用法。这与新加坡华语里"跟"可大量使用在替代受益的用法并不全然相同。

普通话里典型的受益介词"给"是从给予动词虚化而成的，虚化后的介词"给"能标记给予事件的接受者，从"我给他一本书"到"我给他拿了一本书/我拿了一本书给他"，在给予事件中，接受者和受益者的角色极为相似，因为给予事件的接受者往往是事件里的受益者，可见"给"表达受益的功能是由接受者扩展而来的。然而"跟"标记受益的情况与"给"不同。无论是普通话还是新加坡华语里的"跟"都没有标记接受者的功能，因此无从发展成受益者。

我们认为，与"给"从"给予动词→接受者标记→受益标记"的语法化途径不同，"跟"是从伴随介词语法化成受益介词的，其途径为"伴随动词→伴随介词→方向→受益介词"。我们可以参考刘丹青（2003）来看"跟"的语法化途径。据吴福祥（2003），宋元时期的"跟"已有"跟从、跟随"的意思，明代开始

---

① 例（165）孤立地看也许还让人觉得"跟"是表"协同"。但是这一句之后紧接着还有鲁四凤对太太说的话："太太！您怎么下楼来啦？我正预备给您送药去呢！"前后对照，例（165）的"跟"表"给"就是很显然的。（傅雨贤等 1999）

语法化为伴随介词。伴随者作为一个事件中施事的动作行为的陪伴者,再发展到"方向",也就是与施事共同进行谈话的对象,"方向"也算是与施事共同完成事件的参与者,由伴随者到方向,参与者的主动性呈现锐减的趋势,而由方向发展到受益者,由现实具体的对象变成非现时抽象的对象,受益者在事件中有着与施事一样的意念,但因施事帮受益者完成了,因而受益者在事件发生后得到益处,参与者的主动性进一步锐减,伴随形象也进一步虚化。由此可见,表受益的"跟"是来源于具有引进伴随者功能的介词"跟"。

从语义地图看来,"处置"正处于受益之下,因此在新加坡华语里广泛使用的受益标记"跟"发展出处置标记也符合语言的共性。然而,如上一章所述,新加坡华语里"跟"表处置的使用有一定的局限,使用频率也不高。新加坡华语口语及书面语都受到中国五四前后期书面语的影响,相信强势的处置标记"把"对于"跟"的发展也有一定的牵制,因此在新加坡华语里,一般用"把"而不用"跟"。

(二)新加坡华语"跟"新功能的来源

潘秋平(2009)已探讨了"跟"在新加坡华语的特殊功能的来源。这一节里我们将依循潘秋平的思路,结合我们所掌握的语料,对"跟"的新用法做进一步探讨。据潘秋平,"跟"出现的新用法是一种"相因生义"。所谓"相因生义",按照蒋绍愚(2005)的说法,就是:

> 甲词有 a、b 两个义位,乙词原来只有一个乙 a 义位,但因为乙 a 和甲 a 同义,逐渐地乙词也产生了一个和甲 b 同义的乙 b 义位。

邢福义(2005)曾指出新加坡华语里有以"才"充"再"的现象[①],这种现象和新加坡华语所受到源方言的潜性影响有关,而就新加坡的实际情况来看,这个源方言就是闽语,特别是闽南语。在闽南语里,不管是已然的未然的,表示动作连贯的副词都只有一个(厦门话是[tsia?]),而不像普通话一样分别用"才"和"再"。潘秋平认为,邢福义的研究显示了相因生义的诱因不仅可来自一种语言的内部系统,也可以来自方言之间的接触。依此,潘秋平认为"跟"

---

① 邢福义(2005)指出新加坡华语里有以"才"充"再"的现象,如:
(1)最好先写文章,然后才为文章拟题。
(2)教师可以让学生和旁边的同学先练习,(然后)才在全班面前说出这一段话语。
上例中的"才"在普通话里都应是"再"。

的特殊用法是来自于一个异质系统的相因生义,这个异质系统正是闽南语,或者说南方方言的系统。

为什么我们不认为"跟"的新用法是来自普通话呢? 若我们假定"跟"的新用法的相因生义的诱因是来自于普通话,从普通话的语义地图来看,我们可发现"给"和"跟"在引介动作对象,即接受者这个义位上是相同的,而普通话的"给"也同时能表达受益、处置,因此我们可以推测新加坡华语里的"跟"或许是依循相因生义的语义变化模式而产生的。然而这个解释却带来了两个难题:

1.如果"跟"的新用法是受到"给"的影响,那么该如何解释为什么现代汉语普通话中并没有产生相似的变化?

2.即便普通话里"给"可作为处置标记①,但在新加坡人的语感里,"给"并不能标记处置,"相因生义"无从说起。

因此,潘秋平提出从方言接触的角度来看新加坡华语"跟"的特殊用法:

> ……上述变化的动因在于两套不同的方言语法在一个说双方言的人的脑袋里叠置。因此其中一个方言的语法系统就受到另外一个方言的语法系统的影响而产生了变化。这还是相因生义,只是推动变化的动力不是来自一个同质的语言系统,而是一个异质的语言系统。

潘秋平所说的"异质的语言系统"正是新加坡华人中使用人数最多的方言——闽南语。李如龙(2000)指出,闽南语中有一个介词"共",不仅能用作动词和连词,还能作为介词来引进受事和与事,受益者或受损者,如:

(167)我卜共哑娘说。(引介终点)

(168)值人卜共你讨恩。(引介起点)

(169)伊共哑娘做媒人。(引介受益者)

(170)汝共我走。(命令句)

(171)所以阮拢共裤腿起来。(引介受事)

(172)风真大,门紧共伊关起来。(引介受事)

(173)伊共我拢有去。(连词)

闽南语引介处置对象的"共"后面除了可以带代词外,还能带名词宾语。

---

① 潘秋平(2009)并不认为普通话的"给"有引介处置的功能。

有鉴于此,潘秋平认为"跟"在新加坡华语里的特殊用法应和闽南语有着密切的关系,但是与新加坡华语里以"才"代"再"的情况不同,"跟"并不单纯只是异质系统之间的相因生义,其内部的演变机制应该是由方言接触所诱发的语法化来实现的:

这其中最主要的原因就在于如果这仅是一种异质系统之间的相因生义,新加坡华语的"跟"在介词的功能上就应该和闽南语的"共"完全相当,且具有完全相同的多义结构(same polysemy structure),可是我们发现"跟"引入受事的用法在新加坡华语里并不普遍,而且即便能接受这种用法的新加坡人,他们的例子带的介词宾语也往往都是代词"它",完全找不到名词宾语。

这个情形和 Heine & Kuteva(2003)在讨论语言接触过程中所产生的演变现象究竟应属于语义复制,还是接触式的语法化所采取的判断标准是一致的。他们认为要证明接触式的语法化已发生,最好的证据就在于复制语(replace language)中的语法化并不彻底。

因此,潘秋平认为新加坡华语里的"跟"的新功能是经由"接触引发的语法化"(contact-induced grammaticalization)中的复制性语法化(replica grammaticalization)形成的,其语法化路径如下:

(a)新加坡华语(R)使用者注意到闽南语(M)里存在引介受益者标记的"共"。

(b)他们使用新加坡华语(R)里可以得到的语言成分(即"跟"),以产生与之对等的能引介受益者标记等的"跟"。

(c)此后,他们利用"[My>Mx]:[Ry>Rx]"这个类推公式来复制他们认为曾发生于模式语的语法化过程。

(d)最后,他们将引介动作对象的介词"跟"语法化为引介受益者标记的"跟"。

由此可见,新加坡华语里的"跟"所发展出的新功能并不来自于自身的语法化,而是复制了方言的语法系统。

值得一提的是,我们目前所收集的资料显示,同样受到闽南语影响的台湾"国语"中的"跟"并没有新加坡华语口语引介受益者和处置的功能。

三、介词"给"

据《现代汉语八百词》（增订本），现代汉语普通话介词"给"的功能如下：

【介】

1.引进交付、传递的接受者。

2.引进动作的受益者。

3.引进动作的受害者。

4.'给我'加动词，用于命令句，有两种可能的意思，要根据上下文区别：

（a）同'为我'，'替我'；

（b）加强命令语气，表示说话的人的意志。

5.朝；向；对。

6.表示被动；被。

吕叔湘把致使义的"给"归为动词：

【动】

……

3. 容许；致使。用法与"叫、让"相近。

然而，《现代汉语虚词例释》（1999）及朱德熙《语法讲义》（1982）都将致使义的"给"归为动词，我们也认为表致使义的"给"已虚化成介词，且看吕叔湘的例子：

（174）城里城外跑了三天，<u>给</u>我累得够呛。

（175）<u>给</u>他多休息几天。

我们认为"给"是介词的原因有两点：一是表致使义的"给"后不能加动态助词"着、了、过"，二是句中的"给+宾语"并不是谓语中心。

根据以上说法，普通话"给"的用法似乎和新加坡华语相同，都能表达接受者、受益、使役和被动。然而，朱德熙（1982）、傅雨贤等（1999）都认为"给"有引介受事的用法。朱德熙指出，"给"的作用是引出与事，"把"的作用是引出受事，有时候我们可以把受事当作与事来看待，如：

（176）我<u>给</u>他把电视机修好了。

（177）我<u>给</u>电视机修好了。

（178）我<u>给</u>电视机弄坏了

在(176)里,"他"是真正的与事,在(177)和(178)里,"电视机"本来是受事,现在在前边用"给"字,是把它当与事看待。换句话说,"电视机"在形式上是与事,在语义上仍是受事。因为它本来是受事,所以这两句里的"给"都能换成"把"。傅雨贤等则指出,能够替换"把"的"给"是有限的。可被"把"替换的"给"是个别的,近似"把"的"给"一般在下列条件下可以出现:第一是"给"所引介的指人名词不是受事而是施事;第二是动词连同补语都带有不同程度的致使义;第三是动词后若有补语,其语义是指向"给"所引介的指人名词的。如:

(179)局长一来,真给我们家老太太乐坏了。

(180)一根冰棍儿倒给我吃渴了。

就目前我们所得到的资料,"给"表处置更多出现在北京话口语里,周一民(2002)就指出多数时候北京话里"把"都能替换成"给"。然而,以上表处置的例子给在新加坡华语中都不能说。

虽然这种用法有限,但我们不妨也将之列入普通话"给"的引介功能,因此,我们发现普通话里的"给"在语义地图上能画出"接受者—受益者—处置—使役—被动"的连续区域,似乎符合汉语方言的发展规律。然而据李宇明、陈前瑞(2005)的考察,北京话里介词"给"的"处置—使役—被动"功能是19世纪中叶以后才出现的新用法,北方作家作品中出现表被动的介词"给"更是大约在20世纪50年代才出现。《官话类编》也清楚说明,用作使役的"给"是南方官话的普遍用法,在北方并不常见,北方一般用"叫、教、让"。《官话类编》也没有提到"给"表被动、处置的用法。

此外,从目前现代汉语"给"的使用频率来看,"给"表使役和被动的用法都较表受事的用法普遍,若北方话中"给"有产生"受益—受事—使役—被动"的语法化现象,"给"引介处置的功能应该比引介使役和被动的功能常见,因语法化不大可能出现在一种不常见的用法上。因此,我们认为普通话乃至北京话里"给"的处置、使役和被动用法并不是自身系统原有的用法,而是受到其他方言如南方方言影响而产生的,其自身系统的功能应该只有"接受者—受益"。这么一来,我们发现新加坡华语和普通话里的"给"在语义地图上呈现了如下分布:

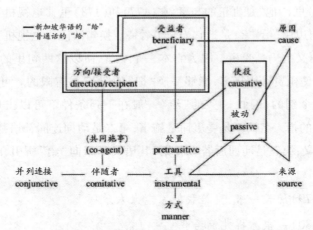

由上可见,新加坡华语的"给"在语义地图上出现了两个不连续区域,其中一个区域与普通话"给"的功能相同。普通话里,介词"给"是经过"给予动词—接受者标记—受益标记"的语法化路径而形成的,也有从"使役动词—使役标记—被动标记"形成的介词"叫、教、让"。其中,北方常用的口语介词"叫、教"在新加坡华语里并没有使用。

在闽南语里,给予动词"予[ho]"也可以表使役及被动,如:

（181）我予汝一本册。（动词）

（182）予伊去啦！（使役）

（183）我予伊拍著伤。（被动）

我们发现,闽南语的给予动词虚化成介词时,与北方方言的虚化路径并不相同。闽南语的给予动词出现了"给予动词—使役标记—被动标记"的语法化路线。其受益标记是从伴随动词"共"虚化而成。这种现象并不是闽南语独有,在许多中国南方方言里都有这样的语法化现象,且看粤语的介词"同"及"畀":

（184）我同屋企人一齐住。（伴随）

（185）我想同你斟下。（共同施事）

（186）我同你介绍我嘅仔。（方向）

（187）我同你买咗本书翻嚟喇。（受益）

（188）你写封信畀他。（给予动词）

（189）畀佢走。（使役）

（190）真系<u>畀</u>佢激死嘅。（被动）

从上述例子可看出,新加坡华语里"给"在语义地图上断裂的另一个连续区域和中国南方方言的给予动词虚化成介词后的功能是相同的。由此可见,新加坡华语介词"给"在语义地图上出现不连续区域,是因为出现了"兼南北"的现象——有北方方言给予动词虚化而成的引介受益的功能,也有复制了南方方言给予动词虚化后标记使役及被动的功能。其中的断裂很好地证明了新加坡华语中"给"的使役及被动标记功能并不是从受益标记发展而来。

四、小结

如引言所述,新加坡华语是在没有普通话口语基础的情况下通过书面语的方式推广的,而早期新加坡社会是个以南方方言为母语的社会,因此当地人在学习华语时,不免受到自身母语的语法系统的影响。以受益为例,北方方言是通过给予类动词虚化而来的语素充当受益标记,南方方言的受益者标记则使用了伴随类动词虚化而来的语素。在"使役—被动"方面,北方方言采用了由使役动词虚化而来的语素作为标记,南方方言则采用了给予类动词虚化而来的语素作为标记。正因如此,新加坡华语语法系统就出现了"兼南北"的特色。然而,这些受到南方方言影响而出现的新用法,一般只出现在新加坡华语用语者的口语中,很少进入书面语层次。可见若仅从书面语的角度来研究新加坡华语语法,会忽略了许多存在于口语的语法现象,这也是我们选择口语为主要研究对象的目的。

在非空间域功能里,新加坡华语介词的标记功能明显受到闽粤方言影响,尤其是口语部分。如新加坡华语里伴随标记可同时用作受益标记的用法是普通话和北方方言所没有的,然而这却是南方闽粤方言的语法特色。新加坡华语中"跟、同"引介受益者的特殊用法和闽粤方言伴随标记"共"和"同"的用法是相同的。另外,闽粤方言并不用给予介词"给"标记单纯受益及替代受益,虚化为介词后的"给"在闽粤方言中只用来标记被动及使役,即使"给"可用来标记接受者及接受者受益,但在语序上却有所不同——闽粤方言多用连动式"V+N+给(╱受益标记)+N",较少或不用"给(╱受益标记)+N+V"形式。我们不难发现,新加坡华语里的"给"兼具了普通话及闽粤方言的特点,既能标记受益者,也能用作使役及被动标记。然而,新加坡华语对南北方言介词的用法并不是完全吸收的,因此有些时候也会产生歧义,如"给你弄脏了"中,在说普通话及北方方言的人的语感里,"你"是受害者,也可能是施事,但对新加坡华语用语者而言,"你"只能是施事,"给"标记的是被动。这是因为新加坡华语中"给"并没有标记受害者的功能。此外,虽然普通话和新加坡华语一样能用"形容词+过+宾语"的形式表达差比,但北方方言并没有这种用法,然而闽粤方言中同时存在用"比"及"过"引介差比对象的用法,相信现今普通话里的这种用法也是受到了方言的影响。

此外,我们也发现,当同一个功能有多个不同介词可以选择时,新加坡华语口语倾向使用能和南方方言对应的介词,由于没有北方方言的语感,因此有些介词虽然普遍使用于普通话及北方方言用语者的口语中,但对新加坡华语用语者来说,反而带有书面色彩,或是根本就不使用,如标记方向的"朝",标记被动的"叫、让"等。据周一民(2002),北京话常用"往",但不说"向",最常用来表达目标、方向的是"朝",其中"朝"也用来表示终点,如"大伙儿都朝他身上啐唾沫"中的"他身上"就是动作"啐唾沫"的终点。闽语和粤语等南方方言不用"朝"表示终点,而是用"向"或"往",而日常口语中"向"的用法又较"往"普遍,这种现象也体现在新加坡华语口语里。在新加坡华语用语者的语感里,"朝"反而是书面色彩浓厚的介词。此外,标记被动的"叫、让"在新加坡华语里几乎不使用。李如龙(2000)也指出,虽然闽语中"从、由"都是方言与普通话共用的介词,但"从"更被方言认同,"由"的说法则有书卷气。在新加坡华语里,口语里也常用"从"。

由上可见,新加坡华语书面语和口语的介词在使用上出现差异和方言影响是有密切关系的。新加坡华语是在中国"五四"前后期的汉语书面语的基础上发展并建立起共同的书面语的,但从介词的使用上可看出,新加坡华语口语受南方方言如闽粤方言的影响较深,这是造成部分介词在书面语和口语里的使用比例产生较大差距的原因,而受闽粤方言影响而产生的变异用法一般也只出现在口语中,尚未或很少出现在书面语中,造成介词在书面语和口语中的功能并不完全相同。此外,新加坡华语"兼南北"的现象,也是造成书面语中使用的介词比口语更多元的原因。

第五节 "跟、和、同"在
新加坡华语口语里的使用概况

如上一章所述,新加坡华语里的"跟、同"出现了引介受益者的新功能,"跟"更进一步发展出引介受事的新用法。伴随介词的新功能是新加坡华语的特色,然而现有文献并没有针对这两个介词在新加坡华语中的使用习惯进行调查与描写。由于这些新用法一般出现在口语里,书面语里相当少见,因此这一章里我们将从口语语料的角度出发,探讨"跟、同"在新加坡华语里的使用情况。此外,普通话里"跟、同、和"因功能相近,在许多文献里都被归为同一类型来讨论,如朱德熙(1982)、傅雨贤等(1999)、张斌(2010)等,因此,我们将"和"也列入调查范围,另一个伴随介词"与"一般出现在书面语里,故不讨论。

此外,现有关于新加坡华语语法特点的研究都是将所有语料放在一个共时平面上进行描写与论述,并没有考虑到语言会随着时间发展而产生变化。有鉴于此,我们将尝试从纵向研究的角度来探讨"跟、和、同"在新加坡各年龄层的人士里的使用情况。

我们分别从老、中、青三个年龄段来收集口语语料。年长者的语料部分,我们将使用口述历史资料库。我们用随机的方式抽取了7位人士的访谈文稿作为语料,平均每人32分钟,共计约220分钟。他们的资料如下:

名字	籍贯	出生年份	录音年份	录音时年龄
陈愉愿(愿)①	海南文昌	1932	1988	56
王声邦(邦)	福建福清	1927	1982	55
钟文灵(灵)	广东丰顺	1930	1985	55
佘克泉(泉)	潮州澄海	1931	2003	72
杨华强(强)	未知	1947	1999	52
陈加昌(昌)	未知	1931	2006	75
梁庆经(经)	广东顺德	1929	1999	70

---

① 括号中的字为简称。

其中,除了王声邦出生于中国福建,11 岁才来新加坡以外,其他 6 位都是土生土长的新加坡人。若我们假定一个人的语言习惯定型于 30 岁,从他们的访谈中我们可以了解到 1960 至 1970 年代新加坡人的用语习惯。

另外,我们也收集了 5 集的新加坡真人秀综艺节目《美差事苦差事》(以下简称《美》)(2010)中共约 200 分钟的语料。《美》的主持人为王禄江(1971 年生)及李国煌(1968 年生),两人被派遣到各行各业体验不同的差事。除了两位主持人,我们收集的语料也包括节目的参与者,年龄层在 30 至 50 岁。

青少年部分,我们以 5 集的新加坡青少年谈话节目《你在囧什么 4》(以下简称《囧》)(2014)的访谈部分作为语料,每集约 40 分钟。《囧》鼓励青少年大声说出自己心里想说的话,表达自己心里真正的感受。其中,参与者为 17 岁或以上在当地求学的在籍学生,两位主持人李腾和林佩芬的年龄也不超过 30 岁。这一部分语料可体现新加坡 17 至 30 岁青少年的用语习惯。

我们也通过学生作业收集了一些语料,如学生的日常口语对话(共四段,每段约 5 分钟),以及来自新加坡其他综艺节目及当地电影的语料(约 30 分钟,简称"学")。

一、"跟、和、同"的介词用法

(一)介词"跟"

新加坡华语口语中,介词"跟"的使用频率相当高,在谈话录音、综艺节目及口述历史中都频频出现,是新加坡华语中相当普遍的用法:

(191)引介伴随者

a.每天早上我要到学校去,我要<u>跟</u>姐姐一起去。(昌)

b.如果我<u>跟</u>朋友出去没有钱的话会有点尴尬。(《囧》)

(192)引介共同施事

a.早期的海南同乡很少把眷属带来,单身汉也很少<u>跟</u>本地其他籍贯的女性结婚。(愿)

b.当你在<u>跟</u>鳄鱼共处的时候,我相信是一定要有一定的时间,才可以跟它们培养一定的感情在里面。(《美》)

c.你来<u>跟</u>我一起合唱啊。(《囧》)

(193)引介方向

a.根据我妈妈<u>跟</u>我讲,我们全乡的人都是非常穷,可以讲都是穷农民就是。(邦)

b.阿 Boon 啊,我<u>跟</u>你讲,很简单的。(《美》)

c.他突然间跑来<u>跟</u>我说:"呃,You wait ah,I think have!"(学)

新加坡华语里,当动词是"说/讲"时,多用"跟"来引介信息的接收者。祝晓宏(2008)曾指出,新加坡华语中有"向"取代"跟"的现象,如"把看见的事向妈妈讲"。但在我们所收集的语料里并没有发现以"向"代"跟"的说法。

(194)引介行为的对象

a.他动不动就刀子拔出来,不<u>跟</u>你客气。(灵)

b.<u>跟</u>你解释一下这个传统奎笼的作业方法。(《美》)

c.<u>跟</u>人家说话就没有自信。(《囧》)

(195)标记动作行为的起点

a.一般是经过新加坡代理商,<u>跟</u>他们买。(强)

b.现在我们去点心部啊,<u>跟</u>我们的点心师傅呢学习一下。(《美》)

c.我知道以后可以<u>跟</u>谁借钱了。(《囧》)

(196)表示与事物之间有无联系

a.我们<u>跟</u>他们无关。(灵)

b.那么今天呢我们的差事呢都<u>跟</u>鳄鱼有关。同时<u>跟</u>加工处理是有密切关系的。(《美》)

c.因为<u>跟</u>今天的主题是很有关联,是生存法则。(《囧》)

(197)引介比较的对象

a.因为那时候现成镜片<u>跟</u>现在比差很多。(强)

b.它的这个鳄鱼皮<u>跟</u>我的脸皮一样哦。(《美》)

c.就<u>跟</u>她比可怜咯。(《囧》)

以上七种用法在普通话中也相当常见,其中例(194)到例(197)都属于张敏(2008)语义地图里的"方向"。而以下用法却是普通话没有的:

(198)引介受益者

a.甚至于我们还有<u>跟</u>人家裁剪,就是在这个三楼后半部。(经)

b.(巡视客厅)

> A：其实呢，我觉得这个（石膏柱）很有 pop art 的感觉也是，因为
> 也是很 fun 的一个东西。（转身看到鱼缸）所以这个鱼缸我
> 们都得移。
>
> B：Okay 好，我来跟你移。（学）

上述例子所引介的都是受益者，例（198a）中"我们"从"人家"提供裁剪服务中受益，是单纯受益。例（198b）是学生作业里的例子，语料来源于新加坡综艺节目《摆家乐3》。《摆家乐3》是新加坡一个家居设计实况节目，参与竞赛的两户家庭与两名主持人（王禄江和李国煌）根据每集不同的主题，一起设计并装潢住户的客厅。这期的摆家主题为"pop art"，由于参赛者客厅原本摆放的鱼缸并不符合主题，所以主持人王禄江建议把鱼缸移走，参赛者答应并主动提出自己会帮忙移走。可见，"移"的动作本来应该是"你（主持人）"要做的，而"我（参赛者）"代替"你"去做，因此"你"是替代受益。

由上可见，在新加坡老一辈的用语者中，"跟"已经有了引介受益者的功能。然而，在我们收集的语料中并没有发现"跟"引介接受者受益的例子，可见即使"跟"能标记受益事件，但仍有一定局限，只能引介单纯受益及替代受益，并不能引介接受者受益。

（199）引介受事

a. 那么这四年的东西后来我<u>跟</u>它影印成……弄成影印本，去销售。（泉）

b. <u>跟</u>它（椅子）换一下颜色。（学）

c. 我鼻子旁边本来有个痣，然后我就<u>跟</u>它去掉。（《囧》）

例（199b）也是来自《摆家乐3》。"跟"引入受事或作为处置标记，其语法功能与普通话的"把"字句类似，"跟"后名词是后面动词的受动者。潘秋平（2009）也关注了新加坡华语中"跟"标记受事的用法，并举了两个例子：

（200）这幅画你们<u>跟</u>它移动一下。

（201）衣服脏了，<u>跟</u>它洗一下。

就目前收集到的语料来看，"跟"表处置的用法也是在老一辈的口语中就已经出现了，但与"把、将"的功能相比仍有一定局限，"跟"后名词只能是代词"它"，不能是名词。

（二）介词"和"

在我们所收集的语料里，介词"和"的用法仅有一例，用来引介方向：

（202）我老师是跟我……和我和我妈妈讲。（《囝》）

普通话中"和"亦多用作连词，其介词用例比"同、跟"少。

（三）介词"同"

陈重瑜（1983）着重描写新加坡华语中受南方方言影响而形成的特殊语法结构，其研究中提到了"同"的介词用法：

（203）你同他讲。

（204）警告美国不好同越南建立友好关系。

（205）你同我把那本书拿来。

陈重瑜（1983）认为这些用法是受到粤语的影响。从上述例子中，我们发现例（203）和例（204）中"同"分别引介了方向和共同施事。值得关注的是例（205）引入了受益者，即"你"是通过我"拿书"的动作获得好处的对象。由于拿书的动作原本是受益者"你"应该做的，因此"你"属于受益概念中的替代受益。

我们在所收集的语料中并没有发现"同"的介词用法。然而，我们却在口述历史语料库的非本地土生土长的受访者的访谈中发现了介词"同"：

（206）我同他讲一天多少工钱，大工多少，小工多少，价钱比较公开。

（207）还有司学官同校长联络，叫醒南学校的校长来搬。

（208）他们会两种语文，同华校校长交流是讲华语，回去教育部要做英文报告。

（209）我是在店里面同我父亲一块。

例（206）至例（208）的受访者为李志贤，出生于中国福建，在当地接受教育至高中，1953年开始在新加坡醒南学校担任教职。例（209）的受访者为陈鸿陶，中国福州人，1930至1960年代担任新加坡崇正学校校长。例（206）中"他"是信息传递的方向；例（207）及例（208）中"同"引入的对象是共同施事；例（209）则是伴随者，即"父亲"是伴随着"我"的对象。

普通话的介词"同"一样具有引介接受者、共同施事及伴随者的功能，然而却不能引介受益者。新加坡华语里介词"同"的用例也很少，一般用在正式书面语里标记共同施事、伴随者或方向。

二、"跟、和、同"的连词用法

(一)连词"跟"

除了用作介词,"跟"在新加坡华语里作为连词的使用率亦相当高,如:

(210)邱新民跟他太太刘瑜也在那边教。(泉)

(211)他们有一个股东生意就是,一个姓林跟一个姓沈的。(强)

(212)来贵公司呢是了解一下,到底这个鳄鱼皮的加工过程跟程序是怎么样。(《美》)

(213)还有,有些餐厅跟食阁,也是找得到。(《美》)

(214)你是觉得你外貌跟脸型是没有信心的?(《囧》)

(215)明明大家都认识,坐在同一个桌子,但是没有互动跟交流。(《囧》)

(216)那么要买咖啡粉啊,饼干啊。他们饿,他们就可以吃跟喝。(学)

由上可见,连词"跟"多数用来连接名词,如例(210)至例(214)。比较特殊的是例(215)和例(216)中"跟"连接动词的用法。普通话里"跟"一般只连接名词、名词词组或代词,但我们却在新加坡青少年语料中发现了"跟"带动词的用法。例(216)的语料取自学生作业,源自第9集的《美》,出现了"跟"带单音动词的说法。但这种用法在新加坡华语里仍属少数。在普通话中,即便是"和"也很少有连接单音动词的用法。

(二)连词"和"

在我们所收集的语料里,"和"的连词用法有:

(217)不要说马来人跟华人,就是广东人和福建人,他巴不得你常常打架。(灵)

(218)他们的货源都是来自上海和杭州。(经)

(219)这个就是方便你看孩子、看电视和做工,对不对?(《美》)

(220)因为焚化的费用和过程是相当昂贵的。(《美》)

(221)多参加试镜和比赛。(《囧》)

（222）我知道的时候是跟老师<u>和</u>家长见面的时候。（《囝》）

从例（218）中我们可看出在新加坡华语里连词"跟"和"和"是可以交替使用的；例（223）中，"跟"为介词，引介共同施事，"和"则是连词。"和"也可连接短句，如：

（223）那当然我爸爸来的时候我是不知道，我是根据后来我爸爸<u>跟</u>我讲，和我妈妈跟我讲。（邦）

基本上，新加坡华语里"和"的用法与普通话并没有什么区别。唯在使用频率上，连词"和"的用例远低于"跟"，在口述历史中仅有 3 例，《美》中有 2 例，《囝》中则有 7 例。

（三）连词"同"

在所收集的语料里，并没有"同"的连词用法。在普通话里，"同"亦多作为介词使用，较少用作连词。

三、小结

在我们随机收集的口语语料中，连词"跟"共有 60 条，"和"只有 12 条，可见新加坡华语口语里连词"跟"的使用比"和"更为普遍。此外，新加坡华语几乎不用"同"作为连词。从功能上来说，普通话里的连词"和"可以连接各类实词和词组，"跟、同"却只能连接名词成分。然而新加坡华语口语里的"跟"却有连接动词的功能，如例（215）的"互动跟交流"。

综上所述，"和、同、跟"在新加坡华语口语中的使用与普通话有一定的差异，其中，"跟"在新加坡华语的使用最为普遍，介词"跟"除了有普通话的功能外，还能引介受益者、受事及使役。这些功能，是"跟"在新加坡这个移民社会里，在不同方言影响下产生的语法化现象。如"同"的使用只出现在老一辈人士的口语中，在引介受益者的用词选择上，年轻一代更倾向于使用"跟"。"同"在新加坡华语口语中的消失，或许与"同"的方言色彩较浓，不易为新加坡其他方言群体接受有关。

我们在引言部分就已说明，因为新加坡华语的特殊发展背景，其口语与书面语在使用上有着一定的区别。我们在收集语料的过程中发现，在电视综艺节目中，尽管主持人使用连词时多选择"跟"，但在节目旁白的部分，都一律使用"和"作为连词。由于节目旁白一般都有文字剧本，因此在一定程度上可反映出,虽然新加坡华语口语中大量使用连词"跟",但在书面语方面依旧倾向于使用"和"。此外,书面语中介词"跟"的使用也很少。因此,若以新加坡华语书面语为研究对象,我们可能会忽略"和、同、跟"在新加坡华语实际运用中的真正面貌。

参考文献

北京大学中文系 1955/1957 级语言班编　1996　《现代汉语虚词例释》,北京:商务印书馆。

陈建民　1984　《汉语口语》,北京:北京出版社。

陈重瑜　1983　《新加坡华语——语法与词汇特征》,新加坡:新加坡国立大学华语研究中心。

傅雨贤、周小兵、李　炜、范干良、江志如　1999　《现代汉语介词研究》,广州:中山大学出版社。

蒋绍愚　2005　《古汉语词汇纲要》,北京:商务印书馆。

柯理思　2003　《从河北冀州方言对现代汉语[V 在+处所词]格式的再探讨》,戴昭铭主编《汉语方言语法研究和探索——首届国际汉语方言语法学术研讨会论文集》,哈尔滨:黑龙江人民出版社。

李临定、周清海　2002　《新加坡华语词汇和中国普通话词汇比较》,周清海主编《新加坡华语词汇与语法》,新加坡:玲子传媒。

李如龙　2000　《闽南方言的介词》,李如龙、张双庆主编《介词》,广州:暨南大学出版社。

李宇明、陈前瑞　2005　《北京话"给"字被动句的地位及其历史发展》,《方言》第 4 期。

刘丹青　2003　《语法化中的共性与个性,单向性与双向性——以北部吴语的同义多功能虚词"搭"和"帮"为例》,吴福祥、洪波主编《语法化与语法研究》(一),北京:商务印书馆。

刘慧博　2010　《新加坡华语与普通话的分歧研究》,黑龙江大学硕士学位论文。

陆俭明、张楚浩、钱　萍　2002　《新加坡华语语法的特点》,周清海主编《新加坡华语词汇与语法》,新加坡:玲子传媒。

吕叔湘　1979　《汉语语法分析问题》,北京:商务印书馆。

吕叔湘主编　1999　《现代汉语八百词》(增订本),北京:商务印书馆。

潘秋平　2009　《从方言接触和语法化看新加坡华语里的"跟"》,吴福祥、崔希亮主编《语法化与语法研究》(四),北京:商务印书馆。

吴福祥　2003　《汉语伴随介词语法化的类型学研究——兼论 SVO 型语言中伴随介词的两种演化模式》,《中国语文》第 1 期。

项梦冰　1997　《连城客家话语法研究》,北京:语文出版社。

邢福义　2005　《新加坡华语使用中源方言的潜性影响》,《方言》第 2 期。

张　斌主编　2010　《现代汉语描写语法》,北京:商务印书馆。

张　敏　2008　《空间地图和语义地图上的"常"与"变":以汉语被动、使役、处置、工具、受益者等关系标记为例》,南开大学文学院学术报告会。

周一民　2002　《现代北京话研究》,北京:北京师范大学出版社。

朱德熙　1982　《语法讲义》,北京:商务印书馆。

祝晓宏　2008　《新加坡华语语法变异研究》,暨南大学博士学位论文。

Matthews, S. & V. Yip　1994　*Cantonese: A Comprehensive Grammar*. London: Routledge.

Van Valin, R. D. Jr. & R. J. LaPolla　1997　*Syntax: Structure, Meaning and Function*. Cambridge: Cambridge University Press.

Wang, W.　2012　The Semantic Map of the Spatial Motion Domain and Related Functions. University of Hong Kong, M.A. Thesis.

第六章 新加坡华语中的
新兴连词"等一下"*

第一节 引言

本章主要探讨新加坡华语的连词"等一下"的用法。除了作为时间顺序的标记,"等一下"还可用作条件句(conditionals)的标志,而后者属新加坡华语特殊的用法。此用法极可能源于语言内部的发展规律与语言接触两者的影响。

新加坡是一个多元民族、多元语言的国家。根据总理公署所公布的资料,截至 2014 年,组成新加坡人口的族群比例为华族 76.2%、马来族 15.0%、印度族 7.4% 与其他族裔 1.4%。① 新加坡有四种官方语言:英语、华语、马来语及淡米尔语。就华族而言,除了华语以外,也有说南方方言的,以福建闽南语、潮州话、海南闽语和广东粤语为主。这种多元语言的背景使语言接触及方言接触成为普遍现象。有关新加坡社会的人口结构和语言使用情况,本书第一章已做了较详细的说明,这里不再赘述。

一般而言,促成语言演变的主要因素有二:一为语言内部的一般发展规律,另一为语言接触(language contact)所引起的外部影响,而两种因素又能相互影响。现有的研究都承认闽语、粤语是新加坡华语和新加坡英语的底层语言(陈重瑜 1983;祝晓宏 2008;Chen 2002;Lim 2004),而在新加坡闽南语(新加坡华语的底层语言之一)中,(khaʔ)tan 或 tan(tsit)e ["(多)等一下"]可作为条件标志,特别是用于表达威胁或警告。另一方面,"等一下"也可能处于历时语法化的演变过程当中,而方言接触犹如催化剂,使一般需时较长的历时语法化过程只需经过较短的时间就得以完成。

---

* 本章由潘秋平改写自 Chen(2002)。

① 引自 http://www.nptd.gov.sg/portals/0/homepage/highlights/population-in-brief-2014.pdf。

第二节　新加坡华语的连词"等一下"

根据沈阳、郭锐主编的《现代汉语》(2014)，我们能把西方语言学界所讨论的条件句细分成四小类，即充分条件关系句、必要条件关系句、假设条件关系句和任意条件关系句。这四类条件句的关联成分并不完全相同，而我们这里着重讨论的新加坡华语"等一下"这个关联成分，仅出现在假设条件关系句里。因此接下来的讨论将集中在新加坡华语的假设条件关系句上。作为假设条件关系句的关联成分，"等一下"在语法功能上和"如果"大致相当。说它们相当，而不是完全相同，就在于它们的句法分布虽有一致之处，但并非在所有的情况下，它们都能轻易互换。此外，在新加坡华语里，充当假设条件关系句的关联成分除了"等一下"，还有"如果"。有鉴于此，本节除了探讨"等--下"在新加坡华语中的特殊用法外，还会立足于本书所坚持的原则，尝试从新加坡华语语法的系统性角度来分析这两个关联成分之间的关系和作用。

根据 Chen(2002)，新加坡华语中有一种特殊的条件句，以表时间顺序关系的连词"等一下"作为条件标记。例如：

(1) 你不专心，等一下给老师骂。

'（如果）你不专心，就会让老师骂。'

(2) 你乱乱做，等一下给人家骂。

'（如果）你乱做，就会被骂。'

(3) 你不要迟到，等一下你妈妈生气。

'你别迟到，不然你妈妈会生气。'

(4) 等一下你乱跑，会不见。

'你要是乱跑，就会走丢了。'

(5) 等一下你没有做 hor，就会给他骂。

'如果你没有（把事情）做好，他就会骂你。'

(6) 为什么你这样慢？等一下没有了，你就知道。

'为什么你这么慢？要是没有了，你就知道（后果）。'

　　完整的条件句都包含条件小句（protasis）和结果小句（apodosis），而根据Chen（2002）的分析，"等一下"作为假设条件句的标记，既可以出现在主句或结果小句上［例（1）—（3）］，也可以出现在从句或条件小句上［例（4）—（6）］。她进一步指出这种用法在普通话里是没有的，而上述例子都传达了一种威胁或警告的作用，把行动的后果说出来，以示警告。从本书第二章的文献回顾，我们其实不难发现在新加坡华语语法的描写和分析中，不论是最早的陈重瑜（1983），还是较近期的祝晓宏（2008），都不是很重视连词方面的问题，因此在这个背景下，Chen（2002）的这项观察就很好地补充了新加坡华语语法研究中关于连词系统方面的不足，而我们也可以在此基础上进一步讨论"等一下"这个连词在新加坡华语中的功能及使用情况，以期对它的产生过程有更深入的了解。

　　下面的讨论分两部分，第一小节着重分析"等一下"这个句法形式在新加坡华语中的使用情况，而第二节则着重从系统性的角度比较"等一下"和新加坡华语中的另外一个假设条件句标记"如果"在功能上的异同，以期对它们之间的分工有更清晰的认识。

一、既是词组，也是词的"等一下"

　　"等一下"这个表层的句法形式在新加坡华语中既可以是词组，也可以是词。作为词组，"等一下"可分析为"等+一下"，是"V+一下"这个用以表示祈使（imperative）的抽象句式的一个示例（instance）。其他相关的例子还包括"坐一下""看一下""试一下"等。

　　此外，"等一下"也是个词，而作为一个词，除了具有 Chen（2002）所指出的假设条件连词用法外，它也能充当表示后一事件承接前一事件的时间顺序连词。具有这个语法功能的连词有一些特点，首先它既能出现在后一个分句，也能出现在前一个分句上，但必须注意的是，由"等一下"引入的分句只能表示将来时。例子如下：

　　　　（7）你先看一下材料，等一下经理就出来了。

　　　　（8）你先看一下材料，经理等一下就出来了。

　　这两个例子中的"等一下"都出现在后一个分句上，而由于前一个分句有"先"这个时间副词，因此"等一下"只能是个时间顺序连词，把"看材料"和

"经理就出来"两个未发生的事件按时间顺序给联系起来。须指出的是,前一个分句也可以是已然的事件:

(9)你现在刚吃了饭,等一下才吃药。

例子中的"才"体现了新加坡华语在副词方面的特点(邢福义 2005),而在上述的例子里,"等一下"也是个时间顺序连词,把"吃饭"这件已发生的事和"吃药"这件未发生的事按时间顺序给联系起来。例(7)至(9)中的"等一下"都能被"稍后"替换,如:

(10)你先看一下材料,稍后经理就出来了。

(11)你现在刚吃了饭,稍后才吃药。

上述例子中的"等一下"皆出现在后一个分句上,而其句法位置既可在逻辑主语的前面也可以紧随其后,"稍后"也一样:

(12)你先看一下材料,稍后经理就出来了。

(13)你先看一下材料,经理稍后就出来了。

此外,时间顺序连词的"等一下"还能出现在前一个分句上,

(14)等一下他来了,麻烦你请他进来。

在这个句法位置上,"等一下"也能被"稍后"替换:

(15)稍后他来了,麻烦你请他进来。

须指出的是,出现在前一个分句的"等一下"在语法功能上虽然也是一个连词,但是其具体的作用却和出现在后一个分句的"等一下"不完全相同。将例(14)的"等一下"分析为连词,原因就在于只要后一个分句不出现,整个句子就变得不合语法:

(16)*等一下他来了。

出现在后一个分句的"等一下",其功能是按时间顺序把前一句的事件和后一句的事件联系起来,而出现在前一个分句的"等一下"则不具备这种作用。下面例(17)虽没有"等一下",但也同样能通过分句并列的形式把两个事件联系起来:

(17)他来了,麻烦你请他进来。

虽然如此,我们也发现若把"等一下"添加在前一个分句上,则例(17)中的"他来了"这个事件由于是在说话之后的某段时间内实现的,因此就从已然变成了未然。只要把例(14)和(17)进行简单的比较就很容易体会到这层差异。

上述"等一下"的用法也见于普通话中,因此也不难从北京大学中国语言学研究中心语料库中找到例子:

(18)叶老阻止他,说:"你不必记,等一下我给你发言稿。"

(19)"你不用担心,就留在这里好了。我等一下再来,把你带到安全的地方去。哦,你是商人的女儿吧。"

一旦我们对"等一下"作为时间顺序连词的功能有了了解之后,便可在这个基础上重新考察 Chen(2002)的例子。我们认为她举出的前三个例子中的"等一下"能否分析为假设条件标记还可以再做进一步讨论。首先,我们认为例(1)和(2)这两个例子中的"等一下"是可以分析为时间顺序连词的。只要在这两个例子的前一个分句上添加"现在"这个时间名词,"等一下"的这种功能就获得了凸显:

(20)你现在不专心,等一下给老师骂。

(21)你现在乱乱做,等一下给人家骂。

当然,我们也必须承认一旦没有"现在"这个词,例(1)和(2)确实也具有被分析为假设条件句的资格,其中的原因其实不难理解。Dixon(2010:135)就指出:

It is likely that all languages have some means for marking temporal connection between clause, including a 'when' linkage and generally also '(and) then'.

所有的语言极有可能都具一些手段来标记子句之间的时间顺序。这种手段包括了对等于现代英语中的"when"连接和"(and) then"连接。

他还进一步指出:

'When' refers to a temporal connection between events: for example, [When]MS[Stephen ate pork]S[he got stomach-ache]F. There may be temporal linkage between generalized events, and then when can be replaced by if, with similar meaning:

(5)When/ifMS [John eats pork]S [he gets stomach ache]F①

现代英语中的"when"在时间上连接两个事件:例如,

---

① S 和 F 分别指的是辅助子句(supporting clause)和焦点子句(focus clause),而 MS 则是附着于辅助子句的标记(marker attached to supporting clause)。

［When］辅助子句的标记　［Stephen ate pork］辅助子句　［he got stomach ache］焦点子句。两个事件之间存在时间上的顺序关系,而我们也能在保持相同意义的情况下以 if 来替换 when:

（5）When/if辅助子句的标记　［John eats pork］辅助子句　［he gets stomach ache］焦点子句

由此可见,时间顺序连词和假设条件连词在语言中采用同样一个形式(form)是相当普遍的。此外,根据 Comrie(1986)对假设条件句所进行的类型学考察,我们知道假设条件句具有一些显著的特点,而其中一个就是两个分句所表述的事件具有因果关系(即条件句或从句为因,结果句或主句为果):

…conditionals require a stronger link between protasis and apodosis. In most instances…this link is causal, i.e. the content of the protasis must be interpretable as a cause of the content of the apodosis.

……假设条件句要求条件小句和结果小句具有更强的联系。在多数情况下……这种联系和因果有关,即条件小句的内容必须被理解为导致了结果小句的内容的产生。

由于时间顺序句和假设条件句中的前后两个事件都存在时间先后的关系,因此假设条件句的一个重要标志就是这两个事件之间必须存在因果关系。这一特点就能解释何以例(7)至(9)中的"等一下"仅能分析为时间顺序标记,而例(1)和(2)中的则可以有两种不同的分析。另外,我们也发现如果前一个分句的事件已成事实,则这两个例子中的"等一下"就仅能做时间顺序标记处理。这层意思,赵京战(1994)就有很好的说明:

逻辑常识告诉我们,在具有假设义的两个分句中,偏次分句所假设的情状事物,在发论之时必须是未出现过的。如果已成事实,即为就事而发论,不必进行假设;句子既无假设之意,句中必无假设之词,这是必然的。

这个分析在类型学的研究中也得到呼应。Comrie(1986)就很精辟地指出:

Conditionals are of course still distinct from causal constructions, in that causal constructions involve commitment to the truth of two propositions, thus:

(12) Since you're leaving now, I won't go with you

commits the speaker to believing that the addressee is leaving now and that the speaker will not go with the addressee, whereas:

(13) If you're leaving now, I won't go with you

commits the speaker to neither.

假设条件句和因果句当然有分别。这种分别就体现在因果句要求说话者相信两个命题都具有真值性,因此:

(12) Since you're leaving now, I won't go with you

既要求说话者相信听话者将要离去,也要求说话者不会尾随听话者离去。反之,

(13) If you're leaving now, I won't go with you

则未要求说话者须对两个子句的内容有任何的表态。

由此可见,假设条件句的前一个分句所表述的事件不能是已然,而且若要清楚地和因果句区分开来,我们还必须认识到在假设条件句中,说话者并不一定相信前后两个分句中的事件都是真实的。我们可以用下面两个例子来说明:

(22) 既然你要走,我就告辞了。

(23) 如果你要走,我就告辞了。

用"既然"做标记的句子,要求说话人对"你要走"的事件持有相信和肯定的态度,而以"如果"为标记的句子则没有这层含义。根据这个区别,前者是因果句,而后者是假设条件句。一旦掌握这个判断标准,再重新审视例(20)和(21),就不难明白在加入了"现在"之后,由于凸显了说话人对听话人的行为(如不专心、乱乱做)持有相信和肯定的态度,因此它们就无法被理解为假设条件句。虽然如此,我们也发现如果我们把前后两个分句所表述的事件之间的时间跨度拉长,即后一分句中的事件无法在前一个分句中的事件实现之后的瞬间内也实现,则会获得一个不符合语感的句子:

(24)? 你现在不努力学习,等一下找不到好工作。

我们的测试也揭示了说新加坡华语的人只要把这个句子理解为一个假设条件句,则马上变得合语法:

（25）你现在不努力学习，等一下找不到好工作。

我们再看例（3），下面下重引为例（26）：

（26）你不要迟到，等一下你妈妈生气。

据 Chen（2002）的分析，这个例子中的"等一下"可以理解为假设条件连词，而我们也可以用"不然"这个能加强假设含义的词来翻译例（26）的"等一下"，但只要我们在前一个分句上加上"最好"，强调"迟到"是说话人认定即将发生的事，就能发现这个"等一下"的功能还是在按时间顺序把两个事件给联系起来：

（27）你最好不要迟到，等一下你妈妈生气。

但是一旦没有"最好"，如例（26），而说话人对听话人是否会迟到也不持有相信和肯定的态度，则这个例子就有可能被分析为假设条件句。

换言之，出现在后一个分句中的"等一下"既可以是时间顺序标记，也可以是假设条件标记。决定的因素除了包括两个分句所表述的事件之间是否存在因果关系外，还涉及了前一个分句的事件是否已成事实或说话人认为它即将成为事实的因素。根据以上讨论，我们这里稍做总结。新加坡华语中的下列句法形式可以用来表示两个事件之间（由例子中的 S_1 和 S_2 来表示）的时间顺序关系，也可以用来表示它们之间的假设条件和假设结果的关系：

（28）S_1，等一下 S_2。

如果满足下列两个条件则可把上述句法形式中的"等一下"分析为假设条件标记：（一）S_1 和 S_2 具有因果关系；（二）S_1 除了必须是个未然的事件外，也必须是说话者并不认为已成事实或即将成为事实的事件。

明白了这两个标准，我们继续讨论 Chen（2002）的最后三个例子。它们的句法形式如下：

（29）等一下 S_1，S_2。

例子再引如下：

（30）等一下你乱跑，会不见。

　　　'你要是乱跑，就会走丢了。'

（31）等一下你没有做 hor[①]，就会给他骂。

---

① 关于 hor 的分析，请参考本书第八章。

'如果你没有(把事情)做好,他就会骂你。'

(32)为什么你这样慢？等一下没有了,你就知道。

'为什么你这么慢？要是没有了,你就知道(后果)。'

判断它们是假设条件句似乎直接、简单许多,而这可能是由几个原因造成的。首先,这三个例子的前后分句都存在因果关系,而且也因为"等一下"这时是出现在前一个分句,因此这个分句所表述的事件一定只能是未然的,而根据之前所建立起来的两个条件,它们很轻易就符合了假设条件句的大部分条件。余下的问题就是例子里前一个分句的事件是否是说话人相信即将实现的。我们认为例(30)和(31)确实是如此,但例(32)由于开头有"为什么你这么慢？",因此这已强调了"没有了"这个事件虽然是未然的,但却是说话人相信即将会发生的,因此严格说来,这个例子中的"等一下"仅是个时间标记。"等一下"出现在前一个分句比出现在后一个分句上更容易被分析为假设条件句标记,这或有类型学上的原因。Comrie(1986)就引用 Greenberg(1963:84—85)的研究成果,指出假设句一般都是条件句在前:

In conditional statements, the conditional clause [= protasis, BC] precedes the conclusion [= apodosis, BC] as the normal order in all languages.

在众多语言里,假设条件句一般以条件小句前置于结果小句。此外,他还指出:

Overt marking of the protasis seems to be the commonest situation crosslinguistically, and languages like Mandarin and Ngiyambaa that do not mark the protasis overtly seem to be the exception rather than the rule.

通过跨语言比较,条件小句有明显的标记是常见的。像汉语和 Ngiyambaa 语等不在条件小句上加上明显的标记,这属于例外的情形。

基于上述原因,"等一下 S_1, S_2"一般都会被以新加坡华语为母语者视为假设条件句。最后,我们还希望借下面的例子提出一个观察:

(33)等一下我到了学校,再给你发电邮。

这个句子符合"等一下 S_1, S_2"的句法形式,而由于 S_1 和 S_2 这两个事件之间没有因果关系,因此这个"等一下"仅是个时间标记。值得注意的是,我们

能轻易地把例(33)中的"等一下"替换成"如果":

（34）如果我到了学校,再给你发电邮。

值得注意的是,虽然 S₁ 和 S₂ 这两个事件之间没有因果关系,但是当"如果"取代"等一下",整个句子就成了假设条件句,而说话人对"我到了学校"这个事件是否为真并没有持肯定的态度。这样的例子就说明:我们虽然把新加坡华语中的"等一下"分析为假设条件标记,但是也必须指出,比起"如果",它依旧不是那么典型,也不是那么虚化,以至它依旧保持着"等一下"作为时间顺序连词的一些特征。我们还可以进一步以更多的例子来说明这个观察:

（35）等一下你没有做 hor,就会给他骂。

（36）如果你没有做 hor,就会给他骂。

表面上,例(35)和(36)完全一致,但是如果我们在前一个分句里加入"现在"这个时间名词,则能发现前者为非法,而后者依旧合法:

（37）*等一下你现在没有做 hor,就会给他骂。

（38）如果你现在没有做 hor,就会给他骂。

以下,我们讨论一下 Chen(2002)的一个重要观察。她指出以"等一下"为假设条件标记的例子都起到了一种威胁或警告的作用:通过把行动的后果说出来,以示警告。我们认为这些例子在句法形式上虽都是假设条件句,但是从所要传达的信息的角度看,这些例子都有祈使的意味。以例(1)的"你不专心,等一下给老师骂"为例,由于两个事件有因果关系,再加上前一句的事件可以是未然的,因此可以分析为假设条件句,但说话者说这句话的时候,其目的却是要对听话者进行规劝,希望他别不专心,因此起到一种劝止的作用,以期达到劝止的目的。在跟祈使和命令有关的类型学研究中,学者们就已提出假设祈使(conditional imperative)的句法范畴。一个相似的例子是:

（39）Do that again and you'll regret it.

Aikhenvald(2010:235)以例(39)进行说明:

It implies that 'if you do that again, you'll regret it', and can be further interpreted as an indirect way of saying 'Don't do it again' — the opposite meaning to that of the imperative clause used on its own. The negative directive meaning results from the overtones of indesirability conveyed by the second clause —'you'll regret it'.

　　意味着"如果你再犯,你会后悔的"可以进一步被解读为以间接的方式道出"别再犯了"的意思。这个意思和例子中的祈使句单独使用(即"再犯")的意思恰好相反。例子中的劝止意义源自于第二个子句(即"你会后悔的")所传达出的不适宜义。

正因为以"等一下"为假设条件标记的例子也具有劝止的作用和目的,因此以新加坡华语为母语的人总觉得以下的例子有些别扭。

　　(40)你专心学习,等一下会找到好工作。

这是个很有意思的现象,我们在这里虽无法全面展开讨论,但我们相信如果能从新加坡华语语法的系统性角度出发,再结合新加坡华语语法的其他课题,如祈使句、标句词(complementizer)"说"的细致分析,则应有更多的发现。

二、新加坡华语中的假设条件标记:"等一下"和"如果"

　　吕叔湘(1999)指出"如果"用于"表示假设",且其中一个用法是"用于前一小句,后一小句推断出结论或提出问题"。按照这个分析,"等一下"作为一个假设条件连词似乎和"如果"一样,但仔细考察,还是能发现它们之间并不完全对等。要讨论这个课题,我们首先必须有一个分析框架。邢福义(2001:83—89)曾根据书面语材料把"如果"句分为推知、应变、质疑、祈使、评说和证实六类,而李晋霞、刘云(2009)也根据后一个分句是否是断言,把推知类"如果"句中的推理语境分为断言推理、非断言推理两种。所谓"断言,即下判断",非断言"则是断言之外的其他'言语行为'",而这些言语行为就包括了许诺、委婉命令、提醒、提问四种。我们认为邢福义的第一类对应于李晋霞、刘云的断言推理,而其他五类则是大致对应于李晋霞、刘云的非断言推理。按这个分类标准,再根据上一小节的讨论,可发现新加坡华语的"等一下"主要出现在非断言推理,因此如果从系统的角度探讨新加坡华语的假设条件句,一个很初步的结论就是:在断言推理上,新加坡华语作为一种口头语言主要用"如果"做标记;而在非断言推理上,则以"等一下"为标记。必须指出的是,这个分布情形在新加坡华语的书面语中并不容易被观察到。

　　以下我们尝试根据邢福义(2001)和李晋霞、刘云(2009)的分类及所提供的例子,对上述的结论做出初步的分析。推知类"如果"句的特点是由前一个分句 S$_1$ 表述某种假设以推断出后一分句 S$_2$ 所表述的某种结果。这类句子的主要特点在于客观地展示事物的发展,他们举的其中一个例子如下:

（41）一千四百方石头,如果四个月的任务争取三个月完成的话,连起带运,每人每天至少得搞一方石头。

（42）如果没有丰富的知识,就不可能有丰富的联想。

（43）如果形象的语言像火,使人振奋,那么逻辑严密的语言就像冰,使人清醒。

前两个例子取自邢福义（2001）,而后一个例子取自李晋霞、刘云（2009）。我们尝试以"等一下"换例子中的"如果":

（44）*一千四百方石头,等一下四个月的任务争取三个月完成的话,连起带运,每人每天至少得搞一方石头。

（45）*等一下没有丰富的知识,就不可能有丰富的联想。

（46）*等一下形象的语言像火,使人振奋,那么逻辑严密的语言就像冰,使人清醒。

由此可见,上述的结论是能成立的。虽然如此,我们还可进一步观察以下的例子:

（47）还有斑蝥,如果用手指按住它的脊梁,便会啪的一声,从后窍喷出一阵烟雾。

邢福义（2001）也把这个例子列为推知类的"如果"句,而我们发现,在新加坡华语中,这个例子中的"如果"却能被"等一下"替换:

（48）还有斑蝥,等一下用手指按住它的脊梁,便会啪的一声,从后窍喷出一阵烟雾。

这提示我们"等一下"在新加坡华语中其实也能出现在推知类的假设条件句中,但却有一定的限制。通过对比,我们初步推测如果前后两个分句存在因果关系,则"等一下"能替换"如果",不存在则不能。下列的例子就显示了前后两个分句之间若仅存逻辑关系,则"等一下"无法替换"如果":

（49）如果山是雄壮的标志,那么,水则代表着柔情。（李晋霞、刘云 2009）

（50）*等一下山是雄壮的标志,那么,水则代表着柔情。

　　第二类的应变类"如果"句是由前一个分句 S_1 所表述的某种假设引出 S_2 所表述的某种应变的行动,重在表明主观的态度和对策,而后一个分句的主语一般为第一人称。例子如下:

　　　　(51)如果你不娶我,我就死。

　　　　(52)等一下你不娶我,我就死。

　　　　(53)你等一下不娶我,我就死。

　　第三类为质疑类"如果"句,它是由前一分句 S_1 所表述的某种假设引出某种疑问,而后一分句 S_2 多为疑问句。例子如下:

　　　　(54)如果你那个车间完不成计划,理由是什么?

　　　　(55)等一下你那个车间完不成计划,理由是什么?

　　第四类为祈使类"如果"句,这是由前一分句 S_1 表述的某种假设引出某种祈使,而后一分句 S_2 多为祈使句。例子如下:

　　　　(56)如果把故事写进小说,千万不要把他写成英雄。

　　　　(57)等一下把故事写进小说,千万不要把他写成英雄。

　　我们这里虽未列尽所有的类型,但基本的格局却是相当明显的,"等一下"在新加坡华语中主要还是用在非断言推理上,而这和 Chen(2002)所指出的这类句子都起到一种威胁或警告的作用是一致的。

　　此外,Li & Thompson(1981:646—651)也曾就现代汉语假设条件句的语义进行分析,认为由"如果"标记的这类句子能传达三类重要的信息,分别为真实性(reality)、假设假想性(hypothetical imaginative)和反事实假想性(counterfactual imaginative)。由于英语能通过形式标记,如助动词以及它们所带的时体标记把这三类假设条件句区分清楚,因此这里就借用英语的例子尝试把它们分开。Li & Thompson(1981:646—647)有如下的分析:

　　　　There are essentially three important types of messages that conditional sentences can express. With illustrations drawn from English, these are:

　　　　(i)Reality — a conditional relation between two propositions referring to the so-called real world:

　　　　　　(51)If you heat water to 100 degrees, it boils.

　　　　　　(52)If you step on the brakes, the car slows down.

...

(ii)Imaginative — expressing a proposition about unreal or imagined situation, one that diverges from the real world:

(a)Hypothetical — what could be true in some imaginary world:

(56)If I saw the queen, I'd bow (I could imagine seeing the queen).

(57)If we moved, we could have a garden (I could imagine moving).

...

(b)Counterfactual — what *could* have been true but *was not*:

(59) If you'd taken algebra, you would know this formula (but you didn't take algebra).

(60) If you'd listen to me, you wouldn't have suffered (but you didn't listen to me).

条件句可表达三类不同的意思。以英语为例,这三类意思是:

(i)事实:现实世界中两个命题的条件关系

(51)If you heat water to 100 degrees, it boils.

(52)If you step on the brakes, the car slows down.

......

(ii)想象:表达一个不真实或想象的境况,而这个境况与现实世界发生的有所不同:

(a)假设:在某些想象的世界中可能成真:

(56)If I saw the queen, I'd bow (I could imagine seeing the queen).

(57)If we moved, we could have a garden (I could imagine moving).

......

(b)反事实:本可成为事实但最终却不是:

(59) If you'd taken algebra, you would know this formula (but

you didn't take algebra).

(60) If you'd listen to me, you wouldn't have suffered (but you didn't listen to me).

根据上述的分析,新加坡华语中的"等一下"既能用于表真实性的假设条件句中:

(58) 等一下你踩一下刹车器,汽车就会慢下来。

也能用于表假想性的条件句中:

(59) 等一下你被车撞到,我们怎么办?

表假想性的假设条件句又可进一步分为假设假想性和反事实假想性,以"如果你被车撞到,我们怎么办"为例,它们之间的区别是(Li & Thompson 1981:650):

The hypothetical interpretation would be appropriate, for example, as a response by a concerned family member to the announcement that someone has decided to deliver newspapers by riding a motorcycle in a congested urban area. The counterfactual interpretation, on the other hand, would be appropriate if a parent were admonishing a child who had just crossed the street without looking for oncoming traffic.

由于这段话相当重要,我们这里以黄宣范的翻译把上述的意思表达出来:

假如有人决定骑着一辆摩托车到拥挤的市区送报,他的家人就可以用此句"假设的"诠释作为回答。"与事实相反的"诠释则适用于一个小孩刚刚闯红灯走过来,他父母亲警告他的话。

根据这个说明,我们认为例(59)的"等一下"仅能用于假设假想性的条件句,而无法用于反事实假想性的条件句。反事实假想性强调的是以与已发生的事实相反的情景作为条件,因此一个重要的测试就是我们能在它的前一个分句中添加时间词"刚才",如:

(60) 如果你被车撞到,我们怎么办?

(61) 如果你刚才被车撞到,我们怎么办?

例(60)可理解为体现了假设假想性和反事实假想性;但是例(61)因添加了"刚才",就说明了听话者在这之前曾经鲁莽地越过马路,但并未被车撞到,因此这一句话所体现的就仅能是反事实假想性。根据这个测试标准,我们也尝试以"等一下"替换例(61)中的"如果",所得到的结果却是个非法的句子:

（62）* 等一下刚才你被车撞到,我们怎么办?

这就较清楚地证明"等一下"在假想性的条件句中,完全无法用于反事实的情景。

第三节　新加坡华语的"等一下"
和接触引发的语法化

前面我们描述了"等一下"在新加坡华语中的用法,而这一节我们尝试解释什么是语法化并说明为什么我们会认为接触引发的语法化(contact-induced grammaticalization)在这个演变过程中起到了一定的作用。

一、什么是语法化?

Hopper & Traugott(1993,2003)指出语法化包含从较少语法意义到较多语法意义的演化,因此语法标记经语法化后,可能继续虚化。这种演变一般涉及较少语法意义的词汇成分逐渐语法化为较抽象的语法成分的进程。Lichtentberk(1991:39)提出了"功能逐渐演化原则"(principle of gradual change in function),可用以下形式概括:

A→B→C,而非 A→C→B

Lichtenberk 提出的原则包含了这样的假设:尽管不同语言演化的速度各异,但语言的演变并非随机发生,而是按照一定的顺序进行。这种演变过程一般由语法化"链"、语法化"路径"或语法化"斜坡"(grammaticalization 'chain', 'pathway' or 'cline')反映出来。Hopper & Traugott(1993:7;2003)通过跨语言的考察归纳出一个具普遍意义的典型语法化"斜坡":

实义词>语法词>附着词>屈折词缀

这种理论假设了语法化进程的单向性(unidirectionality)。此外,学者普遍认为语法化链有跨语言的共性特征(universal),不同语言(相关或不相关)在语法化的过程中往往遵循相同或相近的语法化模式或语法化路径(见 Bybee 1988,1997,2002;Hawkins 1988,1990)。如上所述,语言的语法词或语法标记往往由实义词演变而来。不同语言的语法化研究显示语法化源头的词汇项（lexical source）选择呈现了跨语言的共性，也就是说，词汇项的选择不是随机的，而似乎是选择自一组特定的实义词，即 Heine et al.（1991:32）所指的实义词汇概念组（lexical source concepts）；这组词汇项主要包括表实物、过程或处所的实义词。实义词汇概念（或词汇项）也可源于与人类经验、行为或思想有关的基本活动。词汇项一般以词位的形式（lexemic forms）表现出来，如动词 do、make、come、arrive、leave，以及表示状态的动词如 stay、exist、want、like（Heine et al. 1991:35）。由于与人类基本经验挂钩，词汇项不受文化差异的影响，因为来自不同语言文化的民族对这些基本概念的理解是相似的。也就是说，词汇项具有跨语言的有效性，是各语言所共同拥有的（另参见 Bybee et al. 1994）。这在一定程度上解释了为什么属于不同语系的语言在语法化的过程当中具有相同或相似的语法化模式或语法化途径（Bybee 1988，1997，2002；Hawkins 1988，1990）。

吴福祥（2005a，2005b）考察了汉语句法意义的演变，发现很多在跨语言研究中反复出现的语法化模式和路径也都可以在汉语里观察到。吴福祥（2005b:108—111）就例举了 37 个相同的语法化路径。另一方面，语法化研究也显示出不同词汇项的语法化路径经常在发展的过程中趋同。例如，各个语言当中的未来标记大部分都由几个特定的词汇项演变而来（Bybee et al. 1994），而 Traugott（1985:290—292），Haiman（1985）及 Hopper & Traugott（1993:179;2003:186）在归纳了不同语言中形成条件标记的五种源词后，指出其中以"表示持续的时间词"最为普遍。Hopper & Traugott（1993:79）认为这反映出条件性（conditionality）是以时间上的持续性为先决条件：

[T]he fact that conditionals derive from durative temporal relation-ships … can be seen to reflect the fact that conditionality presupposes an extant（durative）condition.

假设条件句从持续时间关系中发展出来……这能被视为假设条件性是以时间上的持续性为先决条件的。

Traugott（1985:295—296）就举了以下的例子，并引用框架（frame）的概念来加以说明：

（63）When Bill came home, John left.

上例中 John 的离开是设定在 Bill 回来的框架之内的。句子有歧义,可解读为时间句或假设条件句。When 作为时间标记表达了"Bill 某次回来的特定场合",而作为假设条件标记则表达了"Bill 回来的所有场合"。When(当)的条件含义与 whenever(每当)一样,为所有相关场合设置了框架。在汉语史的研究中,我们也能找到类似的例子。其中一个就是"时"(例子取自江蓝生2002):

（64）臣妾饮时,号曰发装(妆)酒,圣人若饮,改却酒名,唤甚即得? 唤曰万岁杯。(《敦煌文集·韩擒虎话本》)

江蓝生(2002)指出例子中的"臣妾饮时"与后面"圣人若饮"相对,句子的意思明显是"臣妾若饮"。她还进一步对"时"如何由时间词逐步演变为假设条件句标记做了如下的分析:

作为时间名词,"时"可以指过去、现在、将来任何一个时段或时点。例如:"忆昔少年时,求神愿成长。"(寒山 159)此指过去某时段。"闻身强健时,多施还须喫。"(王 067)此指现在之时。"嗟见世间人,个个爱吃肉。……阎罗使来追,合家尽啼哭。炉子边向火,镬子里澡浴。更得出头时,换却汝衣服。"(拾得诗)末两句指来生将变作畜生禽兽,身披毛羽,"时"指将来。指过去或现在的表示行为动作或事件业已发生,即已然;指将来的表示行为动作或事件尚未发生、实现,是将然、未然。假设的行为、事件显然是尚未发生的,所以,表示假设的助词"时"应是首先从表示将然、未然的时间名词虚化而来的。

江蓝生(2002)最后总结:

诱发时间名词"时"语法化的句法语义条件是:出现在时间条件短语或小句末尾,表示动作或事态是没有实现的、未然的;当"VP 时"的"时"实词意义弱化时,就发生了语法化。

这其实也很好地说明"等一下"在新加坡华语中如何从一个表将来时的时间顺序标记词,通过语法化途径而演变出假设条件标记的作用。

二、语法化与方言接触

上文根据语法化理论说明了新加坡华语中的"等一下"是如何演变出假

设条件标记的功能。这个说明假设了语言演变的性质是一元发生(monogenetic),并在同质演变(evolutive)的状态下进行(Hopper & Traugott 1993:209;2003),而这种语言内部的演化进程往往需经历一段较长的时间。尽管我们不排除语言发展的内部诱因对新加坡华语有一定的推进所用,但考虑到"等一下"的假设条件标记的用法在研究现代汉语普通话的文献中从未见到报道,且在新加坡英语和新加坡马来口语中找到平行的用法,我们有理由怀疑新加坡华语中的"等一下"在整个演变过程中既有内因也有外因。以下我们分别从材料和理论两个角度说明这个可能性。

首先,新加坡英语里的 afterward、wait、later 等除了充当时间标记,也与新加坡华语的"等一下"一样,具有假设条件标记的用法。例(65)、(66)和(67)是新加坡英语的说法,和我们之前讨论过的例子对应:

(65)Don't be late, **after** your mother gets angry.(Leo 1995:41)

　'(你)别迟到,不然你妈妈会生气。'

(66)Anyhow do,**wait** kena① scolding. (Alsagoff & Lick 1998:129)

　'(如果)你乱做,就会被骂。'

(67)Why so slow one? **Wait**, got no more, *then* you know.
(Kandiah 1998:14)

　'为什么你这么慢? 要是没有了,你就知道(后果)。'

Brown(1999:236)为 wait、later、after 下了这样的定义:

The words *wait*, *later* and *after* are all used in a similar way in spoken SgE [Singapore English]. *They are not used to show a time relationship as in StdE* [Standard English], but *to convey a negative condition*, especially in warnings, where it means 'if you don't do what I say'.

新加坡英语里的 wait、later、after 有相似的用途。它们不像标准英语用来表时间关系,而是表示了一种负面的条件关系,尤其是在发出警告的时候,指"如果不按照我的意思去做",就会出现负面的结果。

Brown(1999:236)举出了下列例子进一步说明:

(68)Boy, you cannot throw the sweet wrapper here. **Wait** ['if you

---

① kena 是马来语里的被动标记。

don't do what I say'] the police see, they come and catch you.

'孩子,你不能把糖纸丢在这里。如果警察看见了,他们会来抓你。'

(69) Hurry up with the books. She wants them now. **Later** ['if you don't give her the books'] she get angry.

'快点把书整理好。她现在就要。不然她会生气。'

(70) Don't want to buy, put it down. **After** ['if you don't put it down'] people think you want to steal.

'你不买就放下。不然人家以为你要偷(东西)。'

虽然(68)—(70)在一定的程度上也表时间关系(这异于 Brown 的看法),但也都可表条件关系;听者必须借助语境决定句子是条件句还是时间句。如例(69)的"Later she get angry"表示如果现在不把书给她所会导致的后果。(68)—(70)在新加坡华语的相应说法是:

(71) 孩子,你不能把糖纸丢在这里。等一下警察看见了,他们会来抓你。

(72) 快点把书整理好。她现在就要。等一下她会生气。

(73) 你不买就放下。等一下人家以为你要偷(东西)。

既然普通话与标准英语都没有上述的用法,而新加坡华语和新加坡英语都能把时间顺序标记发展为假设条件标记,这至少说明了这个用法的产生应该是和这两种语言变体共同存在的语言环境有关。此外,新加坡马来口语也有平行的语法现象。马来口语里的时间标记 *nanti*("等一下")也可以用作条件标记:

(74) Jangan lambat, *nanti* ibu kamu jadi marah.

　　别　　晚(到)　等一下 妈妈 你的　 会　生气

'你别迟到,不然你妈妈会生气。'

(75) Buat sembarang, *nanti* kena marah.

　　做　 随便　　　等一下 被　骂

'(如果)你乱做,就会被骂。'

(76) Kenapa lambat sangat? *Nanti* takde lagi, baru tahu.

　　为什么 慢　很　　等一下 没　 再　 才　知道

　　　　　　'为什么你这么慢？要是没有了，你就知道(后果)。'

　　这进一步说明"等一下"在新加坡华语中的发展中除了遵循语言内部的逻辑外，还极有可能和新加坡的多语环境有关。

　　其次，推动语法化研究的 Hopper & Traugott(1993:220)也承认在大多数语言当中，语言接触确实是语言演变的主要诱因，因此严格的一元发生观终归是不恰当的。

　　现今的许多研究确也提出了很难确定引发某种语法化现象的动因究竟是语言内部的发展规律、语言外部的机制，还是两者之间的相互作用。Bruyn(1996:42)在研究苏里南的克里奥尔语 Sranan 的语法化现象时，提出了三类在接触下可能发生的语法化现象：

　　(a)常规语法化(ordinary grammaticalization)

　　(b)瞬间语法化(instantaneous grammaticalization)

　　(c)表面语法化(apparent grammaticalization)

　　常规语法化指的是语言内部渐变导致语法标记和结构的产生过程。这与上述的传统历时语法化无异，无论受没受接触影响，都可能发生。另一方面，瞬间语法化则指接触语言在克里奥尔化(creolized)的过程当中，原本须历时较长时间的语法化进程却因接触而可能在很短的时间内完成。至于常规语法化与瞬间语法化在本质上是否有区别，则有待进一步研究。第三种是表面语法化。Bruyn(1996:42)提出了某些演变实际上并非源于克里奥尔语的内部发展，而是另一语言语法化结果的移入。换言之，接触语言当中一些看似语言内部的语法化现象极可能是底层语言(substrate language)相应语法标记或结构语法化结果的移入(另参见 Keesing 1991)。为进一步说明这种语法化现象，Bruyn 在重新分析语料后提出苏里南语中 *taki*("说")作为标句词(complementizer)的用法更像是受了底层语言的影响[极可能是格贝语支的语言(Gbe languages)]。这有异于 Plag(1992,1993,1994)提出的语言内部发展的论说。然而，Plag(1992:68)却也提到苏里南语的 *taki* 不单源于底层语言的影响，而可能是多种因素相互影响的结果。*taki* 由言行动词(speech act verb)发展成连词或标句词的发展轨迹可分析为：初期为底层语言的移入，后期则转为语言内部的独立发展过程。值得注意的是，要把各种因素厘清是很困难的，往往也是不太可能的。因此，我们一般很难清楚划分接触语言在语法化的过程中什么时候由底层语言移入,什么时候再转为语言内部的发展;Plag(1995:142)后来也承认了这一点。Bruyn(1996:42)认为我们虽难以区分语言内部发展与接触带来的转变,但却不难想象两者之间在很多情况下是相辅相成、无法区分的。

　　从材料和理论两方面着眼,新加坡华语中的"等一下"产生假设条件标记的功能极有可能是内外两种因素相互影响的结果。接下来,我们尝试从语言接触与语法化的角度探讨它的产生过程。立足于本书第一章的讨论,我们认为外部因素极有可能是来自闽南语的影响。新加坡自1979年推行讲华语运动,在这之前的"七十年代,新加坡华族的家庭用语普遍上还是以中国南方方言为主,主要有闽语、粤语和客家话。学生在学校里学习英语和华语,在家庭和一些场合中如小贩中心、巴士上、巴刹等却习惯使用方言"。(潘家福 2008)这说明新加坡华人的母语是不同的现代汉语南方方言,而华语是在后来入学之后才开始学习的。有鉴于此,若我们把存在于新加坡的不同现代汉语南方方言当成底层语言,而把华语当成上层语言(superstrate language),则许多关于语言接触的研究早已揭示了底层语言的语言特征会向上层语言进行扩散(Hickey et al. 2010)。据此,从理论上来说,不同的现代汉语南方方言的语言特征或多或少会进入新加坡华语的语言系统中。在这些不同的现代汉语南方方言中,新加坡闽南语的影响应该是最主要的。首先,从人口上说,这个方言籍贯的人口在新加坡华人中数量最多。周长楫、周清海在《新加坡闽南话概说》(2000)中就指出:

　　……我们可以清楚地看出,由于历史的原因,直到新加坡独立后,新加坡的人口中,华族占三分之二以上。在华族中,福建人又占了将近一半。而在福建人中,闽南人又占了压倒性多数的比例。足见福建闽南人在新加坡人口中有着重要的地位。

Lim et al. (2010)对闽南语在新加坡的地位有如下总结:

　　The Hokkiens by contrast were a strong economic power in Singapore, especially from the late 1800s, establishing themselves first as traders and go-betweens, and then as importers, exporters, manufacturers and bankers, and virtually monopolizing commercial activities by the end of the nineteenth century. As a result, the Hokkiens became the most powerful *bang* 'clan', and played a leading role within the Singapore Chinese Chamber of Commerce, set up in 1906, as well as within the Chinese community at large (Li et al. 1997). As a consequence, *Hokkien* was the most frequently understood and spoken Chinese language (note that it is mutually intelligible with *Teochew*, both being subvarieties of Southern Min), followed by *Cantonese* and *Mandarin*, up until the 1970s…, and, more crucially, was the de facto lingua franca for intraethnic communication within the Chinese community…, which by 1840 comprised half the population.

　　相反,福建人在新加坡极具经济实力,尤其是自 1800 年代后期,他们就已是商人或中间人,并在这之后,成为进口商、出口商、制造商及银行家。在 19 世纪末,他们已几乎控制了所有的商业活动。因此,福建人成为最强大的"帮",并在创立于 1906 年的新加坡中华总商会中扮演重要的角色(Li et al. 1997)。在这个背景下,福建话就成为了最常使用的汉语(请注意它和潮州话都属闽南语,因此是能相互通话的),再之后才是广东话和华语。这一直持续到 1970 年代……而更关键的是,它是 1840 年来就占新加坡人口一半的华人社群内部的共同语。

新加坡社会语言学研究也显示不是这个籍贯的新加坡人也能听懂这个方言。Kuo(1980)就指出在 1978 年时,97%的华人和 78%的新加坡人都能听懂这个方言。根据上述的论述,我们认为新加坡闽南语应对新加坡华语、新加坡英语和新加坡马来口语中的时间顺序标记发展为假设条件标记产生影响。

　　在新加坡闽南语里,表示持续时间的连词(*khaʔ*)*tan*("等一下")既可作为时间标记,也可作为条件标记。我们在接下来的部分进一步探讨(*khaʔ*)*tan* 的用法及其语法化的路径。

三、新加坡闽南语的(*khaʔ*)*tan*

新加坡闽南语里有一种以表示持续时间的连词(*khaʔ*)*tan*("等一下")作为条件标记的条件句(Chen 2002)。之前提出的新加坡华语"等一下"表条件关系的用法与新加坡英语中的相应用法,在很大程度上受到了闽南语的影响。例(2)、(3)和(6)(新加坡华语)与例(65)—(67)(新加坡英语)相应的闽南语说法是:

(77) Li bãi ũa-lai, li ũa-lai　(*kha?*) *tan* lin　bãbã (e) siŭ-khi.

　　你 别　晚-来 你 晚-来 等(一下) 你的 妈妈 会　生气

　　'你别迟到,不然你妈妈会生气。'

(78) Li　luan-luan tso, (*kha?*) *tan*　tio? hɔ laŋ bã.

　　你 乱-乱　做 等(一下)　就　给 人 骂

　　'(如果)你乱做,就会被骂。'

(79) An-tsũã li　an-lĩ ban? (*kha?*) *tan* bo liau, li tsia? tsai(ĩã).

　　为什么 你 这么慢 等(一下) 没了　你 才　知道

　　'为什么你这么慢? 要是没有了,你就知道(后果)。'

例(77)—(79)都可解读为条件句。(*kha?*) *tan* 也可以用 *tan-tse*, *tan-le*, *kha?-thiŋ*(闽南语)或 *taŋ-khuŋ-kiã*(潮州话)替代,意义保持不变。这些条件标记都含"等一下"的意义(许宝华、宫田一郎 1999)。

(*kha?*) *tan* 字面上的意义是"等一下""等一会儿"。(*kha?*) *tan* 这一连词的持续性含义从动词 *tan*(等)之前的(*kha?*)["(多)一会儿""(多)一阵子""(多)一点"]表现出来。这里的 *kha?* 词源上与比较标记 *kha?*["多一点""(比)较"]相关。如果把 *kha?* 解释为"(多)……一下/一阵",那(*kha?*) *tan* 就有"(多)等一下"的含义。既然条件标记在不同的语言当中时常从表示持续性的时间词演变而来,从一个共性的角度看,新加坡闽南语里的(*kha?*) *tan* 也极可能从时间词循着相似的路径语法化为条件标记:

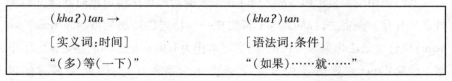

图 1:新加坡闽南语(*kha?*) *tan* 的语法化路径

此外,条件标记(*kha?*) *tan* 既可标示主句[例(77)—(78)],也可标示从句[例(79)]。这种现象在很多语言的连词语法化过程中是很常见的。Traugott(1985:300—301)的历时跨语言研究发现,很多语言的连词(包括条件连词)在演化过程中常常从标记终点(end-points)发展为标记起点(beginning-points)。例如不少印欧语言的连词起初都从指称上文(复指,anaphoric)的副词衍生而来。发展到后期,这些连词演变成用来指称下文(下指,cataphoric)。通过这些例子,Traugott(1985:301)概括出以下的连词语法化路径:

  (80)A. After(wards)　B. → After A,B.

  拉丁语条件标记 *sī*(原意为"因此、所以;thus")经历了这样的发展路径:

  (81)A. Sī B(A. 因此 B)→ Sī A,B.

  鉴于语法化演变的共性特征,我们可以推断(*kha?*)*tan* 作为单纯的时间标记一贯标在时间句的主句部分,如图 2 的(Ⅰ)所示。(*kha?*)*tan* 刚发展成条件标记的最初阶段仍保留与时间句相同的语法结构,还是标在主句上[图 2 的(Ⅱ)]。这样的句子可以是时间句,也可以是条件句,完全取决于上下文。(*kha?*)*tan* 进一步语法化以后,就出现了由标记主句到标记从句的转变[图 2 的(Ⅲ)]。(*kha?*)*tan* 发展到这一阶段,主句与从句之间的时间象似性(iconicity)更加晦暗(opaque),时序已无法表现出来,因此原本的词汇性更弱,语法性则更明显了。图 1 可扩展为以下的图 2:

结构:(Ⅰ)A.(*kha?*)*tan* B. →(Ⅱ)A.(*kha?*)*tan* B.→(Ⅲ)(*kha?*)*tan* A,B.		
标记位置:主句	主句	从句
功能:		
主要　　[时间]	[时间]	[条件]
次要	[条件]	[时间]

图 2:新加坡闽南语条件标记(*kha?*)*tan* 的语法化路径

  共时语用现象显示出(*kha?*)*tan* 在今天的新加坡闽南语里时间含义与条件含义并存。换言之,(*kha?*)*tan* 虽然在一些特定的功能领域(functional domain)里已经语法化为条件标记,但它原本作为时间标记的功能还是保留了下来。(*kha?*)*tan* 在现阶段尚未完全语法化为条件标记,因此很多时候以(*kha?*)*tan*标记的句子会出现歧义,必须依靠语境决定应该解读为时间句还是条件句[见例(84)—(85)]。(*kha?*)*tan* 在例(82)、(83)用作时间标记:

  (82)Li　tse　tsit-e,(*kha?*)*tan* gua　tsia lai　kap li　tsam-siõ.
   你　坐　一下　等(一下) 我　才　来　和 你　商量

'你先坐一下,等一下我才来和你商量(这件事)。'

(83) Li paŋ-tiau (*khaʔ*) *tan* gua (tsiã) lai giã.

　　你 放着　　等(一下) 我 才　 来 拿

'你(先)放着,等一下我才来拿。'

一些例子则呈现歧义,必须靠语境来判断。(*khaʔ*) *tan* 在新加坡闽南语中出现歧义的现象可以用 Hopper(1991)提出的保持原则(persistence)来说明。一个词汇项在演化为语法词后仍会残留源词的部分原义;这些残存的源词意义往往仍会控制或影响语法化之后新词的意义或者新词分布的句法意义环境。这与 Bybee & Pagliuca(1987)提出的保留(retention)机制相似。

本章前面的部分所提供的新加坡华语与英语的相关条件句例子都表达了威胁或警告的含义,先把行动将导致的后果说出来,以期达到警告的作用。新加坡闽南语里的(*khaʔ*) *tan* 条件句一般也有这样的用法,如:

(84) Li tsiaʔ an-li tam-poʔ, (*khaʔ*) *tan* (e) pak-tɔ iau.

　　你 吃 这么 一点　 等(一下) 会 肚子 饿

'(如果)你只吃这么一点点,过一阵子就会肚子饿。'

(85) Li bo thiã-ue, (*khaʔ*) *tan* (gua) bãi tshua li tshut-khi.

　　你 不 听话　 等(一下) 我 不 带 你出去

'(如果)你不听话,我就不带你出去。'

例(84)—(85)显示出条件标记(*khaʔ*) *tan* 分布的句法意义环境在一定的程度下受限于源词残存的意义。因此,过去时间框架(past time frame)里的条件句就不能以此形式表达。

条件标记(*khaʔ*) *tan* 通常通过警告的形式表达一种负面的含义。就语用方面而言,发出警告的意图就是要得到阻止不宜行为的发生。在这种情况下,最有效的阻止方式就是把不宜行为导致的后果带出,让听者意识到如果不听从警告,就会蒙受后果。这一语用动机推动了(*khaʔ*) *tan* 的语义从时间标记转化为条件标记。值得注意的是,例(84)—(85)的(*khaʔ*) *tan* 不但可以标在主句上,还可以标在从句上:

(86) (*Khaʔ*) *tan* li tsiaʔ an-li tam-poʔ, (e) pak-tɔ iau.

　　等(一下) 你 吃 这么 一点 会 肚子 饿

'（如果）你只吃这么一点点,过一阵子就会肚子饿。'

(87)(*Kha?*)*tan*   li   bo   thiã-ue,   (gua)   bãi   tshua   li   tshut-khi.

等(一下)   你   不   听话   我   不   带   你   出去

'（如果）你不听话,我就不带你出去。'

图 2 显示了(*kha?*)*tan* 标记从句的用法是语法化较后期所产生的转变
[图 2 的(Ⅲ)]。这种用法比标记主句的用法更虚化,因此例(86)—(87)的
条件含义比例(84)—(85)更明显:例(86)—(87)的(*kha?*)*tan* 是条件标记,
而例(84)—(85)的(*kha?*)*tan* 可以是条件标记,也可以是时间标记。

此外,新加坡闽南语里的(*kha?*)*tan* 条件句不一定表达负面含义,而 Chen
(2002)认为这不同于新加坡华语及英语的用法。以下的例子都没有负面含
义,例(90)甚至有正面含义:

(88)Li   kap   i   tshit-tho,   (*kha?*)*tan*   i   e   tsin   hūãhi.

你   跟   他   玩   等(一下)   他   会   真   欢喜

'（如果）你跟他玩,(等一下)他(就)会很高兴。'

(89)Li   kut-lat   thak-tshe?   (*kha?*)*tan*   kho-tshe?   tsia?   e-hiau.

你   用功   念书   等(一下)   考试   才   懂得

'（如果）你用功学习,(等一下)考试时就懂得(回答问题)。'

(90)Gua   liã   kaŋ-tsi,   (*kha?*)*tan*   tshiã   li   tsiã-pŋ.

我   领   工资   等(一下)   请   你   吃饭

'（如果）我领了工资,(等一下)就请你吃饭。'

例(88)—(90)的(*kha?*)*tan* 都可转为从句标记,但这样就只能用作条件
标记,不能充当时间标记。

以上所有例子中的(*kha?*)*tan* 都可省略为 *tan*（等）。伴随这种形式
上的缩减(reduction)是一定程度的意义淡化(semantic weakening)。*tan* 用作条
件标记时,"等"原来的词汇性更弱,语法性更明显;尤其标记在从句上时,则更
是如此。

四、新加坡华语的"等一下"及英语的 after(ward)、wait、later 的语法化过程

如果把新加坡华语(SCM)、英语(SCE)和闽南语(H)同一用法并列出来,

三者在结构上的近似更为明显：

  （91）SCM：你别迟到，等一下你妈妈会生气。

    SCE：Don't be late, *after* your mother gets angry.

    H：Li bāi ūa-lai, li ūa-lai (kha?)*tan* lin bābā (e) siū-khi.

    '你别迟到，不然你妈妈会生气。'

  （92）SCM：你乱乱做，等一下给人家骂。

    SCE：Anyhow do, *wait* kena scolding.

    H：Li luan-luan tso, (kha?)*tan* tio? hɔ laŋ bā.

    '（如果）你乱做，就会被骂。'

  （93）SCM：为什么你这么慢？等一下没有了，你就知道。

    SCE：Why so slow one? *Wait*, got no more, *then* you know.

    H：An-tsūā li an-lī ban? (kha?)*tan* bo liau, li tsia? tsai(iā).

    '为什么你这么慢？要是没有了，你就知道（后果）。'

  新加坡华语、英语和闽南语之间的此一用法在结构上的明显相似，说明它们之间有接触的关系。此外，新加坡华语与英语都没有经历太长的历史发展，语言接触的因素断不可排除。我们或可归因于 Bruyn(1996)所提出的表面语法化。要是如此，闽南语的(kha?)tan 最初是从时间状语(temporal adverbial)演化为条件标记。这一语法化用法接着移入新加坡华语及英语，使之出现相应的结构。然而语言接触下的语法化现象极复杂，其中往往涉及不同机制（语言内部和外部）的相互作用而不可能区分各个阶段中到底是哪些语法化机制在起作用。一方面，由底层语言闽南语而来的语言外部的影响显著；另一方面，新加坡华语和英语也同时经历语言内部的语法化。虽然我们暂且无法确定各种机制之间的相互作用，但语言接触似乎在新加坡华语和英语这样的接触语言中起到了催化的效果，使原本须较长时间的语法化进程可能在很短的时间内就完成，即上文提到的瞬间语法化。此外，接触下不同语言中相应的语法化路径也可能以不同的速度进行，使不同语言在某个时间点上有不同程度的语法化进展。

结构:			
H	A.(*kha?*)*tan* B. →	A.(*kha?*)*tan* B. →	(*kha?*)*tan* A,B.
SCM	A.等一下 B. →	A.等一下 B. →	等一下A,B.
SCE	A. *afterward/wait/later* B. →	A. *afterward/wait/later* B. →	*Afterward/Wait/Later* A,B.
标记位置		主句	从句
功能:			
主要	[时间]	[时间]	[条件:如果]
次要		[条件:就]	[时间]

图 3:新加坡闽南语、华语及英语时间标记演化为条件标记的语法化路径

第四节　结语

本章探讨了新加坡华语的连词"等一下"及新加坡英语的 afterward、wait、later 如何由时间状语发展为条件标记。我们认为这是语言内部发展及外部影响的结果。

在 Traugott(1985)和 Hopper & Traugott(1993)归纳出的五类条件标记词汇项中,最常见的是由表持续的时间词演变而来。基于语法化路径的共性特征,我们从共时的语料类推(analogy)出新加坡闽南语中的(*kha?*)*tan*("等一下")从时间标记发展为条件标记的语法化路径(比较 Sweetser 1990)。新加坡华语和英语的相应用法也可能受语言内部的发展因素推动。

另一方面,新加坡华语和英语都没有经历长时间的历史发展,因此语言接触也对这两种接触语言的发展起了一定的作用。新加坡华语和英语的相应用法可能是底层语言闽南语语法化结果的移入,就如 Bruyn(1996)提出的表面语法化现象。尽管如此,接触不可能是促成这个语法化进程的唯一机制。接触更像是发挥着催化的作用,使一般历时较长的语法化过程在很短的时间内就可完成。

参考文献

陈重瑜　1983　《新加坡华语——语法与词汇特征》,新加坡:新加坡国立大学华语研究中心。

江蓝生　2002　《时间词"时"和"後"的语法化》,《中国语文》第 4 期。

李晋霞、刘　云　2009　《论推理语境"如果说"中"说"的隐现》,《中国语文》第 4 期。

吕叔湘主编　1999　《现代汉语八百词》(增订本),北京:商务印书馆。

潘家福　2008　《新加坡华社的多语现象与语言接触研究》,复旦大学博士学位论文。

沈　阳、郭　锐主编　2014　《现代汉语》,北京:高等教育出版社。

吴福祥　2005a　《汉语语法化演变的几个类型学特征》,《中国语文》第 6 期。

吴福祥　2005b　《语法化演变的共相与殊相》,沈家煊、吴福祥、马贝加主编《语法化与语法研究》(二),北京:商务印书馆。

邢福义　2001　《汉语复句研究》,北京:商务印书馆。

邢福义　2005　《新加坡华语使用中源方言的潜性影响》,《方言》第 2 期。

许宝华、宫田一郎主编　1999　《汉语方言大词典》,北京:中华书局。

赵京战　1994　《关于假设义类词的一些问题》,《中国语文》第 4 期。

周长楫、周清海　2000　《新加坡闽南话概说》,厦门:厦门大学出版社。

祝晓宏　2008　《新加坡华语语法变异研究》,暨南大学博士学位论文。

Aikhenvald, A. Y.　2010　*Imperatives and Commands*. Oxford：Oxford University Press.

Alsagoff, L. & H. C. Lick　1998　The relative clause in colloquial Singapore English. *World Englishes* 17(2)：127 - 138.

Brown, A.　1999　*Singapore English in a Nutshell*：*An Alphabetical Description of its Features*. Singapore：Federal Publications Pte. Ltd.

Bruyn, A.　1996　On identifying instances of grammaticalization in Creole languages. In P. Baker & A. Syea (eds.), *Changing Meanings*, *Changing Functions*：*Papers Relating to Grammaticalization in Contact Languages*. London：University of Westminister Press.

Bybee, J.　1988　The diachronic dimension in explanation. In J. A. Hawkins (ed.), *Explaining Language Universals*. Oxford：Basil Blackwell.

Bybee, J.　1997　Semantic aspects of morphological typology. In J. Bybee, J. Haiman & S. Thompson (eds.), *Essays on Language Function and Language*

Type. Amsterdam: John Benjamins.

Bybee, J.   2002   Cognitive processes in grammaticalization. In M. Tomasello (ed.), *The New Psychology of Language*, Volume II. New Jersey: Lawrence Erlbaum Associates.

Bybee, J. & W. Pagliuca   1987   The evolution of future meaning. In A. G. Ramat, O. Carruba & G. Bernini (eds.), *Papers from the 7th International Conference on Historical Linguistics*. Amsterdam: John Benjamins.

Bybee, J. et al.   1994   *The Evolution of Grammar: Tense, Aspect, and Modality in the Languages of the World*. Chicago: University of Chicago Press.

Chen, E. S.   2002   "You play with me, then I friend you.": Development of conditional constructions in Chinese-English bilingual preschool children in Singapore. The University of Hong Kong, Ph. D. Thesis.

Comrie, B.   1986   Conditionals: A typology. In E. C. Traugott et al. (eds.), *On Conditionals*. Cambridge: Cambridge University.

Dixon, R. M. W.   2010   *Basic Linguistic Theory*, Volume 1. Oxford, New York: Oxford University Press.

Haiman, J. (ed.).   1985   *Iconicity in Syntax*. Amsterdam: John Benjamins.

Hawkins, J. A.   1988   Explaining language universals. In J. A. Hawkins (ed.), *Explaining Language Universals*. Oxford: Basil Blackwell.

Hawkins, J. A.   1990   Seeking motives for change in typological variations. In W. Croft, K. Denning & S. Kemmer (eds.), *Studies in Typology and Diachrony*. Amsterdam: John Benjamins.

Heine, B., U. Claudi & F. Hunnemeyer   1991   *Grammaticalization: A Conceptual Framework*. Chicago: University of Chicago Press.

Heine, B. et al.   1991   *Grammaticalization: A Conceputal Framework*. Chicago: University of Chicago Press.

Hickey, R. et al.   2010   *Handbook of Language Contact*. Chichester: Wiley-Blackwell.

Hopper, P.   1991   On some principles of grammaticization. In E. C. Traugott & B. Heine (eds.), *Approaches to Grammaticalization*, Vol. I. Amsterdam: John

Benjamins.

Hopper, P. & E. C. Traugott 1993 *Grammaticalization*. Cambridge, New York: Cambridge University Press.

Hopper, P. & E. C. Traugott 2003 *Grammaticalization* (2nd Edition). Cambridge, New York: Cambridge University Press.

Kandiah, T. 1998 Why New Englishes? In J. A. Foley et al. (eds.), *English in New Cultural Contexts: Reflections from Singapore*. Singapore: Oxford University Press.

Keesing, R. M. 1991 Substrates, calquing and grammaticalization in Melanesian Pidgin. In E. C. Traugott & B. Heine (eds.), *Approaches to Grammaticalization*, Vol. I. Amsterdam: John Benjamins.

Kuo, E. 1980 The sociolinguistic situation in Singapore. In E. A. Afendras & C. Y. Eddie (eds.), *Language and Society in Singapore*. Singapore: Singapore University Press.

Leo, D. 1995 *Kiasu, Kiasi, You Think What?* Singapore: Times Books International.

Li, C. & S. Thompson 1981 *Mandarin Chinese: A Functional Reference Grammar*. Berkeley: University of California Press.

Lichtenberk, F. 1991 On the gradualness of grammaticalization. In E. C. Traugott & B. Heine (eds.), *Approaches to Grammaticalization*, Vol. I. Amsterdam: John Benjamins.

Lim, L. 2004 *Singapore English: A Grammatical Description*. Amsterdam: John Benjamins.

Lim, L. et al. 2010 *English in Singapore: Modernity and Management*. Singapore: NUS Press.

Plag, I. 1992 From speech act verb to conjunction: The grammaticalization of taki in Sranan. *Journal of Pidgin and Creole Languages* 7(1): 55-73.

Plag, I. 1993 *Sentential Complementation in Sranan*. Tuübingen: Max Niemeyer Verlag.

Plag, I. 1994 On the diachrony of creole complementizers: The development of

Sranan taki and dati. *Amsterdam Creole Studies* 11: 67 - 74.

Plag, I. 1995 The emergence of taki as a complementizer in Sranan: On substrate influence, universals, and gradual creolization. In J. Arends (ed.) , *The Early Stages of Creolization*. Amsterdam: John Benjamins.

Sweetser, E. 1990 *From Etymology to Pragmatics: Metaphorical and Cultural Aspects of Semantic Structure*. Cambridge, New York: Cambridge University Press.

Traugott, E. 1985 Conditional markers. In J. Haiman (ed.) , *Iconicity in Syntax*. Amsterdam: John Benjamins.

第七章　新加坡华语语气词研究

第一节　引言

　　语气词表示说话人说话时的各种口气、意愿和态度。普通话里的句末语气词主要包括"啦""吧""嘛""呢"等，并以"啦"为常用语气词。陆俭明等人说："中国普通话里的'啦'是语气词'了'和'啊'的合音（如'他回来啦＝他回来了啊'）。"①另外，吕叔湘（1983）在对"吧""啊（呀）""呢"分析时指出：句末的"吧"用于祈使句和问句末尾，也用在"好、行、可以"等后面；"啊（呀）"则用于陈述句、祈使句和感叹句末尾；"呢"用于特指问句、选择问句、反问句表示疑问；"嘛"用于陈述句末尾或某些副词、连词和对应语后。（冒晟 2005）另一方面，根据朱德熙（1982：208）的说法，语气词可分三组功能，分别是：表示时态，如"了"和"呢"；表示疑问或祈使的"呢""吗""吧"；表示说话人的态度或情感，比如"啊""呕""欤""嚟"和"呢"。

　　在普通话句末语气词的基础上，新加坡华语里又出现了更多更丰富的语气词，包括"leh（唡）""lor（咯）""meh（咩）""hor"等。近年来学者们逐渐重视研究语气词的语用功能，如祝晓宏（2008：98）指出源自粤语的"咩"在新加坡华语中的作用主要是表达反问，否定语气较重，如：

　　（1）你是恐龙咩？

　　（2）你做了十几年老师，现在还是老师，这叫成功咩？

　　祝晓宏（2008）认为以上的"咩"相当于普通话里的"吗"，普通话一般前面都可以加上"难道"来强化反问的语气，但新加坡华语很少用"难道"，如不说："难道这叫成功咩？"而祝晓宏（2008）也认为"唡"也是来自闽粤方言，多用来

---

① 转引自周清海《新加坡华语词汇与语法》，页 110。

确认事实,相当于普通话的"呢"或"哩"。

（3）老师,那一株更多唎!

（4）你们两个讲好了啊? 情侣装唎!

"啦"则是新加坡华语里常见的句末语气词。陆俭明等把新加坡华语里的"啦"分成两种,一是"了"和"啊"的合音,如:

（5）会啦,会啦! 我这样吃习惯啦!

换句话说,例（5）也可理解为"会了啊,会了啊! 我这样吃习惯了啊!"另外一个"啦"则相当于"啊",表示确认的语气（周清海 2002:110）,如:

（6）终于又来找我了是不是? 我都说过会联络你的啦。

（7）他那种人是这样的啦!

黄淑盈（2006）根据对新加坡华人所说的华语进行录音所得到的口语材料,更详细地将新加坡华语中的"leh（同'唎'）"分成了不同声调进行研究,分析并探讨其语用功能。

另外,Chua（2004）也发现新加坡华语口语中有特殊的句末语气词"hor",相信是来自闽南语的影响。根据音调和音长,"hor"至少有两种用法,中升调的 hor[13] 一般用于疑问句,如向对方确认某件事情时会说:

（8）这不是真的 hor[13]?

普通话里,例（8）表示的是"这不是真的吧?"

低降调的 hor[31] 一般用于祈使句,带有说服意味,如:

（9）不要离开我 hor[31]。

例（9）表达了"请不要离开我"的语气。Chua（2004:130—131）认为,这两种用法来自闽南语。

新加坡华语中的语气词结合了普通话以及本地的方言和语言中的语气词,所以种类很多,使用范围也很广。本章以整理的方式呈现出一般新加坡华语语气词的语用功能,所收集的例子和语料、分析的文句和总结都取自我所指导的学生论文。由于论文有重叠的课题,无法一一标注。所参考的学生论文有:何丽娴《新加坡华语会话中语气词的语用功能》（2003）;黄淑盈《新加坡华语中语气词 leh 之研究》（2006）;黄植春、何书愉、朱筛其《语气词"lah","leh","lor"的研究》（2006）;林幸怡、张思薇《新加坡华语会话中的语气词"lah"》（2007）;李忠庆《语气词"leh"的研究》;江滨《新加坡华语口语话语标记"orh"的功能与礼貌研究》(2014)。

第二节　新加坡华语句末语气词的语用功能

本章整理出的新加坡华语句末语气词主要有"lah""leh""lor"。这三组句末语气词在新加坡华语中是最常见的。另外,出现但频率不高的句末语气词包括"hor"和"咩"。必须注意的是,朱德熙曾在《语法讲义》(1982:207)中提到,语气词是"永远读轻声"的后置虚词,但根据本章所搜集的语料,新加坡华语句末语气词并非一定只读轻声,而可有其他声调。不同声调的语气词也可能表示相同的意义或起着相同的作用。本章将进一步分析并探讨不同语气词和同一语气词的不同声调所发挥的各种作用。

一、lah

由于普通话里存在语气词"啦",因此在新加坡华语中听到"lah"这个语气词便很容易将其当作普通话里的"啦"。但如以上所提,普通话里的"啦"只是"了"和"啊"的合音,并没有特殊的语用意义。比如:

(10)你来啦!

(11)她很早就走啦!

(12)我们终于把这件事完成啦!

例(10)、(11)和(12)中的"啦"都可读轻声,而这里的"啦"其实可理解为"了"。如果把句子改成"你来了""她很早就走了""我们终于把这件事完成了",句子的意义其实还是一样的。因此,这三个例子中的"啦"主要只是替代了"了",并且表示说话者某种程度上的兴奋,所以句子在"啦"以后标上感叹号会更加恰当。但新加坡华语中的"lah"并不单纯是为替代"了"和表示兴奋那么简单。如:

(13)恶心 lah^{51}!(黄植春等 2006)

(14)秀:写给谁?

　　春:朋友 lah^{51}。(黄植春等 2006)

如果将例(13)(14)中的"lah^{51}"替换成"了",句子便会失去原来的意义。如:

(13')恶心了!

（14'）秀：写给谁？

春：朋友<u>了</u>。

由此可见，在新加坡华语中，语气词"lah"在意义或功能上并不等于普通话里的"啦"，只是普通话"啦"的变体。白欣彦（2014：24）提出"啦"作为句末语气词有增添口气和舒缓口气的功能。她举出的例子如下：

（15）经常听到《小刀会》乐曲，如今有机会在家欣赏完整舞蹈<u>啦</u>！

（16）我这个人啊有时候讲话也不让人家回答的<u>啦</u>！

根据白欣彦的分析，例（15）中出现的句末语气词"啦"是为了增添说话人的口气，功能跟普通话里的"啦"是一致的。而例（16）中的"啦"则是为舒缓说话人的口气。但是，由于白欣彦并没有表明语料的谈话背景，也没有标出"啦"的声调，因此我们很难将白欣彦的语料作为新加坡华语句末语气词的分析例子。我们将把"啦"的变体"lah"分成不同声调以便讨论它们的语用功能。

（一）lah^{11}

lah 作为最常见的语气词可分成四个声调，而平声的 lah^{11}用于句末一般有舒缓说话人语气的作用。

（17）背景：广播员读了听众来信后说出自己的看法

广播员玛丽：其实……应该是工作之后再回到学府读书，这样子的情形我也没有经历过 lah^{51}。可是我觉得哦，凡是就……就不要怕 lah^{11}。有什么好怕的？（林幸怡、张思薇 2007）

同样的内容，如果广播员不用 lah^{11}，则句子如下：

（17'）广播员玛丽：其实……应该是工作之后再回到学府读书，这样子的情形我也没有经历过 lah^{51}。可是我觉得哦，凡事就……就不要怕。有什么好怕的？

对比例（17）（17'）有 lah^{11}和没有 lah^{11}的句子，不难发现，有 lah^{11}的句子听起来口气较为缓和、亲切，没有 lah^{11}的句子则听起来比较生硬、严肃。广播员之所以会用语气词 lah^{11}，在很大程度上是因为她正在给听众提供意见，给予鼓励，并且安抚听众的情绪，让听众觉得没什么好害怕的。因此广播员在用 lah^{11}的时候,无形中便拉近了她和听众之间的社交距离,从而使听众得到心理上的安慰。

（18）这次不成功就算了 lah^{11}。下次再努力。（自拟）

（18'）这次不成功就算了。下次再努力。（自拟）

同样,例（18）中的 lah^{11} 起着一种鼓励听话人的作用。相比之下,例（18'）的句子听起来则显得比较严肃,鼓励的语气也较弱。由此可以看出 lah^{11} 出现在新加坡华语句末其实有助于舒缓说话人的口气,让话听起来更有亲和力,拉近说话人和听话人之间的社交距离。

（二）lah^{31}

lah^{31} 则有缓和说话的口气,并让听话人放心的功能。

（19）背景:思薇的妈妈来学校载思薇回家（林幸怡、张思薇 2007）

　　幸怡:Aunty!

　　思薇:可以载幸怡回吗?

　　思薇妈妈:来 lah^{31},来 lah^{31},可以,来。

（20）背景:两个好朋友在通电话（林幸怡、张思薇 2007）

　　幸怡:er...

　　伟伶:你要挂电话了……

　　幸怡:我要去看电视了

　　伟伶:好 lah^{31},好 lah^{31},你去看吧

　　幸怡:Okay! Talk to you again.

在例（19）中,思薇的母亲开车到学校接女儿回家,思薇便请求母亲载朋友幸怡回家。母亲并不是直接回答女儿的问题,而是对幸怡说出了以上的话,并且在表示让幸怡上车时使用了语气词 lah^{31}。这里的 lah^{31} 意味着思薇的母亲并不介意载幸怡回家,而 lah^{31} 的使用不只缓和了她答应这个要求的语气,也缓和了听话人幸怡担心麻烦思薇母亲的心情。这么一来,说话人便可达到缓和听话人情绪的目的,以免听话人因担心麻烦说话人而不愿意上车。同样,在例（20）中,因为说话人伟伶知道朋友幸怡要去看电视而想要停止通话,便在结束通话前说"好 lah^{31},好 lah^{31}",以表示对方可以放心地挂断电话而不必担心自己会生气。如果说话人伟伶不用语气词 lah^{31},句子就会听起来比较严肃,甚至带有不满的情绪。如此一来,听话人也许就不敢挂断电话去看电视

了。因此,就例(19)和(20)而言,在新加坡华语中使用 lah³¹ 作为语气词有助于缓和说话人的语气,并且让听话人放心。

(三)lah³¹³

另一方面,降升调 lah³¹³ 作为语气词有表示无奈的意思。

> (21)背景:夜深了,子祥要送幸怡回家(林幸怡、张思薇 2007)
>
> 幸怡:你不用送的你知道吗?
>
> 子祥:我也想, but cannot l<u>ah</u>³¹³。Who ask me to set a rule for myself to send the girl home after ten. Next time remind me to adjust the time to eleven so that I don't need to send you.

例(21)中的两个人物是一男(子祥)一女(幸怡)。女生对男生说其实不必送她回家,而男生对此做出了以上的回答,意思是:"我也想,但是不行lah³¹³,谁叫我给自己定了规矩,晚上十点以后一定要送女生回家。下次提醒我把这个规矩的时间调成十一点,那我就不必送你回家。"男生的"but cannot lah³¹³"表示了无奈和某种程度上的不情愿,也对应了前面的"我也想"(也想不必送女生回家)。但男生大概从女生的话中意识到女生可能担心给他带来不便。因此男生的 lah³¹³ 除了表示无奈,其实也是让女生知道自己已经设了规矩晚上十点以后要送女生回家,所以必须做到,由此希望女生放心让男生送她回家。假如男生的话里没有 lah³¹³,在意义上并没有太大的差别,但在语气上却会变得比较坚决,而不像原来句子那样带有无奈的意味。

(四)lah⁵¹

1.表示强调

类似普通话语气词"啦"的各个变体当中,应该属下降调的 lah⁵¹ 最常见,但在功能上却相当丰富。首先,其功能之一是表示强调。例子如:

> (22)哎呀,你傻 l<u>ah</u>⁵¹。
>
> (23)恶心 l<u>ah</u>⁵¹!
>
> (24)妈妈:叫我,因为那个修房子的打电话给他。水不通。水不通,淹水。他本来叫我过去。我说我不会。
>
> 女儿:是他那间淹水还是什么?

　　　　妈妈:新屋 $\underline{\text{lah}}^{51}$。

　　(25)气球不要 $\underline{\text{lah}}^{51}$,太贵了。

　　例(22)至(25)都是说话者用下降调语气词 lah^{51} 来表示强调的句子。例(22)如果去掉语气词,句子其实就是"你很傻";同样,例(23)去掉语气词就是"真恶心!";例(24)是"新屋";例(25)则是"我不要气球"。如果将这些句子中的语气词 lah^{51} 去掉,句子的意义还是存在的。但是, lah^{51} 在句子中增添了说话人的口气,也各自表达了说话人的某种情绪。譬如:例(25)中的说话人用 lah^{51} 就表示因为价钱的关系,不想对方买气球给自己。说话人如果只是说"我不要气球,太贵了",她只是直接陈述了自己的想法,但所要表达的情绪并不是特别明显。相反,如果说"气球不要 lah^{51} ",说话人不想要气球的意愿就听得比较明显。因此, lah^{51} 有增添说话人口气的作用,同时也表达了说话人的某些情绪。

　　2.对从事件得出的结论表示肯定

　　lah^{51} 作为语气词的另一作用是说话人了解某个情况的原因后,对事件得出的结论表示肯定。此类的例子如下:

　　　　(26)雯:不可以。我两个星期六不可以。这个星期六和下个星
　　　　　　　期六。

　　　　　　秀:唉呀,代表那时你原本就不可以 $\underline{\text{lah}}^{51}$。那时原本不是要
　　　　　　　唱歌的 meh^{55}?

　　　　(27)妈妈:没有 decorate,你带一把剪刀去,要用到有嘛! 要绑那
　　　　　　　个绳子要剪要什么都有嘛!

　　　　　　女儿:Then,这些全部先 pack 好好 $\underline{\text{lah}}^{51}$。Penknife,杯子,刀,
　　　　　　　还有什么? Scotch tape 要吗?

　　　　(28)妹妹:而且,我还觉得很幸运,我真的有去把它印出来读。

　　　　　　姐姐:也就是说有考 $\underline{\text{lah}}^{51}$①。

　　例(26)中的秀较早已经约了雯星期六去唱歌,而在以上对话中再次提醒雯星期六去唱歌的事。但是雯则表示她星期六没有空。秀便说"……那时你原本原本就不可以 lah^{51} ……"。秀用 lah^{51} 其实就等于对雯说:"我懂了,所以你星期

────────────

　　① 例(22)至(28)摘自黄植春等(2006)。

六不能去。"但秀用以上的方式回答是要表示自己已经知道事情的结论,同时也要表达自己对这个结论的不满。如果秀说:"……那时你原本就不可以……",她同样也是在事件中得到一个结论,但却不是很确定。句末的 lah^{51} 则增添了说话人对结论的肯定。而且,这里的 lah^{51} 跟用来增添口气的"啦"一样,其功能是加强说话人的语气。因为秀之前就已经跟雯约好星期六要去唱歌,所以她对雯的食言感到不满,用 lah^{51} 来表示自己的不悦。

　　例(27)中的女儿正在整理稍后活动要用的东西。妈妈要女儿带一把剪刀去。而女儿则回答"……这些全部先 pack 好好 lah^{51}……"。由此可见,东西大概多又乱,因此女儿在整理的时候有些不愉快。女儿回答里的 lah^{51} 表示了她明白要带的东西包括剪刀,同时也表示了她对正在做的事情感到不满。如同以上所提,这里的 lah^{51} 又是带有不满的色彩。如果女儿的回答是"……这些全部先 pack 好好……",她并没有很明确地回应母亲说要带剪刀的事情,也没有透露自己的不满。

　　跟(26)和(27)相同的是,例(28)中的 lah^{51} 也是说话人用以了解某事件的原因后所提出的结论。例子中的姐姐先从妹妹口中得知妹妹打印了考试的材料并且复习过,而妹妹形容自己"很幸运",因此姐姐得出的结论是妹妹复习的内容确实出现在考试的题目中。而姐姐说的"也就是说有考 lah^{51}"其实是在向妹妹肯定自己得出结论。但和例(26)(27)不同的是,姐姐话中的 lah^{51} 并不带有什么不满的意味。可是,值得注意的是,如果去掉例(26)(27)和(28)的 lah^{51} 然后再标上问号会使句子听起来更恰当。如:

　　　　(26')雯:不可以。我两个星期六不可以。这个星期六和下个星
　　　　　　　期六。

　　　　　秀:唉呀,代表那时你原本就不可以? 那时原本不是要唱
　　　　　　　歌的 meh^{55}?

　　　　(27')妈妈:没有 decorate,你带一把剪刀去要用到有嘛! 要绑那
　　　　　　　个绳子要剪要什么都有嘛!

　　　　　女儿:Then,这些全部先 pack 好好? Penknife,杯子,刀,还
　　　　　　　有什么? Scotch tape 要吗?

　　　　(28')妹妹:而且,我还觉得很幸运,我真的有去把它印出来读。

　　　　　姐姐:也就是说有考?

如果没有 lah^{51} 这个句末语气词,句子以句号结束会显得突兀,因此必须标上问号,也就是说在说话人在说这些句子的时候要带疑问的口气。但是,这也意味着说话人在说这些句子的时候对于自己从事情中得出的结论并不特别肯定。相反,如果是用 lah^{51} 结束句子,句子就会凸显说话人肯定的口气。

3.表示不耐烦

如上所述,例(26)和(27)中的 lah^{51} 有表示不悦、不耐烦的意思。其实,新加坡华语中的 lah^{51} 普遍有表示不耐烦的意思。如①:

(29)秀:写给谁?

春:朋友 lah^{51}。

(30)秀:你从来没有开过 leh^{31}。

春:老师才刚刚放而已 lah^{51}。

(31)妹妹:这边哪里有十个女生?

姐姐:就是全部的十强的女生,十强女生 leh^{31},就是全部进入那个校园 Superstar 的。

妹妹:噢。

姐姐:十强的那个女生,就是全部人了 lah^{51},十强,十强不就全部人,total 二十强嘛。

(32)背景:爸爸要把一些老婆饼放进冰箱

幸怡:不用放冰箱的 lah^{51}。

(33)背景:在堂课上

幸怡:跟你讲那个……

思薇:等一下再讲 lah^{51},我要听课。

就例(29)、(30)和(31)而言,说话人用 lah^{51} 这个语气词来向对方表示之前提出的问题或意见是没有必要的,其实都有“明知故问”的意思。因此,这里的 lah^{51} 就突出了说话人的不耐烦。如果把 lah^{51} 去掉,就听不出说话人不悦的语气了。

---

①　例(29)至(31)摘自黄植春等(2006)。

4.缓和气氛和对方心情

lah^{51}作为下降调的语气词,在对话中的口气听起来可能会比较重。但事实上,lah^{51}除了用来加强说话人的语气,在新加坡华语中也有恰好相反的功能,即缓和口气。如:

> (34) 女儿:我跟她讲我6点切 cake。她讲她 try to 早一点来。
>
> 妈妈:那你那些东西不是要留给她吃。
>
> 女儿:不用紧 lah^{51}。只是切 cake 没有她这样 lor^{55}。
>
> (35) 背景:哥哥刚回到家,觉得好像有人打开过他的皮包
>
> 哥哥:谁开我的皮包?
>
> 爸爸:没有 lah^{51}。开你的皮包干什么?
>
> (36) 背景:建友是个小孩子,因为不想上补习课便哭了
>
> 建友:我不要补习(哭)。
>
> 思薇:好 lah^{51}好 lah^{51},我们先玩游戏。

例(34)中的女儿在"不用紧"(不要紧)后加上 lah^{51}是要缓和气氛。因为母亲提出的意见让女儿认为,母亲大概觉得女儿要留东西给朋友吃是很麻烦的事。因此,为了缓和这样的气氛和母亲的情绪,女儿就用了 lah^{51}。如果女儿只是说"不用紧",在意义上也是相同的。但是句末的 lah^{51}却使女儿听起来并不介意留东西给朋友吃。

同样,因为例(35)里的哥哥发现自己的皮包被人打开了,可能会有些烦躁。因此爸爸便说"没有 lah^{51}"来缓和哥哥的情绪。如果爸爸只是说"没有。开你的皮包干什么?"他只是在告诉哥哥没有开他的皮包。但是"没有"后面加上了 lah^{51}则是爸爸试图安抚哥哥焦躁的情绪,告诉他没有人会无缘无故打开他的皮包。而(36)中的说话人思薇也是用 lah^{51}来安抚小孩子建友。可见,lah^{51}其实有缓和气氛和对方情绪的功能。

5.说服对方

lah^{51}在新加坡华语里头也常起着说服对方的作用。如:

> (37) 秀:唉呀。你做 project lah^{51}。你安排给我们做 lah^{51}。
>
> (38) 背景:金河在考虑是否应该申请健身房的会员证
>
> 金河:不想运动也可以去那边 steam bath 一下 lah^{51},减一下

流一下汗。

（39）背景：思薇企图说服幸怡去毕业晚宴

思薇：去 <u>lah</u>^{51}，还有毕业特刊 leh^{51}。

幸怡：不要，我都没有钱了。

例（37）的说话人秀正在给听话人提出要求，希望说服对方安排工作给"我们"做。同样，在例（38）和（39）中，说话人在句末用 lah^{51} 来说服对方做某件事的意图是显而易见的。如果少了 lah^{51} 这个句末语气词，以上三个的例子是：

（37'）秀：哎呀。你做 project。你安排给我们做。

（38'）金河：不想运动也可以去那边 steam bath 一下，减一下流一下汗。

（39'）思薇：去，还有毕业特刊。

不管是哪个句子，只要少了 lah^{51} 听起来都比较像是祈使句，即吩咐对方做一件事。而有了 lah^{51} 却使句子听起来像是说话人提出的一个要求，希望能够说服听话人去完成。因此，从以上的例子不难发现，用以说服对方的带 lah^{51} 的句子中必定会出现某动词，如例（37）的"做"和"安排"，例（38）的"steam bath"（泡蒸气浴）和例（39）的"去"。这里 lah^{51} 的功能是为拉近说话人和听话人的社交距离，因为说话人有求于听话人，所以必须用 lah^{51} 来达到目的。

6.表示感到可惜

新加坡华语里，说话人用 lah^{51} 以表示对某件事情感到无奈，无法挽救。比如：

（40）背景：DJ 嘉蕙在广播中和听众玩抢答游戏

DJ 嘉蕙：时间到了 <u>lah</u>^{51}。太紧张了是不是？

在例（40）中，由于抢答游戏的时间已结束，听众无法继续回答问题，因此广播员嘉蕙在句末用了 lah^{51} 来表达她对于听众无法继续回答问题感到很可惜。广播员跟听众玩游戏，在语气方面自然需要很友善。如果广播员说的是"时间到了。太紧张了是不是？"，这个句子比起有句末 lah^{51} 的句子就没那么友善，和听众之间的社交距离也就比较远。因此广播员句末的 lah^{51} 在对听众无法在游戏中获得胜利表示可惜的同时，也在拉近与听众的距离。

二、leh

除了 lah 之外,leh 可以说是新加坡华语里头另外一个常用的语气词。这个语气词常常被写作"咧"。如上所述,祝晓宏在研究新加坡华语语法变异时提出"咧"的主要功能是确认事实,相当于普通话里的"呢"和"哩"。他也推断"咧"在新加坡华语里的出现是受到粤语或闽南语的影响。他举出的例句如下:

(41)老师,那一株更多咧!

(42)窝藏非法移民咧! 在我们这里很大罪的,被捉到包你坐牢。

(43)我的手机 $400 咧,借给你?

(44)你们两个讲好了啊! 情侣装咧!

与白欣彦的做法相同,祝晓宏也只是以"咧"来替代所有不同声调的 leh。leh 在新加坡华语中以不同声调出现在不同的语境里,因此我们将根据声调把 leh 分成平声调 leh^{55} 和下降调 leh^{31} 两种并对这两种语气词进行语用功能的分析。

(一) leh^{55}

1.表示疑问

(a)语助词

平声调 leh^{55} 在新加坡华语里是很常见的。而 leh^{55} 常常被当作疑问句的助词。如:

(45)C:做工的人。Then 有看到一个人,很恶心的一个印度人。

  A:做么 leh^{55}? (做什么?)

(46)A:对,normally 人家都会,我们都会拿 B+,A−,A 的成绩。

  C:Huh,那么 C leh^{55}? 谁拿 C? 没有人啊? 这样好。

(47)妹妹:读我 test 嘛,then 后来我,还好我是坐那个 supplement 的那个 bus leh^{31}。Then 我在后面我突然间就,突然间就看,诶,为什么在那里停 leh^{55}?

从例(45)、(46)和(47)中可以看出例句都是说话人在提出一个问题,而问题后都会加上 leh^{55} 作为助词。由此不难推断出这里的 leh^{55} 其实是替代了普通话的"呢"。如果少了 leh^{55} 而标上"呢"，句子就是：

（45'）C：做工的人。Then 有看到一个人，很恶心的一个印度人。

　　　　A：做么<u>呢</u>？

（46'）A：对，normally 人家都会，我们都会拿 B+，A−，A 的成绩。

　　　　C：Huh，那么 C <u>呢</u>？ 谁拿 C？ 没有人啊？ 这样好。

（47'）妹妹：读我 test 嘛，then 后来我，还好我是坐那个 supple-
　　　　ment 的那个 bus leh^{31}。Then 我在后面我突然间就，
　　　　突然间就看，诶，为什么在那里停呢？

因此，leh^{55} 在这里是一个全新的新加坡华语疑问助词。

（b）疑问词

除了做语助词以外，leh^{55} 也有疑问词的功能。换言之，即使说话人不是以疑问的形式说出一句话，说话人只要在句末使用 leh^{55} 就可以把句子变成疑问句。如：

（48）妈妈：没有做工也是。洗过也是可以用的嘛。洗过了你都
　　　　不懂啊。洗了，你看那些白白的全部没有了，干净干
　　　　净。啊！我要冲凉了。剪刀拿一个，放进那边。这个
　　　　汤的也是要收了。我已经跟你整理好了那边的东西，
　　　　你自己看还缺少什么东西要用啊，什么啊。

　　　　女儿：毛巾 <u>leh</u>^{55}？

（49）妈妈：Then 拿一个这个去。用这种纸拿。做么（即"做什
　　　　么"或"为什么"）剩下这样小的 meh^{55}？ 没有大的啊？
　　　　这个要不要拿去？ 给你 decorate 了然后就丢掉了，不
　　　　要了。

　　　　女儿：好。

　　　　妈妈：还有 <u>leh</u>^{55}？ Sticker <u>leh</u>^{55}？

　　　　女儿：Staple！ 什么 lighter。不懂 leh^{55}。

例（48）和（49）中有 leh^{55} 的句子其实去掉 leh^{55} 后都不是疑问的句式。如（48）的"毛巾？"和（49）的"还有？ Sticker？"都比较像是陈述句。但是加了 leh^{55} 以后就改变了句子的形式，譬如：（48）的意思就成了"毛巾在哪里？"，而

(49)的意思则是"还有什么? Sticker(贴纸)需要吗?"。由此,在句末使用 leh^{55}就可将陈述句转换成疑问句。

2.不清楚状况,缓和语气

从例(50)和(51)中可以看出,leh^{55}其实也会出现在"不懂"或"不知道"之后。换言之,leh^{55}是在说话人不清楚状况的前提下出现在句末的。

(50)A:Thirty lah^{51}。Ten percent 是课堂的 lah^{51}。然后 thirty 是?

C:不懂 leh^{55}。那时候读华文,通常每个人都是拿那个 average grade?

(51)妈妈:还有 leh^{55}? Sticker leh^{55}?

女儿:Staple! 什么 lighter。不懂 leh^{55}。

如果没有了语气词 leh^{55},例(50)和(51)中 A 和女儿的回答都会是"不懂"。这样的回答依然表达出了说话人对于谈话中的情况不清楚,但听起来却比较生硬、严肃。相反,如果加上了 leh^{55},整个氛围就会缓和许多。这个语气词拉近了说话人和对方之间的社交距离,从而表达了说话人希望对方不要因自己不清楚状况而见怪的意思。

3.表示犹豫

leh^{55}也用来对谈话中的某事件表示犹豫。这和以上用以表示对状况不清楚的 leh^{55}是类似的。但是以上提及的 leh^{55}主要出现在"不懂"之后,表达了说话人较确定自己不知道事情的状况。而这里的 leh^{55}则表达了说话人对情况的犹豫,觉得是但又不是非常肯定。

(52)姐姐:哦,你看华侨中学高中部去 support 的有,有穿华中的咩? 很像没有 leh^{55}。

(53)C:第四个啊。

A:是吗?

C:好像是 leh^{55}。

A:那么快吗?

例(52)和(53)中出现 leh^{55}的句子同时都出现了"像/好像"。说话人一般用"像/好像"就已经在表示自己对事情的状况不是百分百确定,而在句末加上 leh^{55}则更凸现了自己的不确定。

(二) leh^{31}

1.用在陈述句句末,表示理应如此或事实显而易见

leh^{31}在陈述句句末也用来表示事情原来就是这样,是显而易见的。例(54)中妹妹说"我明明就看十六面的 leh^{31}"表示她没有弄错,确实是看了那几面。例(55)中妹妹说她复印了 mid term paper 就是要准备考试用的。leh^{31}表示说话人很肯定自己这么做的目的和意图。

(54)妹妹:Then……then 我不是讲我又,诶,我有没有跟你讲我又跑回去啊?我还没有跟你讲啊?

姐姐:啊。

妹妹:因为我就我明明就看十六面的 <u>leh</u>^{31}。

(55)妹妹:没有迟,但是我本来就是要早一点去那边读嘛。

姐姐:哦!

妹妹:因为我印了那个 mid term paper 要读 <u>leh</u>^{31},要不然不早点去哪有时间。

2.用在陈述句句末,表示指明事实,有时语气略带夸张

leh^{31}在陈述句句末也可以表示夸张。例(56)表示她侥幸坐上对的巴士去考试。例(57)强调用不着确认对方要不要去。例(58)妈妈强调她拿的确实是肥皂。

(56)妹妹:读我 test 嘛,then 后来我,还好我是坐那个 supplement 的那个 bus <u>leh</u>^{31}。

(57)B:唱歌。

C:uh-no,不要 confirm 他要不要去的 <u>leh</u>^{31},那就当作他去咯。

(58)妈妈:我还拿肥皂。那个黄色是肥皂来的 <u>leh</u>^{31}。我想我本来想把它穿一个洞的,容易倒出来嘛。

3.不清楚状况,表示缓和的语气

leh^{31}也表示不清楚状况时,恍然大悟地发现事情的真相。例(59)妹妹和姐姐都表示她们不知道某人原来是读 JC(初级学院)的。

(59)妹妹:而且我不知道他原来是 JC <u>leh</u>^{31}。

　　　　　　姐姐:哦，对 lor^{55}，我也不知道 leh^{31}。

　4.强调感觉、情感、特征,为了引起共鸣,有时兼有感叹、惊异等语气

　　leh^{31}也可以用来强调当时的情感,加以渲染气氛,引起共鸣。例(60)当姐姐提到某人很搞笑的时候,用 leh^{31}来强调搞笑的程度。例(61)A 骂 C 很笨的时候,如果没有加上 leh^{31}就是很平淡地说他很笨,如果加上 leh^{31}就是强调他真的很笨。例(62)当妹妹说某人很有毅力时,如果没有加上 leh^{31}就只是称赞他很有毅力,加上 leh^{31}就是强调他真是很有毅力了。所以 leh^{31}在这些例子里起到了加强语气的作用。

　　　　　(60)姐姐:对啦,then 他们就一起去吃饭,then 她讲很多人看 then
　　　　　　　　　　　Hsiao Kee 讲下次不要跟他一起,千万不要跟他一起出
　　　　　　　　　　　门,就去到哪里都,看样子很像很多人都看,then 她讲
　　　　　　　　　　　说有个人要跟他签名,就走到那边很像发现他自己没
　　　　　　　　　　　有笔,真是搞笑 leh^{31},居然有人要,我没想到他知名度
　　　　　　　　　　　还蛮高的……

　　　　　(61)A:Orh,本来有个位子你不要坐 lah^{51}!
　　　　　　　　C:ya, ya, ya!
　　　　　　　　A:很笨 leh^{31}。

　　　　　(62)姐姐:我还没有读过,oh,哇他很厉害 leh^{31},他减了比较好看。
　　　　　　　　妹妹:诶,他真的很有毅力 leh^{31},你知道吗? 哇,从他的 Bal-
　　　　　　　　　　　estier 跑到 Toa Payoh 又跳绳一万下。

　5.强调之前提及的事情、时间、人物等,加强语气

　　leh^{31}也可以用来强调以前提及的事情、时间、人物等。例(63)表示那个人以前是胖的。例(64)妈妈说用哥哥曾经用过的药膏三天就好了。例(65)C突然发现作业是要四月初交的,有些吃惊。例(66)姐姐重复“十强女生”,加上 leh^{31}就是表示了不起的意思。

　　　　　(63)妹妹:他以前是胖的 leh^{31}……
　　　　　(64)妈妈:不要带回了! 这样就拿去丢掉。你又痒,你刚冲好凉
　　　　　　　　　　　leh^{31}! 你去擦 kor kor（即“哥哥”）那个药膏,三天就
　　　　　　　　　　　没事了 leh^{31}。

女儿：我懂，我早上擦了。

（65）C：还有一个 project presentation，我都不懂几时 leh³¹。四月

头 leh³¹。现在 start，三月几 huh。uh 对咯，三个拜礼（即

"三个星期"）后要交 liao²¹²。

（66）妹妹：这边哪里有十个女生？

姐姐：就是全部的十强的女生，十强女生 leh³¹，就是全部进

入那个校园 Superstar 的。

6.不耐烦或要投诉的语气

leh³¹表示不耐烦的语气。例（67）说话人说"很烦"还加上 leh³¹就表示确

实很烦了。例（68）说话人埋怨天气很热，加上 leh³¹就是强调的语气了。

（67）A：哎呀，很烦 leh³¹，这样多功课要做，等一下还有 jap test

咯。那个 quiz。

（68）C：哎，你 check 完了没有。很热 leh³¹。

A：还没有，给我一分钟。

例（69）C 骂他的朋友"傻"的时候还加上 leh³¹，意思是"你真的很傻"。例

（70）说话人在埋怨某科读得很"恶心"，当他用 leh³¹的时候是在加强语气。例

（71）说话人也在埋怨朋友不肯确定所以觉得他很烦，这里 leh³¹是在加强语气。

（69）A：Hai，真是的。现在这种 last minute 的功课。Eh，痛苦 eh。

C：傻 leh³¹你。

A：Then 我全部的朋友，全部都还没有做。

（70）C：喔，Aiyer，很恶心 leh³¹这个 module。

（71）C：喔，then 就不要，因为芝霞他都没有 confirm，一直不要

confirm 的 leh³¹。很烦的 leh³¹芝霞，芝霞。

三、lor：lor⁵⁵

（一）不耐烦

平声的 lor⁵⁵可以表示不耐烦。例（72）妈妈不耐烦地在训女儿，要她更有

条理地处理事情。

（72）女儿：放哪里？

> 妈妈:放一个纸袋 lah⁵¹！放然后,放纸袋放好了,然后放你的 bag lah⁵¹！你不是要带一个 bag 去 <u>lor</u>⁵⁵。这些可以放在你的 bag 的。这些东西不要乱乱丢,全部放在你的 bag。不然就放在这边先,放在桌子上先,等到明天你才放。

(二)省略

平声的 lor⁵⁵ 也可以用来表示省略。例(73)A 说"那我们不是第一天 lor⁵⁵"就省略了他们是第一天做报告的意思。

> (73)C:Project presentation 是,3 月 31 号 leh³¹。为什么?
>
> A:那个 week 啊? 对 <u>lor</u>⁵⁵,那我们不是第一天 <u>lor</u>⁵⁵。

(三)肯定

lor⁵⁵ 也可以表示确定。例(75)妹妹看到第 28 讲堂,就推论说第 27 就在旁边了。

> (74)姐姐:huh,LT29 在哪里?
>
> 妹妹:LT29 是在。
>
> 姐姐:28 旁边是 27 对不对?
>
> 妹妹:um,LT28 在这里对不对,then 这个是 27,then 这边 <u>lor</u>⁵⁵。没有,从来没有走过去那边过的。

(四)表示同意

lor⁵⁵ 也表示迎合对方,同意对方所讲。例(75)姐姐就用这个语气词表示同意妹妹的说法。

> (75)妹妹:是华初那个。
>
> 姐姐:哦,对 <u>lor</u>⁵⁵ 华初 <u>lor</u>⁵⁵。
>
> 妹妹:而且我不知道他原来是 JC leh³¹。
>
> 姐姐:哦,对 <u>lor</u>⁵⁵,我也不知道 leh⁵⁵。

(五)表示无奈

lor⁵⁵ 也表示无奈,例(77)当 C 问 B 为什么到学校来时,A 回答说就是来帮 C 做作业的,B 的回答中不仅是说"对",而是用"对 lor⁵⁵"表示他很无奈。

> (76)C:Er,那你今天来学校是?

> A：他来为了帮你做 project。
>
> B：对 lor^{55}。

（六）强调

lor^{55}也可以表示强调，如例（77）。

> （77）妹妹：而且她讲很多人问她功课 lor^{55}。

（七）讲解：答案明显

lor^{55}也可以表示理所当然、何必要问的意思。例（78）当女儿问妈妈是否要全擦完时，妈妈回答说"擦 lor^{55}！"表示不用多问，是理所当然的。例（79）当 C 回答说"拜五 lor^{55}"时意思是难道你忘记了吗？还用问吗？

> （78）女儿：这边全部要擦完？
>
> 妈妈：擦 lor^{55}！
>
> （79）A：OK，uh 对。然后就。Uh 对。讲到哪里。讲到那个，
>
> C：拜五 lor^{55}。

（八）叙述：引起共鸣

在叙述事情的时候，lor^{55}也可以用来引起对方的共鸣。例（80）妹妹说"对 lor^{55}"是回应姐姐说的话，她接下来又说"然后我就到那个 computer 了 lor^{55}"，其实是有意带着听者跟她一起走的意思。

> （80）姐姐：很迟了咩？
>
> 妹妹：没有迟，但是我本来就是要早一点去那边读嘛。
>
> 姐姐：哦！
>
> 妹妹：因为我印了那个 mid term paper 要读 leh^{31}，要不然不
> 早点去哪有时间。
>
> 姐姐：Em。
>
> 妹妹：对 lor^{55}，然后我就，我要去 book 电脑，then 要等等等一
> 下子，然后我就到那个 computer 了 lor^{55}，then 我就去
> 看，then 我就去看，ok page sixteen，你就看 scroll 到最
> 后一面，它那边真的跟我放 page eight 你知道吗？

四、orh

最简反馈（minimal responses）这个概念是用来指对话中听话人向说话人

做出的一个简单的言语反应(李宗江 2013:38),表示自己听到了话说人所说的话,或者是自己有在听说话人说话。

(一)orh^{51}

1.作为最简反馈

在语料中不难发现,说话人在说了某些事情后,听话人就会回应 orh^{51},然后说话人就会继续说下去。

(81)男 3:千三、千四酱。("这样"读快了就变成"酱")

女 7:orh^{51}。

男 3:然后它 hourly special lor^{55}。他讲多十分钟就完了

　　　leh^{31}。要不要? 一一五,一一二九。然后就 ok lor^{55}。

例(81)里男 3 与女 7 正在讨论男 3 所买的新电脑的事情。男 3 表示他的新电脑是用一千三百或一千四百元购买的。当他还没有继续补充说明的时候,女 7 就回应了 orh^{51},表示自己在认真听,示意男 3 继续说下去。因此可以看到这之后,男 3 又继续说明为什么电脑会是这个价钱。

orh^{51}的后面可以出现一些不同的话语,例如对说话人所说的表示肯定的话语等。作为最简反馈的 orh^{51},后面可以跟五种不同的模式:orh^{51}+0(" + 0"表示 orh^{51}后面没有其他成分,是单独使用的)、orh^{51}+肯定话语、orh^{51}+否定话语、orh^{51}+延续话语、orh^{51}+新话题。在这五种模式中,除了单独使用外,其余四种模式中的 orh^{51}都是出现在句首的。

模式 1:orh^{51}+0

作为最简反馈的 orh^{51}单独使用时,它只是作为一个简单的回应使用。因此,就算这个只有 orh^{51}的句子被删去,也不会影响其他的语义或其他句子及成分。

(82)男 6:Then then CHANG TAI 已经跟他讲我们买了。

男 5:orh^{51}。

男 6:That's why 他现在问 can we forward the plans to him。

这里男 5 和男 6 在讨论买机票与计划旅行行程的事情。男 6 表示某位朋友已经买了机票。男 5 就用 orh^{51}来做一个简单的回应,示意男 6 继续。于是我们看到男 6 继续说明那位朋友告诉他买了机票之后,又问了他什么事情。在这里,即使把男 5 的 orh^{51}删去,或者说男 5 根本就不开口,而只剩下男 6 自

己接着说,整段话语的语义与语法也没有受到影响。

唯一不同的是,男 6 没有得到男 5 的最简反馈,所以可能会导致他无法收到"男 5 在听自己说话"这个信息。这就又可能会导致对话的互动性减少,或是产生停顿。

模式 2:orh^{51}+肯定话语

用 orh^{51}表示最简反馈后,听话人也可以继续补充说下去,让话轮到自己这边,自己变成说人。在表示最简反馈后,说话人可以加入表示肯定的话语。

> (83)男 3:Ya。Ya lor^{55}。So 蛮,蛮好跟学生 click 的 lah^{51}。Eh 老
> 师,nine gag,老师,nine gag。
>
> 女 7:orh^{51},对。现在很红 leh^{31}。

例(83)里男 3 和女 7 在讨论一个"脸表情"(meme)的东西,即用某个人的表情来做一些有趣的图片。"nine gag"这个网站有非常多的"脸表情"。男 3 就表示使用"脸表情"的图片可以让自己与学生更加亲近。因为学生都知道"nine gag"这个网站,所以与他之间的话题就更多。女 7 先回应 orh^{51},告诉男 3 自己听到了他所说的话。但她没有就这样停止,她还想要多做一些回应。因此又加入了"对"来表示对男 3 所说的话的肯定与赞同。

模式 3:orh^{51}+否定话语

这个模式是听话人先用 orh^{51}来做一个回应,告诉对方自己听到了他所说的,然后再进行补充,否定对方所说的话语,变成新的话轮的说话人。

> (84)女 2:不是路边。在那个,在那个 MRT 的那一边。走进,走
> 出来。
>
> 女 3:ah^{11} har^{31}。
>
> 女 2:在 underground 的。
>
> 女 3:orh^{51},不是不是。

表示否定的话语很多时候是直接使用否定词"不是"。例(84)中女 2 与女 3 在讨论她们各自在韩国旅游时非常喜欢的一家餐馆。她们正在确认彼此所说的是不是同一家。女 2 就说她指的那家不是在路边的,而是在地铁站那里的。女 3 用 ah^{11} har^{31}表示了自己正在听。当女 2 继续说是在地下通道的那家后,女 3 还是用 orh^{51}做个简单的回应,表示自己听到了女 2 的话。但是接下

来，她直接以"不是不是"来补充说明女2所说并非自己所指的那家，以此否定女2。

模式4：orh⁵¹+延续话语

orh⁵¹往往用来作为最简短的反馈，然后延续话语。这里所延续的话语并没有包含肯定或否定的意思，而是单纯地针对该话语进行一种补充与延续，让对方有更多东西可以一起谈。

（85）女6：在 Raffles City Shopping Centre 楼下。那个 basement 那边。

女3：<u>orh</u>⁵¹，我应该知道。每次排长龙的那个。

女6：Ya。Actually 它的 buffet 不错。它的 international buffet 不错。

例（85）是女3与女6讨论某家餐馆的例子。女6先前提议她们可以一起去试一试某家自助餐餐馆。女3就询问该餐馆的位置。女6说明该餐馆位于莱佛士购物中心底层。女3就先用 orh⁵¹ 回应，表示自己听到了女6的说明。但她不止步于此，而是接下去说自己应该知道对方所指的是哪家餐馆，再补充是排队排得很长的那家。因为有了这个延续与补充，女6才可以确保女3刚才的确是听到了自己说的话，并且与自己所说的是同一家餐馆。

模式5：orh⁵¹+新话题

五个模式中出现次数最少的就是"orh⁵¹+新话题"这个模式。在表示最简反馈后进行话题转换，不再继续说话人的话题是非常少见的。这也表示新加坡人并不会常常在表示最简反馈后想要抢到话轮，突然转换一个新的话题，可能是因为这是不太礼貌的行为。

（86）女12：不懂 leh⁵⁵，我朋友要去 USS 的。

男7：我 friend 讲很吵啊！

女12：<u>orh</u>⁵¹下雨了，then 你要怎样去读书？

男7和女12本来是在讨论圣淘沙和环球影城的事情。女12说她有朋友想去环球影城。男7就表示那个地方很吵。但女12在给了最简反馈 orh⁵¹ 表示自己听到了男7的话后，突然改变话题，说起天气和读书的事情。

2.作为引述他人话语的标记

例(87)在引述他人话语时先用 orh⁵¹ 来做一个引子,然后才说出他人的话语。

> (87)男 3:然后它 hourly special loh⁵⁵。他讲 <u>orh⁵¹</u> "多十分钟就完了 leh³¹。要不要?"——五,——二九。然后就 ok lor⁵⁵。

3.作为补白词

在自然对话中,常常会在说话人说到一半时,听到"like""well""um""oh"等这类词。华语对话中则常常会出现"就""像""啊"等。这些词在句中全部都是发挥一种补白的功能。这些词可以被称作"补白词"(fillers)或"插入语"(interjections)。

> (88)女 1:因为她很好笑。有一次我们在看一个,好像是在看一个 MV,<u>orh⁵¹</u>,一个,I think 是 SUJU-M 那个《到了明天》那种很 sad 的歌的 MV lah⁵¹。

女 1 是在回忆那位朋友当时在房间里做什么而说的。女 1 说朋友在看一个音乐录像带。但是她一时无法说出该音乐录像带的名称,所以先说"是在看一个 MV",然后用 orh⁵¹ 来做一个填补思考空白的标记,利用这个时间来想是哪个音乐录像带。

4.表示"知道了"

话语标记是没有一个具体的意思的,说 orh⁵¹ 表示"知道了"并不是在说 orh⁵¹ 有一个具体意义。这里的意思是指,orh⁵¹ 在某些时候、某些特定的句式或语境中,可以起到表示"我知道了""原来如此"这样的含义。

> (89)男 6:Siglap 那边有一间。
>
> 男 5:有一间?
>
> 男 6:有一间 shophouse,你懂那个 cheesecake café。
>
> 男 5:<u>orh⁵¹</u>。

例(89)的男 5 与男 6 在讨论某家咖啡馆。男 6 想要介绍那家以芝士蛋糕闻名的咖啡馆给男 5。但是一开始的时候,男 5 并没有表明自己是在说一家咖啡馆,只说了在"Siglap"这个地方"有一间"。这当然让男 6 摸不着头脑,不清楚男 5 说的是一间什么。因此,他就问"有一间"。男 6 这时才说明是有一家芝士蛋糕咖啡馆。男 5 的疑问得到了解答,因此就以 orh^{51}作为回应,表示自己知道了。

(二) orh^{11}

可以用 orh^{11}来强调某件事情。

(90) 女 2:Longchamp……是,不是 Longchamp。你知不知道那时候看 Longchamp,不是看到那边有一个 wallet <u>orh</u>^{11},那个……那天我在付钱的时候,他 counter 不是有一个 wallet,就真的是你闻得出,真的是 pure leather 的味道。他那个 wallet 比我的 bag 还贵两倍。我的那个 bag 不是两百一 <u>orh</u>^{11},那个 wallet 四百五,I think。

例(90)是 orh^{11}作为强调的语气出现在句中的情况。女 2 表示还想再买一个"Longchamp"牌包包,认为这个牌子在名牌里还算是廉价的,而其他名牌则太贵了。于是,她便告诉对方关于她某天在该品牌的店里所看到的事情。

在这段话语中,女 2 共用了两次 orh^{11}来进行强调。第一次是强调店里的某一个皮夹:"不是看到那边有一个 wallet orh^{11}"。这里指的不是店里所有的皮夹,而只是强调某一个。这个强调帮助她缩小所指的范围。第二次是强调她拥有的那个品牌的包包的价钱是"两百一":"我的那个 bag 不是两百一orh^{11}"。这里同样指的不是其他的钱数,而是两百一十元。这个强调则帮助她凸显出该皮夹与她的包包的价钱的对比与落差,来作为该皮夹的质量应该是非常好的一个佐证。

(三) orh^{313}

1.表示恍然

之前提过,自然对话是即兴的,没有任何稿件或是大纲可以让说话人参考或是读出来。因此,说话人不免会出现一时混乱的情况。但是,有时候这种混乱的情况只会短暂出现,说话人可能很快就反应过来了。这就是我们所指的"恍然",即原本还不太明白或感到混乱,但自己突然就想起来或理清了,所以有一种"恍然大悟"的感觉。

(91) 女 3:没有。因为那个糖,它中间有一个洞。

女 6:洞? <u>orh</u>^{313},刮到?

例(91)是 orh^{313} 在句首表示恍然语气的例子。女3与女6在聊天时,女3突然说她弄伤了舌头。女6便询问是否是因为咬到舌头了。女3便回答是因为含在嘴里的一颗中间是空洞的糖。女6一时没有反应过来,就说"洞?"。但是她马上便想起来那颗有洞的糖是什么样的了,所以就说"orh^{313},刮到?"表示她清楚知道为什么女3说是被那个洞弄伤了。接下来也得到了女3的认同。

2.表示疑问

说话人如果有事情想要问其他参与者的话,毋庸置疑该使用问句的形式来询问。当然,对话的时候是看不到问号的。所以,当说话人想要提问时,会将最后一个字的音调设得比较高,来表示自己说的是一个疑问句。orh^{313} 可以在句尾用来表示疑问。

(92)女9:没有啊,我有吃啊,你看。But 我,我比较喜欢 tiramisu 的 leh^{31}。

女1:是 <u>orh</u>^{313}?

例(92)女9说明自己比较喜欢吃提拉米苏(tiramisu)。女1就问"是 orh^{313}?"来表示自己对女9的话的疑问。

我们可以看到新加坡华人在使用"orh"时,若是想要表达语气,那么可以有三种不同的语气:orh^{11} 表示强调的语气、orh^{313} 表示恍然的语气和疑问的语气。这之中以强调语气为主。比较有趣的是,表示强调的语气若是搭配比较负面的词语,往往会有一种嫌弃的意味。

(四)小结

orh^{51} 可以发挥五个功能:作为最简反馈、作为引述他人话语的标记、作为补白词、表示"知道了"与表示语气。

在这五个功能中,作为最简反馈的 orh^{51} 与其后的成分可以形成五种不同的模式:orh^{51}+0、orh^{51}+肯定话语、orh^{51}+否定话语、orh^{51}+延续话语、orh^{51}+新话题。表示语气的 orh 则还可以再细分为三个小类:表示强调的语气、表示恍然的语气、表示疑问的语气。

不论是哪一种功能,都可以发现 orh 即使是从句中删除,也不会对句子产生语义、句法影响。唯一不同的是,少了话语和语用上的含义。少了这些功能,说话人可能就不会知道听话人是否在听自己说话、无法在保留话轮的情况下为自己争取更多思考时间、无法告诉对方自己的疑问得到了解答,也无法更简单地表示不同的语气。听话人则无法利用简单的回应给说话人鼓励,需要通过较长时间的推敲与猜想来发现说话人原来是在引述他人的话语。

由此可见,orh 这个话语标记无论是从说话人或是听话人的角度,都是可以起到非常大的作用的。这也显示这个话语标记功能的多元性。

第三节　结语

本章整理了新加坡华语语气词中的"lah""leh""lor"以及"orh"不同声调的语用功能,是以原始资料的形式呈现语料,这些现象充分体现了新加坡多语言、多方言所带来的接触现象,有待日后从理论的角度去做进一步的分析和研究。

参考文献

白欣彦　2014　《新加坡华语句末语气词:在语料库基础上与普通话的对比统计》,新加坡南洋理工大学荣誉学士学位论文。

何丽娴　2003　《新加坡华语会话中语气词的语用功能》,新加坡国立大学荣誉学士学位论文。

黄淑盈　2006　《新加坡华语中语气词 leh 之研究》,新加坡国立大学中文系荣誉学位毕业论文。

黄植春、何书愉、朱旆萁　2006　《语气词"lah","leh","loh"的研究》,新加坡国立大学中文系语用学作业。

江　滨　2014　《新加坡华语口语话语标记"orh"的功能与礼貌研究》,新加坡国立大学硕士学位论文。

李忠庆　《语气词"leh"的研究》,未刊稿。

李宗江　2013　《几个疑问小句的话语标记功能——兼及对话语标记功能描写的一点看法》,《当代修辞学》第 2 期。

林幸怡、张思薇　2007　《新加坡华语会话中的语气词"lah"》,新加坡国立大学中文系语用学作业。

吕叔湘主编　1983　《现代汉语八百词》,香港:香港商务印书馆。

冒　晟　2005　《北京话口语语气词"啊""吧""嘛""呢"的研究》,香港科技大学硕士学位论文。

周清海　2002　《新加坡华语词汇与语法》,新加坡:玲子传媒。

朱德熙　1982　《语法讲义》,北京:商务印书馆。

祝晓宏　2008　《新加坡〈好儿童华文〉教材的语言变异及其成因——多重认同视野下的观察》,《暨南大学华文学院学报》第 1 期。

Chua, C. L.　2004　The Emergence of Singapore Mandarin: A Case Study of Language Contact. University of Wisconsin-Madison, Ph.D. Thesis.

第八章　新加坡华语语气词"hor"的语义和语用功能研究

第一节　引言

一、目前新加坡华语研究对语气词的忽略

现今对新加坡华语的研究所得到的共识是它深受中国南方方言的影响。其成果可概括为语音、词汇和语法三个方面(徐杰、王惠2004:286—304)。据我们考察,语音和词汇方面的研究可说是相当完备的。但可惜的是,现有研究中,属于语法范畴的新加坡华语语气词的相关文献是极少的,即使有也只是简单概括。那么,新加坡华语语气词有何特殊之处?

新加坡华语和普通话一样,可通过语气词来表达句子的语气。但新加坡华语有一套在现代汉语普通话中找不到的语气词。例如:

(1)他是老师 meh?

他是老师 lah。

他是老师 leh。

他是老师 lor。

他是老师 hor。

例(1)中"他是老师"在加入了五种不同的新加坡华语句末语气词后,表达了五种截然不同的语义。这是新加坡华语里十分有趣的语法现象,但现有研究对其认识不多。

例(1)中所举语气词为新加坡华语所独有。要对这种语用现象进行研究,就必须掌握新加坡华语的语感。如果缺乏此种语感,而只依赖书面材料上的语气词来分析,就很可能忽略它们。但据我们观察,即使是新加坡学者,虽

掌握语感,但研究方向却似乎太偏重于语法建构和词汇特点,因而也忽略了语气词的部分。① 这双重的局限性,造成了新加坡华语语气词研究的空缺。本章将尝试做出初步的努力,填补这方面的空白。

"hor"是新加坡华语里经常被用到的语气词,但对于它的研究却是不多的。本章就以"hor"为主要的研究对象,探讨它在新加坡华语里的语义和语用功能。

二、目前对新加坡华语的"hor"的认识

目前以新加坡华语语法视角,对语气词"hor"的系统性研究几乎不存在。一些以中文书写的著作虽稍有提及,但都不具体。我们做了一些整理,概括如下:

邝摄治(1984)以批判"方言式华语"的角度简略地提到"hor"在对话中的作用。在他看来,"hor"是"娘娘腔式"的语助词,"有时带点申诉意义,不过通常都不含恶意"(第51—53页)。该描写并不具体,且发表于政府竭力推广华语运动之际,因此带有些许政治观点,我们仅作为一般参考。

关汪昭(1996:171—178)虽在前辈学者的基础上提到了"hor"的功能,但目的语言是新加坡英语,即"hor"在本地英语交谈中的作用。关汪昭把"hor"归类为情态虚词。第一种是"带低而渐高声调的疑问虚词",第二种则是"带低而沉的声调情态虚词"。可惜的是,作者只做概括性描写,探讨不够充分。

在新加坡华语语法研究里,探讨语气词"hor"的研究几乎没有,但相对而言,"hor"在新加坡英语里的作用,研究却比较多。以新加坡英语为考察对象的研究,诸如 Marie(1988)、Platt & Ho(1989)、Gupta(1992)、Gan(2000)、Wee(2004)、Romero & Han(2004)、Ler(2005)和 Kim & Wee(2009)等,都对"hor"在新加坡英语口语中所发挥的作用做了充分的系统性论述。

---

① 这是笔者在研究过程中所得出的结论。绝大多数的新加坡华语研究文献,对于语气词的论述,相较于语法和词汇来说是比较缺乏的。

第二节　从对话的立场定位角度分析"hor"

"hor"实际上反映了说者和听者在一段对话中对于语境的支配权和把握能力。我们将以对话分析中的立场定位角度（stance）进行分析。说者和听者在一段语境中会持有一定的立场。由于在对话中采取立场，因而才形成了传情达意的句子，用以表达自己在某种立场上的语气。说者和听者在一段语境中所要表达的立场会影响言语方式和语法构造。

我们推测：

1. 语气词"hor"在对话中所突显的立场基本有两种，即"认知立场"（Epistemic Stance）和"义务立场"（Deontic Stance）。

2. 在立场定位的框架里，新加坡华语"hor"的语用功能，是在新加坡英语里所具有的"检查功能"（Checking Function）（Gupta 1992）。这种"检查功能"是"说者向听者做确认主观想法的工作，以达至两人在主观想法上的共识"（Gupta 1992）。

3. 结合上述两点，我们认为，新加坡华语里的"hor"基本有两个：

a. 声调为升调的"hor1"：表达"认知立场"的"疑问式征求性确认"的"检查功能"。

b. 声调为降调的"hor2"：表达"义务立场"的"祈使式命令性确认"的"检查功能"。

一、"认知立场"和"hor1"

"认知立场"是拥有对于对话语境信息之事实发生的可能性及其真伪程度的认知能力。在一段对话中，处在"认知立场"的一方，表示他具有对语境信息的辨别和判断能力。认知的能力可以是相对的，也就是说者或听者都可处在"认知立场"上。我们把"认知立场"的"hor"称为"hor1"，读音为[xɔ]，调值为 35。

（一）"hor1"作为疑问语气词

陈述句是用于陈述一个事实或看法的句子。在一段对话中，说者可以用陈述句向听者传达他的主观想法。例如当说者向听者说"我饿了"时，就表示说者有意向听者传达"我饿了"的主观想法,而要求听者接受。传达成功即能使听者也形成"说者饿了"的主观共识。

但是,当说者知道或者意识到听者有权对语境进行事实价值的判断时,不管说者对于他的主观想法有多么确信,他都无法轻而易举地将这一主观想法传达给听者,更别说是要求听者直接接受。说者只得依靠听者个人的意愿去接受或同意说者主观想法的事实价值,这也表明说者被迫向听者确认他主观想法的事实真相,征求听者的共识。"hor1"作为疑问语气词,在对话中突显出听者所处的"认知立场"和他对语境信息的辨别和判断能力。

　　(2)语境:下午三点钟,A向B提出疑问。

　　　　A:Eh! 你吃饱了 hor1?

　　　　B:对,吃饱了。

例(2)的A根据他主观的逻辑推理,得出B大概于下午三点钟已经用完午餐的主观想法,因此以陈述句"你吃饱了"来表达他的主观想法。虽然A相信B已经吃饱了,但A不能逼迫B直接接受他的主观想法,因为他知道B在对话中处于"认知立场",也就是B到底吃饱了与否,只有B自己拥有百分百的把握,所以他具有对语境信息的辨别和判断权利。由于A意识到B所处在的"认知立场"意味着简单的陈述句无法成功传达他的主观想法,因此A不只是表达"你吃饱了"的陈述句,还必须在句末加入疑问语气词"hor1"。说者运用"hor1"的"检查功能"将陈述句转化为疑问句,向B确认他主观想法的事实真相,征求B的共识。由此,A所表达"你吃饱了 hor1?"的言语功能可概括如下:

1. 说者A以陈述句"你吃饱了"要求听者B接受他的主观想法。

2. A知道或者意识到B在对话中处于"认知立场",因此以疑问语气词"hor1"将陈述句转化为疑问句,向B确认他主观想法的事实真相,以求得到B主观想法上的共识。

　　B回应"对,吃饱了"表示在经过他的判断后,他同意A的主观想法。当然,B也可给予否定的回答,以表示他不同意A的主观想法。

　　普通话里可用于表疑问的语气词有"啊、吗、呢、吧"等(陆俭明2001)。它们虽然都能表疑问,但承载的疑问信息是否与"hor1"相同? 我们将使用胡明扬(2000)的单项对比分析法,以例(2)中的陈述句"你吃饱了"为不变的"常数"(constant),"变数"(variable)只限于变化的句末语气词。语调一概统一为中性的陈述语调,以显示出不同语气词互相对立的不同语气意义。

我们首先讨论语气词"啊"。不带语气词的陈述句"你吃饱了"可通过句末的升调转化成是非疑问句。试与语气词"啊"做比较:

情况1:不带句末语气词,句末用升调

　　　你吃饱了?

情况2:句末用"啊"

　　　你吃饱了啊?

根据陆俭明(2001)的考察,带"啊"的是非问句,其句调跟不带语气词的是非问句一样,是升调。因此,带"啊"的疑问信息,也跟不带语气词的是非问句一样,是由升调所负载的,在这里"啊"并不表示疑问语气,只表示说者的某种态度或情感。因此,将"啊"看作疑问语气词缺乏根据,在形式上得不到验证。"啊"就如胡明扬先生认为,只是一个"表情语气助词"。由此我们肯定,"啊"并不负载"hor1"的疑问信息。

"吗"是典型的疑问语气词,其基本功能是突出疑问焦点,强化疑问语气。我们把它与"hor1"做比较。

情况1:句末用"hor1"

　　　A:Eh! 你吃饱了 hor1?

情况2:句末用"吗"

　　　A:Eh! 你吃饱了吗?

虽然两者都呈现为疑问语气,但两者的意义是截然不同的。从"吗"附加在情况2的疑问程度看,它显然是百分之百的疑问句,即表明说者是在毫无主观想法的前提下发出疑问。而如上所述,"hor1"的用意在于说者向听者征求共识,以确认说者的主观想法,这表明"你吃饱了 hor1?"是说者在已有主观想法的前提下发问,并非完全不知情。因此"吗"同样也承载不了"hor1"的功能。

"呢"放入例(2)则显示为"*你吃饱了呢?",在语法上是个错误。这是因为"呢"作为疑问语气词,只在非是非问句末尾出现,不能用于是非问句。例(2)中的情况是要求听者提供是或非的答案,"呢"显然做不到这一点。

最后我们讨论"吧"。在与"hor1"做比较之前,我们首先要确定,"吧"作为句末语气词,到底表不表疑问。我们必须考虑到这一点,因为"吧"与前边所讨论的语气词不同,它既能够用于是非疑问句句尾,例如:

今天星期三吧?

也能用在非疑问句句尾,表示祈使语气,例如:

我说道,"爸爸,你走吧。"(朱自清《背影》)

要与"hor1"做有意义的比较,其基础在于"吧"首先必须是疑问语气词,不然它就与"的"和"了"一样了,简单地遭到淘汰。对于如何处理"吧"这种两可的局面,我们认同陆俭明(2001)的处理方式。他引吕叔湘先生在《语法学习》中的方式将"吧"处理为"表示疑信之间语气的语气词",并认为不管"吧"是用于疑问句句尾,还是非疑问句句尾,它都只是"疑多于信"或"信多于疑"的区别。陆俭明先生认为,"吧"什么时候看作问话为宜,什么时候看作答话或平叙话为宜,完全由语境决定。当带"吧"的句子受某种语境的制约,作为疑问句出现时,句子的语气"疑多于信",这时"吧"就起着负载疑问信息的作用;当带"吧"的句子受某种语境的制约,作为非疑问句出现时,句子的语气"信多于疑",这时"吧"就侧重表示测度或祈使的语气。由此,陆俭明先生将"吧"归类为半个疑问语气词。例(2)中的语境,是由 A 向 B 提出疑问。由于"吧"受到此语境的制约,所以它在这里是负载疑问信息作用的疑问语气词。

现在我们拿它与"hor1"做比较:

情况 1:句末用"hor1"

　　　A:Eh! 你吃饱了 hor1?

情况 2:句末用"吧"

　　　A:Eh! 你吃饱了吧?

"吧"作为疑问语气词,张谊生(2000:268)的解释是:"'吧'主要表示说话人对自己的看法不很肯定……在陈述句句末,表示叙述不很肯定。"《新世纪高级汉语词典》(郭良夫主编 2000:24)对"吧"的解释是:"句末用'吧'表示揣测,认为应当如此,但不能确定,提问是为了求得证实。"从这两种解释看,"你吃饱了吧?"显然不是在完全不知情的情况下发问的。说者是在拥有自己主观想法的情况下,因为不很肯定,才提出疑问,目的是求得证实。这就与陆俭明先生"疑多于信"的解释平行。我们认为,"hor1"在新加坡华语里,既可以是"吧"作为疑问语气词时的"疑多于信",也可以是"信多于疑"。在"信多于疑"的情况下,"hor1"在句末可能会稍微洪亮一些。但不管是"疑多于信"还是"信多于疑",由于"疑"的成分仍然存在,所以"hor1"在句末一般还是作为疑问语气词来处理。"吧"在疑问句和祈使句中两可,因此陆俭明先生将"吧"归类为半个疑问语气词。虽然"hor"也用于祈使句,但一般已不读调值为35的升调,而是读调值为52的降调(这部分我们后面再谈)。因此我们认为,"hor1"可处理为一个完整的疑问语气词。但"hor"和"吧"作为句末疑问语气词,都是在说者拥有主观想法的前提下向处在"认知立场"的听者发出疑问,目的是向听者确认他主观想法的事实真相,以求得到听者的共识。所以从表面形式上来看,两者在语义上可以是互通的。再者,从语感上去体会,就能感觉到两者都有舒缓语气的效果。这是因为在两者的语境中,听者都处在"认知立场",说者为了得到听者在主观想法上的共识,只能用这两个疑问语气词把陈述语气转化为疑问语气,以向拥有判断能力的听者提出疑问,而在这转化的过程中语气就变得舒缓了。

两者如此相似,那这是否就意味着普通话里的"吧"能够完全取代新加坡华语里的"hor1"?我们认为还是不可以的。根据笔者的语感,"你吃饱了hor1?"似乎在新加坡华语对话中更常听见,而从更宏观的语用角度来观察,"吧"和"hor1"在新加坡华语中显然不是自由变体。

我们对两名以新加坡华语为母语、土生土长的新加坡华人做了一项调查。访问中假设了"你吃饱了吧?"和"你吃饱了hor1?"的各种语境,分析结果如下:

表1:"吧"和"hor1"在各种语境中的对比

语气词	语境(新加坡华语对话)			
	正式场合	非正式场合	陌生的人	熟悉的人
吧	+	+/(−)	+	+/(−)
hor1	−	+	−/(+)	+

调查结果显示,在正式场合的对话中,"你吃饱了吧?"绝对能够使用,"你吃饱了hor1?"则不能。在非正式场合的对话中,"hor1"绝对能够使用,"吧"也是能够使用的,但似乎在新加坡华语中比较少听到。跟陌生人的对话,"吧"没有限制,"hor1"可以被使用,但比较少。另一方面,跟熟悉的人的对

话,"hor1"没有限制,"吧"则使用得较少。调查的结果的确符合我们的推测,也就是说两者不是自由变体,是不能随意对换使用的。"你吃饱了吧?"比较适合在较为正式的场合、与社会上身份地位显赫的人士、不熟悉的人士,或与外国人等的对话中使用;而"你吃饱了 hor1?"则更适合在非正式的场合、与组屋区的邻居们、熟悉的师长和亲朋好友,或有意想要拉近关系的人等的对话中使用。①

　　这也足以证明,"hor1"作为新加坡华语中的语气词,是非常具"草根性"和口语化的。它在对话中的应用,恰恰反映了听说两者之间存在一定的亲密关系。"吧"和"hor1"虽然同样作为"说者向听者征求主观想法的共识"的疑问语气词,但由于"hor1"反映了一种关系上的紧密度,因此给予了说者更大的个人主观推断的权利。由此可见,当说者用"hor1"的时候,实际上表示说者对于自己的主观想法是相当有信心的,并由此更加期望听者给予契合他主观想法的正面回复。相比之下,"你吃饱了吧?"在新加坡华人的语用习惯里,反映了听说两者之间的关系存在一定的距离,或是在有意保持距离的情况下才使用。由于关系不亲密,它防止说者做出太个人化和主观化的推断,说者的态度会更加客观,因此在更大的程度上能够接受听者的负面答复。因此,从新加坡华语的语用习惯我们可看出,普通话中的"吧",无法取代"hor1"在新加坡华语里的地位。

(二)疑问语气词"hor1"的特殊案例

　　疑问语气词"hor1"的功能以说者向听者确认其主观想法的事实真相和征求听者的共识为主。这方面我们称之为"直接提问"。但在一些语境中,"hor1"却不是真正意义上的提问,而是说者透过其疑问的语气向听者发出"间接提问"。

　　(3)语境:两位朋友正在讨论周末到乌节路去游玩。

　　　　A:我们搭巴士去乌节路 leh。

　　　　B:乌节路淹水 leh。

　　　　A:对 hor1?

　　例(3)的对话中,A 以陈述句"我们搭巴士去乌节路 leh"向 B 表示他的主

---

① 周清海教授指出:"我的感觉,拉近距离,是下对上用得多些,如店员对顾客。"

观想法。B 的回复否定了 A 的想法,因为 B 知道当下的事实是乌节路正面临水患,所以不能进入该区。A 的回复"对 hor1?"可分为两个部分。首先,A 是从何得知 B 的回复是"对"呢？这可能是因为"乌节路淹水"的事实他早已听闻,可他在当下没想起来,B 的回复提醒了他。经过辨别和判断,A 确认了 B 主观想法的事实真相。可是单单用"对"只能表明他同意,却不表示他愿意接受 B 的主观看法。为了向 B 表示他愿意接受其看法,他在"对"后加入疑问语气词"hor1"。"hor1"作为疑问语气词,是说者承认听者"认知立场"的体现。但这里的"hor1"并不在于向听者 B 确认事实真相(因为 B 早已提供了正确的信息,而 A 也同意了),而是他透过间接提问的表面形式承认 B 的"认知立场",进而表示他愿意接受 B 的看法。这同时意味着 A 原本的想法已被打消,这时两人达成了共识。虽然 A 对 B 的主观看法进行辨别和判断,但首先提出事实的是 B 而非 A,因此 B 在语境中处于"认知立场"。A 辨别和判断的举动是"后知后觉"而处于被动状态。

疑问语气词"hor1"也可以在说者自言自语的情况下使用。

(4)语境:老师在课堂上向学生们公布练习题答案。

学生:(自言自语)对 hor1?

例(4)的情况与例(3)的类似。老师在公布练习题答案之前,语境中的学生对于题目的答案先有自己的主观想法。但老师之后所公布的答案否定了学生的主观想法。学生的"对"表示在对老师的答案进行辨别和判断后,他同意老师的观点。他再透过"hor1"间接提问的形式承认老师的"认知立场",进而表示他愿意接受老师的看法。学生原本的想法被打消,这时他与老师达成主观想法上的共识。当然,学生绝对没有向老师公开表明他承认其主观想法的意思,因为语境中根本没有老师的存在,只有学生自己在主观想法上"靠拢"老师的变化而已。

(三)疑问语气词"hor1"独立成句

"hor1"也是个能够单独成句的句末语气词。如前所述,在一段对话中,说者以陈述句向听者传达他的主观想法,目的在于要求听者接受。传达成功即能使听说两者形成主观意识上的共识。可当说者意识到听者处在"认知立场"时,他就必须在陈述句句末加入疑问语气词"hor1",向听者提出疑问,以确认他主观想法的事实真相。从中我们可看出,语气词"hor1"实际上构成的是单独的语言片段,这也是"hor1"能够脱离陈述句单独被运用的主要原因。

　　(5)语境:两位妇女在巴刹买菜时的对话。

　　　　A:今天的菜很新鲜 leh。

　　　　B:(没有回应)

　　　　A:hor1?

　　　　B:啊是 lor,这摊的不错 lah。

　　例(5)A 以陈述句"今天的菜很新鲜 leh"向 B 传达她的主观想法。B 没给予回应,在 A 看来可能标志着她的陈述内容没有成功传达给 B。这可能是因为巴刹的环境太过吵闹,或是 B 正忙于别的事情。A 以疑问语气词"hor1"作为独立的语言片段,目的在于向 B 再次征求共识,以向 B 寻求某种成功传达的迹象。[①]

　　"hor1"也能在对话中出现两次。

　　(6)语境:两位妇女在巴刹买菜时的对话。

　　　　A:今天的菜很新鲜 hor1?

　　　　B:(没有回应)

　　　　A:hor1?

　　　　B:啊是 lor,这摊的不错 lah。

与例(5)的区别是,A 在例(6)的语境中已经在陈述句句末加入疑问语气词"hor1",向 B 提出疑问来开启两人的对话。当 B 没给予回应时,A 再次用"hor1"作为独立的语言片段,以再次向 B 征求共识。

　　"hor1"单独成句时也可重叠使用。

　　(7)语境:两位妇女经过一家服饰店,妇女 C 见店里售卖的衣服,
　　　　觉得很艳丽。

　　　　C:后面那间店的衣服很漂亮 leh!

　　　　D:(回头走到店外,往里边看)

---

　　①　在例(5)中 A 也可以把话说成:"今天的菜很新鲜 leh hor1?"在这种情况下,"hor1"不是独立成句,而是疑问语气词"hor1"与其他语气词的连用现象。"hor1"与其他语气词在句末连用时,在排列顺序上,总会出现在最后一个。从所表的语气看,"hor1"在与其他语气词连用时,仍然保留了自己原来的疑问语气,而前面的语气明显地减弱了。就如"你吃饱了 hor1?",重点明显落到了最后一个语气词"hor1"的身上。

　　　　　　C：hor1？ hor1？ hor1？

　　　　　　D：不错 lor，蛮美的 lah。

例(7)C 以陈述句"后面那间店的衣服很漂亮 leh！"向 D 传达她的主观想法。D 听了 C 的想法，回头走到店外，以确认 C 主观想法的事实真相。"hor1"的重叠使用表示 C 看见美丽服饰之后的兴奋之情，要求 D 确认，并急切希望征求到 D 的共识。

　　普通话中的疑问语气词都是不能单独成词的黏着语素，因此不具有"hor1"单独构成言语行为的独立性。我们以例(5)、例(6)和例(7)中的语境为例，来探究这三个语气词在语法结构中的位置。首先以例(5)中的语境为例：

　　　　语境：两位妇女在巴刹买菜时的对话。

　　　　A：今天的菜很新鲜 leh。

　　　　B：(没有回应)

　　　　A：*吗？／*呢？／*吧？

　　从语法上看，虽然以上三个语气词都负载着疑问信息，但它们都不能构成单独的语言片段，而必须附加在陈述句句末以构成疑问句。现在我们以例(6)中的语境为例，分别看这三个语气词的语法表现。

　　　　我们先看"吗"。

　　　　语境：两位妇女在巴刹买菜时的对话。

　　　　A：今天的菜很新鲜吗？

　　　　B：(没有回应)

　　　　A：*吗？

A 以疑问语气词"吗"向 B 所说的疑问句在语义上就已经和"今天的菜很新鲜 hor1？"完全不同。如前所述，用"吗"的问句表明 A 是在毫无主观想法的前提下发出疑问(完全不知道菜是否新鲜)，用"hor1"则表示说者已拥有自己的主观想法(已经推断出菜是新鲜的)，在此前提下才发问。"吗"也无法构成单独的语言片段。

　　　　再来看"呢"。

　　　　语境：两位妇女在巴刹买菜时的对话。

A：*今天的菜很新鲜呢？

B：(没有回应)

A：*呢？

疑问语气词"呢"只能在非是非问句末尾出现,不能用于是非问句。而此语境要求听者提供是或非的答案,所以在语法上是错的。"呢"也无法构成单独的语言片段。

最后看"吧"。

语境：两位妇女在巴刹买菜时的对话。

A：今天的菜很新鲜吧？

B：(没有回应)

A：*吧？

如前所述,"吧"和"hor1"在语义上是可以互通的,因为两者都是在说者拥有其主观想法的前提下向处在"认知立场"的听者发出疑问,以向听者确认事实真相并征求听者的共识。但即便如此,不成词语素"吧"仍然无法负载"hor1"独立成句的语法功能。

最后我们以例(7)中的语境为例：

语境：两位妇女经过一家服饰店,妇女 C 见店里售卖的衣服,觉得很艳丽。

C：后面那间店的衣服很漂亮 leh！

D：(回头走到店外,往里边看)

C：*吗？吗？吗？/*呢？呢？呢？/*吧？吧？吧？

由于"吗""呢"和"吧"都无法构成单独的语言片段,因此也不能像"hor1"那样重叠运用。

"hor1"较之普通话的其他疑问语气词,在语法表现上会显得较少受限制。在能够单说和单用的情况下,可能会倾向于把"hor1"归类为自由的成词语素。我们对此却有所保留。这是因为从例子中就不难发现,"hor1"即使语法表现自由,却必须是在有前提的情况下才可单说和单用。这让我们回到"hor1"作为疑问语气词的最主要功能,即说者向听者确认其主观想法的事实真相并征求听者的共识。而所谓的前提,就是当听者在语境中处于"认知立场"的时候，"hor1"是帮助说者把陈述内容转为疑问语气，以传达其主观想法的工具。在没有这种前提的情况下，说者不可能单说和单用"hor1"，因为它表示的是一种语气，而非完整的语义。因此我们认为，"hor1"固然表面自由，却是有条件的自由，是有黏着成分的自由的成词语素。

（四）"hor1"作为句中语气词

身为句末语气词的"hor1"亦可作为句中语气词。参见以下两个句子：

　　你要回家 hor1？

　　你 hor1，要回家。

首先我们要问，句末的"hor1"和句中的"hor1"是否存在联系？这种两可的情况是"hor1"本身偶然的孤立事件，还是其中有规律可循？据朱德熙先生（1982：213—214）认为，普通话中能在句中做话题标记的语气词有"啊"、"啦"（了+啊）、"嘛"、"呢"和"吧"五个。我们以它们为参照点与"hor1"对比：

表 2：普通话的句中语气词和"hor1"的对比

语气词	句中	句末
啊	+	+
啦	+	+
嘛	+	+
呢	+	+
吧	+	+
hor1	+	+

"hor1"与普通话中作为句中话题标记的语气词都不约而同地出现于句末。这足以显示，句中语气词并没有与其在句末的身份脱离关系，两者在语义上仍然存在联系。由此我们推测，"hor1"作为句中语气词时，还是有其在句末时的影子。我们仍然能以同样的立场定位角度分析这个现象。

"hor1"出现于句中的情况是说者传达陈述内容的表现，它已不再是负载疑问信息的疑问语气词。第一个句子的语境中，"你要回家 hor1？"的"hor1"是句末疑问语气词。第二个句中语气词"hor1"则明显不含疑问语气。"hor1"在句中所体现的不同特性标志的是"认知立场"此时处于说者而非听者身上。

在对话中,处在"认知立场"的一方,表示他具有对语境信息的辨别和判断能力。当"hor1"被用于句中而非句末时,它体现的不是疑问句,恰恰是因为说者处在"认知立场"。他对于自己所要陈述的内容十分清楚,无须向听者确认自己主观想法的事实真相,因此他无须提问。"hor1"在句中的作用,不单是充当话题标记,更重要的是,它的"检查功能"有征求思维同步的作用,即说者用以确认听者接收到了他所要传达的信息。在两人达成"hor1"之前所陈述内容的共识后,说者才继续把话说下去。为了做到这一点,"hor1"将主题与听者的主观想法紧扣在一起,以更具针对性的方法,将说者的陈述内容准确无误地传达给听者。

据朱德熙先生(1982:214)观察,出现于句中的语气词不一定跟句子的结构层次一致。我们认为"hor1"出现于句中的位置也同样不一定正好是句子的直接组成成分。因此,我们将介绍五种"hor1"能够出现于句中的位置,即主谓、状中、述宾(双宾)、复谓和述补结构中的介宾结构。

"hor1"出现在主谓结构中:

　　(8)小明 hor1,不喜欢读书的。

说者在主语"小明"的后边加入"hor1",是为了先确保听者的主观想法中拥有与他主观想法相同的实体("小明")后,才引入谓语。新加坡华语里有种特殊的语用习惯,在"你 hor1……"或"你真的是 hor1……"后,就没下文了。"hor1"在这里不是句末疑问语气词,因为它不负载疑问信息。它实际上是"hor1"作为句中语气词出现于主谓结构中的例子。说者在主语"你"和"你真的是"后加入"hor1"也是为了确保听者的主观想法中拥有与他主观想法相同的实体(也就是听者"你"),但此时说者无须引入谓语。"hor1"在这里有时候音量会大些,音长也会被拉得更长些。音量的不同实际上体现懊恼或恼怒的情绪。这时音量已向听者表示,他的不满情绪是针对主语"你"而来的。句中语气词"hor1"充当了谓语的角色,实际的谓语就被省略掉了。

"hor1"出现在状中结构中:

　　(9)其实 hor1,我有事跟你讲。

说者在状语"其实"后边加入"hor1",是为了让听者做好准备,好听他将要引入的中心语。

"hor1"出现在述宾(双宾)结构中:

（10）老师，我问你 hor1，这个题目要怎么做？

说者在述宾结构"问你"后边加入"hor1"，可以为宾语"你"（也就是听者"老师"）做迎接述语"问"的准备，或确保"你"有足够的时间接受"问"这一动作的到来。

"hor1"出现在复谓结构中：

（11）你叫他 hor1，去楼下买东西。

说者在复谓结构"叫他"后边加入"hor1"，是为宾语"他"做谓语到来的准备。

"hor1"出现在述补结构的介宾结构中：

（12）她瘦到 hor1，不成人形了。

说者在介词"到"后边加入"hor1"，是为了向听者强调补语的结果或状态的严重程度。

我们在此同样用单项对比分析法以例（8）中的主谓句为例子，探究普通话中的句中语气词"啊""啦""嘛""呢"和"吧"是否承载着"hor1"的作用。

根据朱德熙先生（1982：214），在句中用"啊"会"显得是延宕作势以吸引注意"。由此"啊"作为句中语气词，主要是引起听者注意的话题标记。我们把它与"hor1"做比较：

情况 1：句中用"啊"

小明啊，不喜欢读书的。

情况 2：句中用"hor1"

小明 hor1，不喜欢读书的。

普通话里的"啊"是否能直接取代新加坡华语里的"hor1"？从表面语义上看，两者都有强调主题、吸引听者注意力的作用。但仔细体会，就可感觉"hor1"能够做到的并非如此而已。

处于"认知立场"的说者有语境信息的辨别和判断能力，因此用"hor1"做句中语气词时，体现的不只是疑问语气。但是，说者不提问，是否就意味着听者就此处于"无用武之地"，在对话中毫无作用？我们认为并非如此。说者在对话中即使无须听者对语境进行辨别和判断，他陈述的目的仍然在于让听者接收到话语的信息，并要求听者对其话语进行解码和反馈。那如何在不提问的情况下取得听者对其话语的共识？新加坡华语就在句中插入语气词"hor1"。"啊"的话题标记作用是为了吸引听者的注意力。但由于句中语气词"hor1"仍然保留其在句末时的"检查功能"（确保听说两者在主观想法上的一致性），因此"hor1"与"啊"相比，其引导听者、要求听者在语境中互动的程度会更高。当说者说"小明 hor1……"，他正是在尝试以"hor1""检查功能"中向听者确认主观想法的功用，拉近两者主观想法上的距离，以形成两人在主观想法上的共识（即拥有"小明"这一相同实体）。这就体现了"hor1"比"啊"更要求听者在语境中的参与程度。

我们之前观察到，"hor1"用于句末时体现的是听说两者之间所存在的亲密关系。我们推论，"hor1"用于句中所具有的语气舒缓作用，也来自它所体现的亲切感。由此看来，"hor1"与"啊"相比，其语气含义是更为"浓重"的。

"啦"作为句中语气词，可以"舒缓随便的语气"（徐晶凝 1998：29）。普通话里的"啦"是"了"和"啊"的连用。其中的"了"字据朱德熙先生的观察，"有时带点不以为然的味道"（1982：214）。由此我们认为"啦"在句中的功能，主要是舒缓语气，而不具有"hor1"的"检查功能"。

句中语气词"嘛"作为话题标记，据徐晶凝（1998：29—30）的解释，有"重说语气，本来如此"的意思。《现代汉语》对"嘛"也有类似的解释，即"一种申明的语气，强调事情之显而易见"（北京大学中文系现代汉语教研室 2012：383）。我们将它与"hor1"做比较：

情况 1：句中用"嘛"

　　　　小明嘛，不喜欢读书的。

情况 2：句中用"hor1"

　　　　小明 hor1，不喜欢读书的。

说者在主语"小明"后用"hor1"是为了确认听者接收到了他所要传达的信息。在两人的主观想法达成一致后（即实体"小明"），继而引入谓语。因此，说者用"hor1"是为了与听者达成共识，而非像"嘛"那样，具有强调"小明本来就是如何如何"的语气。

句中语气词"呢"据徐晶凝（1998：29）可"用于话题停顿处，提醒听话人注意"，即作为话题标记。我们将它与"hor1"做对比：

情况 1：句中用"呢"

　　　　小明呢，不喜欢读书的。

情况 2：句中用"hor1"

　　　　小明 hor1,不喜欢读书的。

　　从对比的结果看,两者都可做吸引听者注意力的话题标记。但据朱德熙先生(1998:214)的观点,"呢"用于句中"有时有对比的作用"。这点似乎是"hor1"不具有的功能。我们用朱德熙先生的例子与"hor1"再次比较:

　　情况 1:句中用"呢"

　　　　你呢,想去不能去;我呢,不想去又非去不可。

　　情况 2:句中用"hor1"

　　　　你 hor1,想去不能去;我 hor1,不想去又非去不可。

　　情况 2 中的"hor1"仍然发挥了说者用以确认听者接收到他所要传达的信息的作用。它实际上没有"呢"对比的效果。因此我们认为两者是有区别的。

　　最后我们看"吧"。据徐晶凝(1998:29)观察,"吧"在句中作为话题标记表达"委婉语气,略带一点迟疑"。请看以下对比:

　　情况 1:句中用"吧"

　　　　小明吧,不喜欢读书的。

　　情况 2:句中用"hor1"

　　　　小明 hor1,不喜欢读书的。

　　我们认为,徐晶凝的观察实际上与陆俭明先生的观点有相同之处。如前所述,陆俭明先生认为"吧"不管是用于疑问句句尾还是非疑问句句尾,它都只是"疑多于信"或"信多于疑"的区别。他固然是将"吧"作为句末语气词,但我们认为,此处理方式在"吧"作为句中语气词时也同样可取。"吧"在句末做疑问语气词时的"疑多于信"造成了其在句中委婉及迟疑的语气;也就是说"吧"在句中仍然保留了它在句末时的影子。从舒缓语气的功用来看,两者是类似的。但在另一方面,"吧"用于句中,更常见的是举例的格式,"hor1"在句中却不表示举例,而是以其"检查功能"为主。这是两者的重大区别。

　　句中语气词"hor1"也具有另一种特殊用法。

　　(13)对 hor1,那时你不是说想到日本旅游吗?

虽然"对"并不说明是什么样的内容,但它表示说者在当下想起的某件事情,正是他想要向听者查询的。之后的"hor1"同样以其"检查功能"向听者征求思维同步,即说者用以确认听者接收并知道他接下来所要传达的信息是"对的",即正确的事实真相。

（五）疑问语气词"hor1"不符合语感的用法

疑问语气词"hor1"并非适用于所有陈述句,特别是在第一人称"我"的陈述句里,用"hor1"在语法上并没有错,但会使句子不符合语感:

（14）[?] 我很饿 hor1?

有新加坡华语语感的人听了这句话可能会觉得有些"怪怪的"。"我很饿"是说者的主观想法,在句末加入疑问语气词"hor1"表示他向听者确认他主观想法的事实真相,以征求听者主观想法上的共识。但这句话为何听起来"怪怪的"? 这是因为饥饿在表面上是看不出来的,这种感觉只有说者自己体会得到。由于听者看不出来,因此根本无法进行辨别和判断,更无从给予回复。无法回答的疑问句,当然听起来会有点奇怪。再看以下两个例子:

（15）我很美 hor1?

（16）我看起来很累 hor1?

以上两个例子的语感是没问题的。这是因为听者还是能够在一定程度上从表面判断美丑,或从说者的神态看出他疲惫与否。

（六）疑问句的类型与"hor1"的关系

这里我们将谈及"hor1"与疑问句之间的关系。Wee(2004)在谈及"hor1"在新加坡英语里的作用时就指出它并非适用于所有疑问句。既然我们是以新加坡华语的角度来研究"hor1",我们不妨从现代汉语的视角对此加以分析。在现代汉语里,表示疑问语气的句子有三种类型,它们分别是:特指问句、选择问句和是非问句。(北京大学中文系现代汉语教研室 2012:384。)新加坡华语的"hor1"虽然表示疑问,但它却不能用在某些类型的疑问句中(以 Wee 的例句为例):

（17）[*] 箱子在哪里 hor1?

（18）[*] 箱子是不是空的 hor1?

（19）箱子是空的 hor1? / 箱子不是空的 hor1?

如何解释以上现象? 首先我们要回到"hor1"的语义上。"hor1"作为句末疑问语气词,表示说者认识到听者在语境当中处于"认知立场"。听者拥有对语境事实真相的辨别和判断之权,因此说者需要用"hor1"向听者发出"疑问式征求性确认",以确认说者的主观想法,并求得到听者的主观共识。例(17)的疑问句子属于特指问句。句子中表示疑问的词语是"哪里",而这也表示说者并不知道箱子在哪里。"hor1"的"检查功能"是用来向听者确认说者的主观想法,既然说者本人都不知道箱子在哪里,他根本就无法向听者确认什么主观想法。因此,"hor1"不适用于特指问句。

例(18)的疑问句子属于选择问句。当说者问"箱子是不是空的?",他是向听者表示他并不知道,"箱子是空的"还是"箱子不是空的"是语境的事实。因此,他要求听者在"是"和"不是"两种可能性之间选择一个正确的答案。听者在选择之后将答案告诉说者,两人从而形成共同的主观认识。如果说者问"箱子是不是空的hor1?",即表示他想征求听者的主观共识。但问题在于,说者本人并不知道哪一个才是真正的答案,说者向听者确认连他自己都不知道的主观想法,自然是非常奇怪的。换句话说,就是说者向听者确认他的主观想法,却又在同一时间要求听者不去知道语境的事实真相。因此,"hor1"也不适用于选择问句。

例(19)属于是非问句,而这种类型的句子也是"hor1"能够出现的。当中会有一个陈述句,用以指出一段事实或看法。在句末加入表示疑问的"hor1",则是说者通过发出疑问向听者确认他的主观想法的事实真相,以求得到听者的主观共识。

(七)疑问语气词"hor1"是否能用于祈使句

疑问语气词"hor1"能否用于祈使句,我们认为要根据具体的语境而定。请看例(20):

　　(20)语境:一位母亲要儿子把功课完成后再去玩。

　　　　母亲: *你把功课做完才出去玩hor1?

语境中的母亲要儿子把功课完成,这时不可能加入疑问语气词"hor1"。因为母亲的祈使句要求儿子直接依据她的主观想法行事,不容许儿子有任何意见。儿子在语境中不处在"认知立场",因而没有语境的辨别和判断之权。但在一些情况下,疑问语气词"hor1"似乎可用于祈使句。

　　(21)语境:一位先生在路上看见小男孩乱扔垃圾。先生走上前
　　　　　　　劝导小男孩不要乱扔垃圾。

　　　　先生:? 小孩子,你不可以乱丢垃圾hor1?

在祈使句后加入疑问语气词"hor1",会使祈使语气转化为疑问语气。我们认为"hor1"的这种用法,表示语境中的先生虽然有意要求小男孩依据他的

主观想法行事(不乱扔垃圾),但他不想将他的主观意愿强加在小男孩的身上,而是通过疑问来提出他的请求。这将使得小男孩在语境中处于"认知立场",而拥有辨别和判断之权。这也可以说是先生有意识地将小男孩置于"认知立场",通过委婉的方式提出请求。据我们观察,这种说法虽然存在,但相当少见。在研究过程中,有被调查者对此提出质疑。因此,我们在句前加问号。①

二、"义务立场"和"hor2"

"义务立场"是拥有对对话语境信息之事实发生的可能性,及其真伪程度的辨别和判断的绝对义务。与"认知立场"的相对性不同,"义务立场"只能出现于说者一方。我们把"义务立场"的"hor"称为"hor2",读音同样为[xɔ],但调值却是52。语言学中有条基本的原理:语音和语义之间的关系是任意的,但是在语调的应用上却有个例外。Bolinger(1978)和Ohala(1983)观察到,所有的语言在用语调表达语气时,都毫无例外地用高调或升调表示疑问,用低调或降调表示陈述(转引自朱晓农2004)。"hor1"的调值为35,属于升调,听起来就有不太肯定的语气,因此是疑问语气词。相反,"hor2"的降调加强了肯定、确信的语气,具有强调说者在语境中拥有绝对义务或者说绝对权力,对话语的事实真相进行辨别和判断的效果。"hor2"通过语调上的变化划清了与疑问语气词"hor1"的界限,避免了普通话"吧"的中间状态。

(一)"hor2"作为表祈使的句末语气词

"hor2"表不表祈使语气? 以下采用单项对比分析法做个简单的比较:

情况1:陈述句

　　　打人。

情况2:陈述句句末用"hor2"

　　　打人hor2!

以中性的陈述语调读情况1中的陈述句是无法表达祈使语气的。然而在句末加入"hor2"后,整句话显然转化为祈使句。对比的结果显示,语气词"hor2"的确表祈使。再看以下比较:

---

① 周清海教授指出:"我的感觉,例(20)和(21)都可以用上hor1,增加了委婉的语气。"

　　情况 1：陈述句
　　　　我出门了。
　　情况 2：陈述句句末用"hor2"
　　　　我出门了 hor2！
情况 2 表祈使吗？其实我们认为其中还带有些许疑问的语气。以下在出现"hor2"的新加坡华语例句中做具体分析。

　　在新加坡华语里，"hor2"一般用于祈使句句末。

　　（22）语境：一位母亲要儿子把功课完成后再去玩。
　　　　母亲：你把功课做完才出去玩 hor2！

母亲的祈使句的交际功能，在于命令儿子根据她的主观想法行事。如果儿子接受母亲的命令，那两人就有了主观想法上的共识，母亲的主观想法便成为事实。如果儿子不接受母亲的命令，这就表示两人没达成主观想法上的一致，母亲的主观想法也就不会成为事实。从这方面来看，要求听者接受陈述内容与接受祈使内容是不同的。虽然这两方面的交际目的都在于使听说两者达成主观想法上的共识，但陈述内容的接受与否要求听者先对其做出事实真相的辨别和判断，而祈使内容的接受则是要求听者直接服从说者的命令，使其成为事实。

　　在例（22）的语境中，母亲的祈使句已经向儿子阐明自己在对话中具有辨识语境的权利，她定义了儿子毫无事实真相的辨别或判断之权，而只能依照她的主观想法行事。母亲在祈使句句末加入"hor2"，运用的同样是"检查功能"的语用机制，但此时绝对不是向儿子确认事实真相。"hor2"的功能在于向儿子（听者）进行确认：她的祈使内容是否已成功地传达给儿子，确保儿子的主观想法与她达成一致。但对于主观想法的确认，已从"hor1"的"疑问式征求性确认"转向"hor2"的"祈使式命令性确认"。参见以下公式：

　　　　祈使句+hor2（表祈使的语气词）

　　由此可见，母亲的言语行为具有"双重性祈使"的功用。"hor2"的使用有助于让说者的祈使句，通过再次祈使的方式有效地将信息传达给听者。虽然"hor2"没有"hor1"的疑问语气，但当中的"检查功能"还是要求听者做出正面的答复（依照说者的主观想法行事，使其成为事实）。母亲用语气词"hor2"发出祈使的言语行为，因此突显了她在语境中所占有的"义务立场"。

但据我们观察,并非所有在句末加入"hor2"的祈使句都如此强势,在一些情况下,"hor2"甚至能够舒缓语气。语气的强弱须视具体的语境而定。

(23)语境:A在家中请朋友吃饭。

　　　　A:(对朋友们说)随便吃hor2!① 不要客气!

在祈使句"随便吃"后加入"hor2",表明了A在语境中所占有的"义务立场"。A的"hor2"同样具有"检查功能"的语用机制,发出"祈使式命令性确认",用以向朋友们确认祈使句内容的成功传达。但这里的"hor2"听起来却似乎有舒缓祈使语气、提高礼貌程度的效果,当中"祈使式命令性确认"的语气减弱不少。我们认为,这是受到了语境的影响所致。因为A和朋友们处于较为和谐的气氛中,A的言语行为虽然也是"双重性祈使",但却没有例(22)中母亲命令儿子服从她的主观想法那样强势,而只是礼貌地要求朋友们根据自己的主观想法("随便吃")行事而已。由此我们认为,"hor2"基本的语气意义和功能没有变,其语气强弱则是由具体语境所影响的。

据朱德熙先生(1982:205)观察,祈使句的主语只能是"你、你们、您、咱们、我们(包括式)",不能是第一人称代词"我"和第三人称代词"他、他们",因此如果把祈使句的主语换成"我、他、他们",原来的祈使句就会改变性质转换为陈述句。例如:

　　　你把鞋脱了!(祈使句)

　　　我把鞋脱了。(陈述句)

据我们观察,表祈使的"hor2"的另一项功能是能够附加在第一人称代词"我"和第三人称代词"他"和"他们"的陈述句句末,使其成为祈使句。参见以下对比:

　　　(24)我出门了。(陈述句)

　　　　　我出门了hor2。(祈使句)

　　　(25)他把鞋脱了。(陈述句)

　　　　　他把鞋脱了hor2。(祈使句)

加入"hor2"的陈述句是如何表祈使的?我们把例(24)放到一个具体的

---

① 祈使句的主语往往是被省略的,参见朱德熙《语法讲义》第205页。例(23)的祈使句"随便吃"的主语"你们"被省略了。

语境中来分析：

　　（26）语境：儿子正准备出门。出门前告诉母亲一声。

　　　　儿子：妈！我出门了 hor2！

　　　　母亲：好的！早点回来吃饭啊！

　　儿子的陈述句"我出门了"的交际功能只是对母亲陈述一段事实。但在句末加入表祈使的"hor2"后，它成为了带有祈使语气的句子。其公式是：

　　　　陈述句+hor2（表祈使的语气词）

　　陈述句的内容是说者向听者传达的一种主观想法，其语用功能是要听者去接受它，以形成与说者的主观共识。儿子（说者）原来的陈述句，于句尾加入表祈使的"hor2"，表示他在语境当中具有"义务立场"，因为他有语境事实的判断之权。"hor2"的"检查功能"有"祈使式命令性确认"的语用机制，意在于要求、提醒或命令（什么样的祈使形式，要依具体的语境而定，但这些言语行为都是发挥祈使的作用）母亲（听者）去接收他所要传达的信息。例（25）是附加了"hor2"的第三人称代词"他"的祈使句，也同样以祈使语气命令听者去接收所要传达的信息。

　　那为什么其中还会带有些许的疑问语气？这是因为"hor2"的"检查功能"语用机制向听者表达了说者要确认祈使句内容成功传达的意愿，这使听者必须做出相应的回复/反馈，以向说者确认信息的成功接收和主观想法上的一致性。由于"hor2"的运用要求听者必须做出相应的回复，因此加入了"hor2"的陈述句才会显得带有些许疑问语气。但这不影响它身为祈使句的语法形式。再看以下例句：

　　（27）语境：A 向 B 道谢。

　　　　A：谢谢你 hor2！

　　　　B：不客气！

A 用了"hor2"的"祈使式命令性确认"，以确保谢意的成功传达，也有助于表达程度更高的谢意。

　　我们认为，"hor2"的最主要功用，还在于它所具有的"检查功能"，也就是对主观想法的确认，而这是与"hor1"相同的。两者的不同只在于"hor1"是通过疑问语气做到"征求性确认"，而"hor2"是以其祈使语气向听者展现"命令性确认"。

普通话中,表祈使的句末语气词有"啊、吧、嘛、欸、了"五个。它们是否承载着"hor2"的"命令性确认"功能呢? 我们同样用单项对比分析法,以陈述句"打人"来分析。我们认为,虽然"hor2"适用于祈使句和陈述句,但用以分析的基点应该是带有陈述语调的例句,如此才能够更明显地突出不同语气词相互对立的语气意义。

据朱德熙先生(1982:212),祈使句里的"啊","带着提醒或警告的语气",如"你吃啊!"据《现代汉语虚词例释》,用在祈使句里的"啊","表示敦促、劝勉、提醒、警告等语气"(第 2 页)。参见以下对比:

情况 1:句末用"啊"

　　　打人啊!

情况 2:句末用"hor2"

　　　打人 hor2!

我们认为,虽然两者都表祈使,但"啊"在这里表达的是一种非常"表面性"和"片面性"的催促语义。"hor2"虽然也表祈使,但实际的交际功能,却是背后说者对听者的"命令性确认"的"检查功能"。"啊"显然没有"hor2"在交际背后的"检查功能",而只有非常表面的祈使作用。另外,从上述两种解释来看,"啊"用于祈使句时,似乎并不表示任何特定的语气意义;它容易受到语境内容的影响,在不同的祈使语境中所表达的语气义都会有细微的差别。"hor2",在语气义上更为稳定。

"吧"可以说是"半个表祈使的语气词"。吕叔湘先生(1979)曾指出:"由于汉语缺少发达的形态,许多语法现象就是渐变而不是顿变,在语法分析上就容易遇到各种'中间状态'。……划分起来都难于处处'一刀切'。这是客观事实,无法排除,也无法掩盖。"陆俭明先生(2001:45—46)同意吕先生的观点,并指出,"吧"是一个处于"中间状态"的语气词,它介乎疑问语气和非疑问语气之间,是一个表示"疑信之间语气"的语气词。如何在"吧"又表疑问又表祈使的情况下定义它的语气,正如上文陆俭明先生的观点所述,必须看具体的语境。也就是说,当带"吧"的句子受某种语境的制约,作为非疑问句出现时,句子的语气"信多于疑",这时"吧"就侧重表示测度或祈使的语气。在这里我们以"吧"(表祈使的语气)作为分析的基点,参见以下对比:

情况 1:句末用"吧"

打人吧!

情况 2:句末用"hor2"

打人 hor2!

据《现代汉语虚词例释》,"吧"用于祈使句,"表示请求、催促、商量的语气"(第 18 页)。两者在表祈使的语气义上明显存在差异。"打人吧!"不仅态度委婉,甚至带有说者想跟听者商量或想给建议的语气,当中明显存在"有所疑"的语气义,这是与"hor2"强势的"命令性确认"的祈使语气相差甚远的。"吧"以同样的读音又表疑问又表祈使,这造成了它存在于疑信之间、界限模糊的"中间状态"。"hor2"却通过语调的变化,以一个突显肯定和确信的降调来表达强势的祈使语气,这有效避免了"hor"陷入模棱两可的困境。

"嘛"用于祈使句,据徐晶凝(1998),具有"重说语气,常带有期望、劝阻"的语气义。参见以下对比:

情况 1:句末用"嘛"

打人嘛!

情况 2:句末用"hor2"

打人 hor2!

"嘛"在情况 1 里确实表祈使,但我们认为,它强调语气的作用,更多是以委婉的方式向听者表达某种请求或诉求,而非表示命令。再看以下对比:

情况 1:句末用"嘛"

别这样嘛!

情况 2:句末用"hor2"

别这样 hor2!

"嘛"在这里则表示劝阻,而"hor2"只能是命令性的祈使语气。

据《语法讲义》,"欤"表示提醒语气(第 212 页)。参见以下对比:

情况 1:句末用"欤"

?打人欤!

情况 2:句末用"hor2"

打人 hor2!

我们质疑情况 1 中"欤"的用法,它似乎不能在这种语言环境中使用。朱德熙先生指出,"欤"口气婉转,包含这件事对方本来知道,提醒一下是怕他忘了的意思。这种语气义显然不能用于以上表达祈使的语言环境。再看以下例句：

情况1：句末用"欤"

　　　你别忘了下午得去上课欤！

情况2：句末用"hor2"

　　　你别忘了下午得去上课hor2！

从以上对比就可看出，"欤"确实表示提醒的语气，然而"hor2"则是命令性的祈使语气。

最后我们来看"了"。《现代汉语》（北京大学中文系现代汉语教研室2006）指出，表祈使语气的句子，常用语气词"了"。请看以下例子：

情况1：句末用"了"

　　　别说了！

情况2：句末用"hor2"

　　　别说hor2！

"了"实际上表示一种新情况的出现，因此"打人了"是不能够表示祈使的。在情况1的例子中，"了"其实不是构成祈使语气的原因，因为"别说"已经构成了句子中的祈使语气。因此，"了"实际上并没有祈使语气。情况2的"hor2"则具有祈使语气，它构成的是之前所说的"双重性祈使"的语用功能。

（二）表祈使的"hor2"是否能独立成句

"hor2"是否能够像"hor1"一样构成单独的语言片段，从而单独成句？从理论上来看，升调的"hor1"和降调的"hor2"是"hor"在不同的语言环境中，为了表达不同的立场而产生的两种变体。这就表示，"hor1"在句子中的语法表现，与"hor2"在句子中的语法表现应该是相同的。我们认为，表祈使的"hor2"从理论上来看是能够与"hor1"一样单独成句的，但新加坡华语的语感告诉我们，这可能不符合实际情况。请看例（28），采用的是例（22）中的语境：

（28）语境：一位母亲要儿子把功课完成后再去玩。

　　　母亲：你把功课做完才出去玩！

　　　儿子：（没有回应）

　　　母亲：? hor2！

母亲首先以祈使句"你把功课做完才出去玩！"命令儿子根据她的主观想法行事。她在对话中处于"义务立场"，儿子没有辨别和判断之权，而只能依照母亲的主观想法行事。儿子没给予回应,在母亲看来可能标志着她的祈使内容没有成功传达给儿子。这导致母亲以表祈使的"hor2"作为独立的语言片段,目的在于利用"hor2"的"检查功能"向儿子发出"祈使式命令性确认"。当中的"检查功能"要求儿子做出正面的答复(直接根据母亲的主观想法行事),以标示出某种成功传达的迹象。同样,"hor2"也能在对话中出现两次:

(29)语境:一位母亲要儿子把功课完成后再去玩。

母亲:你把功课做完才出去玩 hor2!

儿子:(没有回应)

母亲:[?] hor2!

母亲在祈使句后又加入表祈使语气的"hor2",构成"双重性祈使"的功用。当儿子没给予回应时,母亲以"hor2"作为独立的语言片段,再次向儿子确认祈使句内容是否成功传达。

在这里"hor2"的运用是符合新加坡华语语法的。但据我们观察,这种说法虽然存在,却非常少见。在研究过程中,有被调查者对此提出质疑,但也有人认为是可以接受的。如何去看待这种现象?我们认为可能的解释是,"hor2"独立成句的用法实际上是"hor1"在这方面的用法的扩展。这表示单独成句的用法源自"hor1",而渐渐地这种用法扩展到了"hor2"身上。"hor2"单独出现的情况实际上存在一定的局限性,例如它不能像"hor1"那样,单独成句时被重叠运用。这也表明扩展的程度并不完整,也并不全面。这就解释了"hor2"独立成句在新加坡华语里少见的原因。我们甚至可以推论,"hor2"的变体实际上就是"hor1"的整体的扩展,扩展的方法就在于变调。这部分可能还需要探索方言的部分来证明,我们稍后将谈及。

(三)"hor2"作为句中语气词

"hor2"在新加坡华语里,也能够做句中语气词。请看以下两个句子:

你给我早点回家 hor2!

你 hor2,给我早点回家。

正如之前所谈到的,普通话里作为句中话题标记的语气词都可出现于句末,而这表示,句中语气词并非与其在句末的身份脱离关系,两者在语义上仍然存在联系。"hor2"的情况也不例外,它作为句中语气词时的语义,是其在句末时的影子。

与"hor1"不同的是,"hor2"所表达的"义务立场"只能出现于说者一方,而不具有"hor1"的相对性。因此,表祈使的"hor2"出现于句中之时也仍然表祈使。就拿以上两个例子来说,"你给我早点回家 hor2",是祈使句再加上表祈使的语气词的"双重性祈使"功能,目的在于通过再次祈使的方式有效地将信息传达给听者。"你 hor2,给我早点回家",是在主语"你"后加入"hor2"。作为话题标记,"hor2"的"检查功能"的语用机制是通过表祈使的语气强调主题"你"(即听者),并以"祈使式命令性确认"的方式,向听者强行征求思维同步。我们可以看到,"hor2"作为句中语气词,征求思维同步的作用与"hor1"相同。不同之处在于,标记着"认知立场"的"hor1"只是说者为了确保自己信息成功传达。虽然标记着"义务立场"的"hor2"也是说者用以确认听者接收到他所要传达的信息,但征求听者思维同步的方式却是强制性地强加在听者身上的。这其实就突显了说者在语境中的话语权,并标志着听者毫无辨别或判断语境事实真相的可能性。再看以下对比,此段话语是笔者在现实生活中听到的:

(30)语境:主持人在台上让还在场外的观众立即入场就座。

情况1:句中用"hor1"

在外面的人 hor1,请快点进来。

情况2:句中用"hor2"

在外面的人 hor2,请快点进来。

两者都是话题标记,具有强调主语的功能。但征求思维同步的方式却明显不同。"hor1"表达了主持人的"认知立场",这个语气词只能让他确保信息的成功传达,但却不能像"hor2"那样强行地征求思维同步并采取提醒或命令的言语行为,要求听众直接接受他所要传达的信息。

我们观察到句中语气词"hor2"在新加坡华语里有一个比较有趣的现象。除了例(30)的使用者,也就是主持人之外,它也时常被新加坡华语电视节目和广播电台里的主持人使用。如何来解释这种现象?同样,我们可以从对话中的立场定位角度进行分析。上述两种语境有一个共同的现象,那就是说者,也就是主持人,是单方面地向听众们阐述并说明相关的事实内容,而听众是被动地接受话语里的信息。主持人因此在语境中占有"义务立场",他的话语多以陈述句串联起来而构成。为了更加容易地将自己的信息传达给听众/观众,主持人会在句中加入"hor2",通过它的"检查功能"发出"祈使式命令性确认",以强行求得听众/观众的思维同步。特别是在较长的句子里,句中语气词"hor2"出现的概率越发高。因为说者要听者接收的信息量较多,为了让听者顺利地接收到所有信息,用"hor2"来征求思维同步就十分重要且方便。用"认知立场"的"hor1"也是可以的,只是征求思维同步的作用较"hor2"会更为弱一些。当然,"hor2"作为句中语气词,只适用于口语化的语境。不管是新加坡华语的电视节目还是广播电台节目,在比较正式的语体,如新闻播报里,是绝对不使用的。

我们在此将不会就"hor2"作为句中语气词的部分做单项对比分析。因为正如之前所谈到的,句中语气词并不与其在句末的身份脱离关系,两者在语义上仍然存在联系。既然我们在前边的部分已经证明普通话里表祈使的句末语气词不承载"hor2"的"检查功能",那么我们也能够推论,它们作为句中语气词也就不负载"hor2"的"检查功能"。

三、"hor"的语义和语用功能

总的来说,新加坡华语语气词"hor"有"检查功能"的语用机制。这种"检查功能"是说者向听者确认他主观的想法,以期望达到两人在主观想法上的共识。说者在语境中的立场定位角度影响他是使用升调的"hor1"还是降调的"hor2"。用"hor1"表示听者处在"认知立场"(就句末语气词而言),说者向他发出"疑问式征求性确认";在向听者确认主观想法的同时,也期望征求到听者的同意,以形成两人共同的主观共识。用"hor2"表示说者处在"义务立场",他向听者发出"祈使式命令性确认",目的在于向听者确认说者主观想法的成功传达,并要求听者直接根据说者的主观想法行事,以形成两人的主观共识。由此我们也可以看到,"hor"产生了两种变体,为的是在不同的语言环境中表达不同的立场,因此"hor1"和"hor2"来自于一个共同的"hor"。

第三节　寻找"hor"的由来

普通话里找不到"hor"或与之相接近的语气词,那么新加坡华语里的"hor"来自哪里? 这可能要从新加坡华人和他们的语言历史渊源谈起。

19 世纪中叶,新加坡商贸业繁荣发展,吸引了中国、印度和印度尼西亚等地的劳工前来寻找生计,就此掀起了一波接一波的移民浪潮。移居到"南洋"(新加坡、马来亚和印度尼西亚等东南亚地区的旧称)的中国移民以福建、广东、广西和海南等南方沿海省份的人口居多。他们最初是为了寻找谋生的出路,最终的愿望,还是要衣锦还乡。但随着生活在小岛上的日子久了,各移民族群决定长期定居于此。在此落地生根的中国移民,成为了本地华族,其使用的语言也就是今天的新加坡华语。

新加坡早期是个"方言宝藏"①。华人社会通用的方言有闽南语、潮州话、广东话、海南话、客家话、福州话等,而这些南方方言也一直是华人社会的通用语。1920 年以前,新加坡的华文学校,都是以方言作为教学媒介的。华人社群通用方言的形势,一直维持到 1979 年新加坡政府推行"讲华语运动"才有所变化。这场运动可算是非常成功,自推行以来,讲华语的人口直线上升,而使用方言者急速下降。根据 1992 年 5 月环境发展部的一项调查,使用方言的华族人口在 1979 年占 89%(谢世涯 1996)。2010 年的人口普查数据则显示,此占比已跌至 19.2%。② 使用方言的新加坡华族人口越来越少,这是否就意味着方言已失去了它对本地华人社群的影响力?

目前的研究成果证明事实并非如此。由于政治因素,新加坡是在没有普通话口语的基础、没有普通话直接影响的情况下推广华语的(周清海 2002:11)。南方方言一直是本地华人交际的主要用语,因此在没有普通话的基础下学习华语时,本地华人社群自然地就引入了自己的方言,来构建华语语法,这就造成了富有方言特色的新加坡华语。虽然华语运动推行至今已走过 40多年,但目前的研究成果证明,在新加坡华语中,还能找到南方方言的印迹。而我们相信新加坡华语的"hor"就有其南方方言的基础。我们接下来分别考察闽南语、粤语和潮州话这三种新加坡早期华人社会通用的方言。

首先看闽南语的部分。《闽南语漳腔辞典》(陈正统主编 2007:309)记录了两个读音和语义与"hor"相近的语气词:

---

① "方言宝藏"的说法,来自谢世涯(1996:139—152)。

② 参见 Department of Statistics, Singapore, *Key Indicators of the Resident Population*, 2010, http://www.singstat.gov.sg/publications/publications_and_papers/cop2010/census_2010_release1/indicators.pdf。

否 hoN^6[俗] 疑问助词,用于句末:伊有来~? | 汝带真多镭~?

否 hoNh^7[俗]助词。①是不是,用在句末,表示疑问:今仔日真热~? | 汝决定了啊~? ②用在句末表示祈使语气:汝啰乖~ | 汝逐个月着寄批信来~。③用在句中,表示停顿的语气:我~,有一个代志要拜托汝 | 伊~,叫汝带身份证去。

从以上的记录来看,闽南语中确实也有一个“hor”。我们认为,表示疑问和用于句中的“hor”就是“hor1”,而“用在句末表示祈使语气”的就是“hor2”。但辞典并没有对这两种“hor”进行区分,这似乎就表明闽南语里的“hor”并没有在表示疑问或祈使时对读音进行区分,同一个读音有两种不同的功能。这就和普通话里的“吧”以同一个读音表疑问又表祈使的情况相同。

台湾的闽南语里也有一个“hor”。《台湾闽南语辞典》(董忠司主编 2001:429—430)记录了“hor”的四个义项:

否 honnh^0, honn^2, hoo^2, phi^2

1. 句尾疑问词,有征求对方确认之意。例:“你已经决定无欲去矣否?”(你已经决定不去了吧?)
2. 句首语气词,讲过一句话或一段道理之后,征求对方的同意。例:“否! 我讲无毋著否!”(是吧! 我说的没错吧!)
3. 祈问声。例:“钱予我,否?”(钱给我,好吗?)
4. 征求对方肯定的疑问词,放在句尾。例:“去啦否?”

《台湾闽南语辞典》里所记录的义项 1 和义项 4 就是典型的“hor1”的用法。义项 2 其实就是“hor1”独立成句的例子。根据义项 3,台湾闽南语里的“hor”也能够表祈使,但读音也没有变化。另外,辞典将表祈使的“hor”翻译成普通话时用了疑问语气词“吗”,这似乎就表示台湾闽南语里表祈使的“hor”,其功能并不等同于新加坡华语里的“hor2”。

现在看粤语的部分。《广州话普通话词典》(刘扳盛编著 2013:163)记录了一个与“hor1”语义相近,读音却不同的语气词:

□ hé^2(hɛ^2) ㊥ 语助词。要求对方作同意自己意见的回答时用。◇仲係我讲□啱(还是我说得有道理,啊)/我真係冇噉讲过□(我的确没这样说过,对不)?

我们认为,《广州话普通话词典》里记录的语助词虽然读音不同,但其语义的确就是"hor1"的典型用法。《广州话词典》(饶秉才等编著 1997:362)也有类似的记录:

> □ hé² (哈扯切) 叹词。要求对方作同意自己意见的回答时用:
> 唔系啫,~ [不是的,啊]?｜呢本小说好好睇~ [这本小说很好看啊]?

《广州话词典》记录的叹词其语义就接近于新加坡华语的"hor1"。

粤语中有一个表示疑问的"呵"。① 例如:"明呵?"(明白吧?)"呵"字与普通话中"吧"字类似,用于疑问句句末,并希望得到与助词前面的内容立场相同的回答,甚至不需要回答。从以上解释来看,"呵"应该就是我们所讲的"hor1"了。

香港的粤语也存在类似于"hor1"的语气词。《港式广州话词典》(张厉妍、倪列怀编著 1999:145)有以下记录:

> □ hé² 叹词。用于讲出自己的看法后要求对方同意:呢套戏几好睇~ [这电影挺好看的,啊]!

《港式广州话词典》中所记录的"用于讲出自己的看法后要求对方同意"的语义,应该就是"hor1"的"疑问式征求性确认"。

最后看潮州话的部分。据《潮·普双言语词典》(陈恩泉 2010:574),潮州话里有一个读音、声调和语义都非常接近于"hor1"的语气词:

> 【呵】hon⁵‰
>
> 助词,用在句末表示疑问的语气(含揣测意);读句末变调:这个衫你唔穿~?(这件上衣你不穿了吧?)

蕴含揣测意的疑问语气词应该就是"hor1"的"疑问式征求性确认"。词典将潮州话里的"呵"翻译成普通话时用了疑问语气词"吧",确实也符合这两个语气词的语义相似之处。《新潮汕字典》(张晓山编 2009:21)也有同样的记录:

---

① 引自"粤语学习网",《浅谈粤语中的语气助词》,http://www.fyan8.com/yueyu/c47.htm (2014 年 7 月 17 日)。

乎 hu¹

　　①文言助词,表示疑问、感叹等语气。1. 同白话的"吗":天雨~?
2. 同白话的"呢",表选择答复的疑问:然~?丨否~? 3. 同白话的
"吧",表推测和疑问:日食饮得无衰~? 4. 同白话的"啊":天~!

　　《新潮汕字典》所记录的读音虽然不相同,但第一个义项的第三个部分显
然与"hor1"的语义相同。

　　通过对闽南语、粤语和潮州话等中国南方方言的考察,我们发现它们都有
与"hor"相对应的语气词,而其语法使用规则也类似于新加坡华语里的"hor"。
因此,我们可推论,新加坡华语语气词"hor"的确源自中国南方方言的语言系
统。方言里的语气词是如何走进新加坡华语里的? 一种可能的解释是,本地
早期的华人移民主要以中国南方方言为母语,在建立起本地华人社群的身份
后,以自己的方言基础构建新加坡华语语法。因此我们推测,闽南语、粤语、潮
州话等中国南方方言,与身为汉语变体的新加坡华语的接触和互动,最终使
"hor"渗透到新加坡华语。

　　不过,虽然以上三种方言里的"hor"的语义与新加坡华语的"hor"有类似
之处,但它们也明显存在差异。那就是,方言里的"hor"主要是用来表示疑问,
而不表祈使。粤语和潮州话里的"hor"只能够表疑问。虽然闽南语里的"hor"
可以用来表祈使,但读音却没有发生变化。以同样的读音又表疑问又表祈使,
这就表明闽南语里的"hor"和普通话里的"吧"一样,存在于疑信之间,而必须
依靠具体的语境来确定其语义。

　　这个结论表明,新加坡华语里的"hor"虽然来自于方言,却不等同于方言
里的"hor"。"hor"通过方言和新加坡华语两者的接触和互动,渗透到了新加
坡华语。但在进入了新的语言系统后,"hor"发生了重大变化,并找到了新的
立足点:它产生了两种声调各异、语用功能不同的变体,为的是在不同的语言
环境中表达不同的立场。新加坡华语保留了原为升调的"hor1"来表达疑问,
并将其语用功能进行扩展,以一个降调的"hor2"来表达祈使。而这种扩展的
过程,符合语言学界对于语言在运用语调表达语气时所观察到的现象:所有
的语言都毫无例外地用高调或升调表示疑问,而用低调或降调来表示陈述。

　　我们如何知道"hor1"是基础,而"hor2"是这个基础的扩展? 除了在来源
语——方言中看到类似于"hor1"的原来的语义外,我们也看到"hor2"在新加

坡华语里的使用并非像"hor1"那样自如。即使是在符合语法规则的情况下，"hor2"在新加坡华语里也并不经常使用，也很少听到。"hor2"诸多的局限性使我们认为，"hor2"是在新加坡华语"hor1"的基础之上后起的语气词。

最后，我们来讨论一个最根源的问题。为什么"hor"在新加坡华语里能够产生这种扩展？我们认为，这是由于"hor1"的主观性比普通话里的任何一个语气词都要强烈，导致本来已经蕴含着说者本人主观想法的疑问语气词，在允许变调的情况下，扩展成为说者将本人的主观想法/意愿强加在听者身上的表祈使的语气词。

第四节　总结

我们旨在深入了解语气词"hor"的语义和语用功能。从更宏观的角度来看，我们探讨的是新加坡华语的语法现象。但新加坡式的华语是否值得研究？多年以来，学术界乃至新加坡人本身对这个议题都持有不同的看法。一些外地华人会觉得新加坡华语听起来"怪怪的"，认为它"不标准"（徐杰、王惠编著2004:278）。有新加坡人则认为，新加坡华语中所掺杂的其他语言成分已经使其成为一种被"污染"的语言（corrupting the language）。① 被"污染"的语言，还值得研究吗？

"新加坡华语不标准"的说法所包含的前提是：北京或其他地区所使用的是标准的、规范的。从语言学的角度来看，这种前提无疑是没有科学根据的，本质上是一种语言偏见（徐杰、王惠编著2004:278）。汉语来到新加坡，在本地独有的社会条件之下产生了变化，就如其他华语区的华语，都是因为在当地特殊的文化背景下，而产生的各种汉语变体。汉语的各种变体，因为文化条件而产生差异，它们满足了当地华人沟通上的需要，并没有优劣之分。而认为新加坡华语听起来怪怪的，只是因为人们不熟悉新加坡华语。

其实，单从探讨语气词"hor"的角度，就可延伸至新加坡华语的研究价值。我们看到，虽然新加坡华语的"hor"来自于方言，但其语法表现与其在来源语

---

① *To mix languages is to corrupt usage*, 见 http://www.todayonline.com/voices/mix-languages-corrupt-usage#inside（2014 年 7 月 21 日）［原载《今日报》（*Today*）"Voices"栏目（新加坡）2013 年 1 月 6 日］。

里的语法表现有显著差别。当"hor"渗透到新加坡华语后,它融入并重新适应新的语言环境,而最终成为塑造新加坡华语的语言个性的一部分。

在研究句末疑问语气词"hor1"的时候,最为困扰我们的问题是"hor1"与普通话里同样作为句末疑问语气词的"吧"的区别。语感告诉我们,这两者的语义虽然类同,但在语用功能的层面上是不能互换的。这其中似乎带有某种启示。各种语言作为各民族的交际工具,突显的是特定民族的文化习惯,带有很强的民族个性。为什么"你吃饱了hor1?"在新加坡华人口中表现为亲切的关系,而"你吃饱了吧?"却显得比较生疏,而且在一些场合是不符合新加坡华语的语用习惯的? 一些人可能会认为由于新加坡华语深受方言影响,因此自然而然地会用方言的"hor1"而不用普通话的"吧"。但是,从以上的语用习惯调查中就可看出,新加坡华人对"hor1",并不是随意取用,而是有选择地使用;与其语义相似的"吧"则被新加坡华人的口语重新归类,成为了带有距离感的语气词。这已经显示,"hor"在新加坡华人眼里,是很有个性的。

中国南方移民在多年前定居本地成为新加坡华人之际,是否因为有意保留原籍特色,或是为了守护华侨之间的纽带,所以在学习华语的时候,无意识地不愿放弃"hor1"这个带有亲切感的语气词? 抑或本地华人在学习华语时,考虑到了普通话无法拉近听说两者之间距离而有意识地保留"hor1",以改变新加坡华人眼里普通话可能带有的"生硬个性"? 果真如此,那么它给我们带来的另一个启示是:中国南方方言和北方普通话的个性是不同的。

单凭一个语气词无法探索如此宏大的课题。但这也突显出新加坡华语作为汉语变体具有为我们揭示出更丰富、更深入的成果的潜力。

新加坡荣誉国务资政吴作栋在出席新加坡政策研究院庆祝成立25周年的晚宴时说道:"对新加坡进行研究是件严肃和重要的事情。如果我们不投入资源和精力去做,谁会? ……我们也希望帮助新加坡人,让他们更加了解影响我们这个社会的巨大变化,以及这些变化对他们自己和国家的意义。"(Studying Singapore is a serious and important endeavour. If we don't devote resources and energies into studying Singapore, who will? …We also want to help Singaporeans make better sense of the tectonic changes affecting our society, and what it means to them individually and the country.) ①

　　诚如周清海教授谈及新加坡华语特色时所言:"新加坡华语语汇中的特有词语构成了一道新加坡社会的风景线,可以通过解读这些词语来认识新加坡。"②新加坡华语的研究价值,就在于探索本地华族的历史根源、文化传统与思维模式。

　　"hor"是我们研究的出发点,也是归结点。从"hor"的语法规则到语用现象,我们看到了新加坡华语的不同侧面。这可能只是新加坡华语的冰山一角,但这足以显示,新加坡华语语气词的研究是重要且有意义的。

参考文献

北京大学中文系 1955、1957 级语言班编　2010　《现代汉语虚词例释》,北京:
　　商务印书馆。

北京大学中文系现代汉语教研室编　2006　《现代汉语》,北京:商务印书馆。

北京大学中文系现代汉语教研室编　2012　《现代汉语》(增订本),北京:商
　　务印书馆。

陈恩泉编著　2010　《潮·普双言语词典》,北京:国际文化出版公司。

陈正统主编　2007　《闽南语漳腔辞典》,北京:中华书局。

董忠司主编　2001　《台湾闽南语辞典》,台北:五南图书出版公司。

关汪昭　1996　《英语在新加坡的传播与演变》,云惟利编《新加坡社会与语
　　言》,新加坡:南洋理工大学中华语言文化中心。

郭良夫主编　2000　《新世纪高级汉语词典》,新加坡:怡学出版社。

胡明扬　2000　《单项对比分析法——制订一种虚词语义分析法的尝试》,
　　《中国语文》第 6 期。

邝摄治　1984　《以踏实的态度正视语文问题》,新加坡:新加坡新闻与出版
　　公司。

刘扳盛编著　2013　《广州话普通话词典》,香港:商务印书馆。

---

① *Think tanks "important in boosting citizens-govt engagement"*,见 http://www.channelnewsasia.com/news/singapore/think-tanks-important-in/832698.html(原载 2013 年 10 月 1 日)(2014 年 7 月 22 日)。

② 周清海编著《新加坡华语词汇与语法》,2002 年,见于封面。

陆俭明　2001　《现代汉语里的疑问语气词》,《陆俭明选集》,长春:东北师范
　　大学出版社。

吕叔湘　1979　《汉语语法分析问题》,北京:商务印书馆。

饶秉才、欧阳觉亚、周无忌编著　1997　《广州话词典》,广州:广东人民出版
　　社。

谢世涯　1996　《华语运动:成就与问题》,云惟利编《新加坡社会与语言》,新
　　加坡:南洋理工大学中华语言文化中心。

徐　杰、王　惠编著　2004　《现代华语概论》,新加坡:八方文化创作室。

徐晶凝　1998　《语气助词的语气义及其教学探讨》,《世界汉语教学》第 2
　　期。

张厉妍、倪列怀编著　1999　《港式广州话词典》,香港:香港万里书店。

张晓山编　2009　《新潮汕字典》,广州:广东人民出版社。

张谊生　2000　《现代汉语虚词》,上海:华东师范大学出版社。

周清海　2002　《新加坡华语变异概说》,周清海编著《新加坡华语词汇与语
　　法》,新加坡:玲子传媒。

朱德熙　1982　《语法讲义》,北京:商务印书馆。

朱晓农　2004　《亲密与高调——对小称调、女国音、美眉等语言现象的生物
　　学解释》,《当代语言学》第 3 期。

Bolinger, D.　1978　Intonation across languages. In J. Greenberg (ed.), *Universals of Human Language Volume 2: Phonology*, 471-524. Stanford: Stanford University.

Gan, L. M.　2000　A Study of the 'hah' and 'hor' Particles in Colloquial Singapore English. National University of Singapore, Honors Thesis.

Gupta, A. F.　1992　The pragmatic particles of Singapore Colloquial English. *Journal of Pragmatics* 18: 31-57.

Kim, C. & L. Wee　2009　Resolving the paradox of Singapore English hor. *English World-Wide* 30: 241-261.

Ler, V.　2005　An In-Depth Study of Discourse Particles in Singapore English. Singapore: National University of Singapore, Ph. D. Thesis.

Marie, W. V.　1988　*A Study of Sentence-Final Particles in Singapore English.*

Singapore: National University of Singapore Academic Exercise.

Ohala, J. J. 1983 Cross-language use of pitch: An ethological view. *Phonetica* 40: 1-18.

Platt, J. T. & M. L. Ho 1989 Discourse particles in Singaporean English: Substratum influences and universals. *World Englishes* 8: 215-221.

Romero, M. & C.-H. Han 2004 On negative yes/no questions. *Linguistics and Philosophy* 27:609-658.

Wee, L. 2004 Reduplication and discourse particles. In L. Lim (ed.), *Singapore English: A Grammatical Description*, 105 - 126. Amsterdam, Philadelphia: John Benjamins.

第九章　新加坡华语
"谓词+回+（NP）"结构研究

第一节　引言

　　新加坡是个多语社会,这里的语言和方言有着频繁的接触,因此在新加坡所使用的英语和华语都出现了一定的特点。（Chen 2002）新加坡英语的研究成果丰硕（Lim 2004；Bao 2001,2005；Wee 2002）,而新加坡华语的研究虽然也取得了不少的成果（陈重瑜 1993；Chua 2004）,如陈重瑜就描写了新加坡华语语音系统存在第五个声调,并讨论了其来源,分析详细、结论可靠［参见许小颖、吴英成（2001）］。但整体而言,和新加坡英语的研究相比,新加坡华语的研究不论在广度还是深度上都有不足。尽管以新加坡华语语法为对象的研究有不少,如陈重瑜（1983）、吴英成（1986）、陈玉珊（2000）和祝晓宏（2008）等,但是这些研究主要重在描写,而对相关的语法现象缺乏更进一步的分析。正是在这样的研究背景下,我们虽然知道新加坡华语的语法系统在词序、重叠、述补结构、比较句和疑问句等方面都体现了一定的特点,但是我们却不知道这些特点背后的语法规律。就以述补结构为例,陈重瑜（1993：360—361）最早指出了新加坡华语的补语标记具有"到"取代"得"的特点,并指出这是受了粤语和闽语影响的结果:

　　"到"取代"得"出现于补语之前——粤,闽:

　　　　（1a）真是气到我半死。　　　　　　　　（1b）气得

　　　　（2a）他那么说弄到我很不好意思。　　　（2b）弄得

　　　　（3a）别弄到一地都湿了啊!　　　　　　（3b）弄得

　　　　（4a）你害到我白忙一场。　　　　　　　（4b）害得

　　　　（5a）他中途退股使到我们不得不改变计划。　（5b）使得

　　左边的例子是新加坡华语的说法而右边是与其对应的新加坡标准华语说法。但这样的分析是不够的,原因是此分析没有解释为什么"得"可以用于可能式而"到"却不能,比如我们能说"这里卖的鸡饭吃得饱",但不能说"*这里卖的鸡饭吃到饱"。

　　除了"到"取代"得"的特点,新加坡华语还有"回"做补语的特殊用法。就这个现象,讨论的学者不少,如陈重瑜(1983)、陆俭明等(2002)、陈玉珊(2000)与祝晓宏(2008)。

一、新加坡华语"回"做补语的研究概述

　　陈重瑜(1983:30)最早在"个别词条之常见特殊用法"的栏目下总结了九个词在新加坡华语中的特殊用法,而其中一个就是"回"①:

1.1.1"回"——粤

(6a)给回他!	(6b)还给他!
(7a)还回他!	(7b)还给他!
(8a)还回给他!	(8b)还给他!
(9a)我还是买回那一种的。	(9b)我还是照旧买那一种的。
(10a)他打你,你为什么不<u>打回他</u>?	(10b)还手

　　例句(6a、8a、9a、10a)可谓粤语"畀翻佢","还翻畀佢","买翻……""打翻佢"之直译。(7a)"还回他"则非直接来自粤语,可能为(6a)与(8a)混合后之变体,此语颇为常见。

　　从以上摘录可以看出,陈重瑜(1983)的做法是:先举出带有"回"的"特殊用法"的例子,然后再提供相应的标准华语说法作为释义,最后再指出这些用法的来源。之后,作者就结束讨论了。

　　陆俭明等(2002:92—93)则比陈重瑜(1983)进一步。除了举例和翻译例子,他们还指出"回"是述补结构里的补语,而且他们还为"回"提供了一个语义描写。

二、"V回"述补结构里趋向补语"回"的特殊的引申意义

　　陆俭明等(2002)做了如下论述:

---

　　① 引文中例句序号依本文,余同。

在新加坡华语里，"回"做趋向补语可表示一种特殊的引申意义，即表示"回复"的意思。这时，V 不是表示位移的动词，而是一般的动词。例如：

（11）天冷，快些演好，穿回大衣。

（12）倘若电疗，你体内的癌细胞能得到良好的控制，你便能得回你曾一度失去的平静与安宁。

（13）"快，快给回我！""不给！"

（14）我爱人家多少，我一定要得回相等的爱。

（15）说回德士司机。德士是旅游业里重要的一环，对我国的经济活动扮演积极的角色。

（16）这部动作片是离开新视的陈秀环的告别作，她笑言，连续拍了多部动作片后，她的"打女"形象越来越深入民心，再不离开的话，怕难以抽身，做回她的窈窕淑女。

上面各例中的"V 回"，有的还勉强可译为普通话，如例（12）、（13）、（14）、（16）似可分别译为：

（12'）……你便能重新得到你曾一度失去的平静与安宁。

　　　　〔原本"你"曾拥有平静与安宁〕

（13'）快，快还给我！〔原本属于"我"〕

（14'）……我一定也要从人家那里得到相等的爱。〔原本"我"应拥有的爱〕

（16'）……再成为窈窕淑女了。〔原本"她"是窈窕淑女〕

有的，如例（11）、（15），则很难用一句简短的话翻译为普通话。例（11）"穿回大衣"是说"穿上刚才你脱下的那件大衣"，例（15）"说回德士司机"则是"现在再回过头来说德士司机"的意思。

值得提出的是，陆俭明等（2002：137）没有涉及来源的讨论。另外，自从陆俭明等（2002）指出了"回"是述补结构里的补语，后来的学者，如陈玉珊（2000）和祝晓宏（2008）等，就沿用了"'V 回'述补结构"这个名称来概括这类语法现象。

在做法上陈玉珊（2000）与陆俭明等（2002）相似。她也为"回"提供了一

个语义描写,不过她还进一步讨论了"V+回"的来源,并在这个问题上持与陈重瑜(1983)相同的看法:

SCM述补结构"V+回"中,充当趋向补语的"回"有"回复"的意思,表示回复原来的状况或回到原先的活动。例如:

(17)SCM:天气很冷,快穿回外套。

SSM:天气很冷,快穿上(刚才脱下的)外套。

(18)SCM:借我一张邮票,我等一下买回给你。

SSM:先把一枚邮票给我,我等一下才买来还给你。

(19)SCM:快把书还回给我!

SSM:快把书还给我!

这种用法是受了粤语"V+番"①的用法所影响。

引文中,SCM是指新加坡华语,而SSM指新加坡标准华语。

后来,祝晓宏(2008)对"V+回"进行了更深入的探讨。在分析了"V+回"的语义后,他指出粤语的回复体标记"翻"是新加坡华语"回"的源头。与前人明显不同的是,祝晓宏(2008:114—119)将"V+回"的语义细分成了5个类型:

1. 表达事物关系的回复

"回"用来比喻使宾语回来,"回"指向后面的宾语。例如:"裁员过后再找回人才,难上加难。"

2. 表达动作行为的回复

"回"表达动作行为的重复、再一次发生,"回"指向前面的动作。例如:"希望新传媒能再播回《日本流行音乐站》。"

3. 表达动作对象的回复

"回"表达动作行为的再一次发生,并且动作影响到的对象跟第一次动作正好是调了个个儿。例如:"尽管老师训了他们一顿,他们还顶回老师,不懂得尊师重道。"

4. 表达事物状态的回复

"回"指向整个动宾短语,指动词所及的宾语回复到原来的状态。例如:"她拂开他的手,抬起头,一面扣回自己的扣子,一面用较清楚,但颤抖的声音

---

① 粤语的[faan¹]可写成"番""翻"或"返"。

说:'不要。'"

5. 表达意念的回复

"回"用在意念上的回复句里,意念的回复是指说话人主观认为的,不具有回复的现实性。例如:"这场精彩的声光秀,气势磅礴,单看现场的音响和灯光,就已值回票价。"在此语义类型,作者只发现"值回票价"的用例。

总结以上概述,在来源的讨论上,陈重瑜(1983)、陈玉珊(2000)和祝晓宏(2008)都一致认为"V+回"来自粤语的"V+翻"。而在语义的分析上,由于陈重瑜(1983)重在发掘新加坡华语的特点,因此对"V+回"这个结构体所能承载的语义特点并未加以分析。陆俭明等(2002)和陈玉珊(2000)则比陈重瑜(1983)进一步,除了指出这个语法现象,还进一步对补语"回"的语义进行描写。在他们的基础上,祝晓宏(2008)把"V+回"的语义分析得更细致。他总结出 5 个语义类型,在每个语义类型下他都提供了语义描写和充足的例子。本章希望在前贤的研究成果上,指出其中仍值得讨论的地方,以期对新加坡华语的述补结构的研究起到进一步的推进作用。

第二节　文献评论与研究方法

一、文献评论

祝晓宏(2008:114—119)对新加坡华语的"V+回"结构的讨论最细致,也最成系统,但仍有如下几点值得我们再讨论:

(一)把不同的情况归入同一个语义类型

在"表达事物关系的回复"底下,祝晓宏(2008:114—115)的解释是:所谓事物关系指的是主语和宾语的拥有关系或本有的关系,关系可松可紧。"回"的作用是"比喻使宾语回来"。作者一共举了 10 个例子:

(20)裁员过后再找回人才,难上加难。

(21)如果,你不与他粘在一起,就不必费心去追回他!至少情况不那么糟。

(22)只有在国庆那一夜,我们才齐心协力找回遗失的快乐。

(23)我每天忙忙碌碌的工作,把所赚来的一切,都花在她身上,只期望她为我<u>争回</u>这口气。

（24）要获得额外的弹球,您可以通过移到特技发球区,<u>赢回</u>奖励即可获得更多的弹球。

（25）隔天,就可以用 30 元,在大会设立的摊位<u>买回</u>那一刻近似名人般的虚荣。

（26）国辉不久前才<u>认回</u>母亲,人生又有另一番体会。

　　牧人把驯鹿<u>认回</u>后,开始买卖,或养在自己的牧场。

（27）陌生的环境、不可信任的同伴,这名宫中侍卫要如何从西部牛仔的手中<u>救回</u>公主?

（28）过了几天,老师<u>分回</u>测验卷子。

（29）儿子唱起了幼时的儿歌《世上只有妈妈好》,<u>唤回</u>母亲的记忆。

可以看出,多数的例子都表达了两个信息:一、主语曾经拥有过宾语;二、主语发出动作使宾语回到自己身边。就以例（22）来说,主语"我们"曾经拥有过"快乐",现在"我们"发出"找"的动作使"快乐"再次回到"我们"的身边。可是,在作者所举出的例子里也有例外。比如,例（23）的"……只期望她为我<u>争回</u>这口气",主语是"她"（因为"争"由"她"发出）,宾语是"这口气",可是"这口气"并不是"她"的而且"这口气"也没回到"她"那里。再如例（28）,主语"老师"做出"分"的动作,可是宾语"试卷"却不是回到"老师"的身边。可见,这两个例子与其他例子不同。

另外,在"表达动作行为的回复"底下,作者认为:"回"也可以表达动作行为的重复、再一次发生。"回"指向前面的动作。然后,他举了 6 个例子:

（30）幸好老天有眼,他终于<u>接受回</u>我,我就搬到他家住了。

（31）我决定戒赌,要<u>给回</u>太太和孩子一个幸福的家。

（32）参加了才华比赛才因为迫不得已重新<u>讲回</u>华语。

（33）因为要见的朋友太多,待重新<u>见回</u>第一个朋友的时候,已经排满一年。

（34）言下之意就是他从小一直到 16 岁都有讲华语的习惯,但突然之间停止了,直到新加坡二成多的华族学生表示下辈子不想<u>做回</u>华人,其中近 12%选择当洋人,8.2%则想当日本人。

（35）照道理，离婚后她应该恢复旧姓，但她是爬格子的，加上社会地位不错，姓名响当当，<u>用回</u>出道以前的旧姓，谁也不知道她是什么人物，等于一切要从头开始。

之后，作者补充道："上面例子中的'回'意思是使原来中断的动作重新再发生。"也就是说，例（30）的"接受回我"是指"他"原来"接受我"，后来不"接受我"，现在又"接受我"了（即所谓的"中断的动作重新再发生"）。但是，在这6个例子中并不是所有的例子都符合这说法。比如例（33），因为一整年都在见朋友，所以"见"的动作没有中断过，"回"在此其实是指向宾语"第一个朋友"而不是动作"见"，因为所回复的是"朋友"。又如例（35），一般只要某人有名字他就会有姓氏，所以"用"的动作在"<u>用回</u>出道以前的旧姓"里，无论如何都不会中断。这里的"回"也不指向动作而指向了宾语，因为回复的是"姓"不是"用"。显然，这两个例子和其他例子也不一样。

最后，在"表达事物状态的回复"底下，作者说："'回'指向整个动宾短语，指动词所及的宾语回复到原来的状态。"他一共举了8个例子，其中一个是："她拂开他的手，抬起头，一面<u>扣回</u>自己的扣子，一面用较清楚，但颤抖的声音说：'不要。'"可是，作者举的第8个例子却是一个"形容词＋回"的例子："很多人节食，不允许自己吃很多平时爱吃的食物，又减少吃的分量以减少卡路里，结果弄巧反拙，一失去节制，不但快速<u>胖回</u>，而且还变本加厉，比原来的体重更重。"这明显与该语义描写不符。

以上显示，祝晓宏（2008）在用例上并不一致，他会把两种或以上的情况归在同一个语义类型底下。这说明作者对"V＋回"例子的分析还不够细致，因为"V＋回"所表达的情况看来要比作者的分类还要复杂、多样。

（二）未发现歧义

祝晓宏（2008）的分析并没有发现同一个"V＋回"结构能表达不同的意思，即所谓的句法歧义。

比如，陈重瑜（1983）曾以"买回"为例："我还是<u>买回</u>那一种的"，并说其指"我还是照旧买那一种的"。陈玉珊（2000）也举了"买回"的例子："借我一张邮票，我等一下<u>买回</u>给你"，并说其指"先把一枚邮票给我，我等一下才买来还给你"。显然，这两个"买回"的"回"意思并不一样。祝晓宏（2008）也以"买回"为例："隔天，就可以用30元，在大会设立的摊位<u>买回</u>那一刻近似名人般的虚荣",并说"回"比喻使宾语回来。如果这又是另一种"买回"的用例,则我们可以发现"买回"在新加坡华语中至少能表达3种不同的意思。再如,陈重瑜(1983)和陆俭明等(2002)都曾拿"给回"做例子,分别是"给回他!"和"快,快给回我!"这两个"给回"都表示"归还"。祝晓宏(2008)也用了"给回":"我决定戒赌,要给回太太和孩子一个幸福的家",并将"回"解释为"表达动作行为的重复、再一次发生"。显然,前两个"给回"与后一个"给回"意思不同。

祝晓宏之所以没有发现"V+回"含有歧义,其中一个原因应该与他所使用的语料有关。其语料来源有5个:(1)影视剧本,(2)文学作品,(3)报刊,(4)学术论著和(5)教材、报告书、公文,皆是书面语材料。由于书面语并不是活生生、生动的日常语言,而且为了追求精简、准确,读者们在阅读某篇文章时他们对上下文(或语境)的理解通常只能有一种,所以在分析中未发现句法歧义是很自然的。

(三)未讨论"V+回"的语义发展

在讨论"V+回"的来源时,祝晓宏(2008:118)指出"回"字源自粤语的"翻",他还尝试将二者进行比较,并指出"回"的虚化程度并不如"翻":

> "翻"前面也可以用形容词,如"暖翻、好翻、高兴翻"等。新加坡华语的"回"与粤语的"翻"字对应,但并不说"暖回、好回、高兴回、洗干净回、煮热回、装好回、关上回",能进入"形容词+回"或"心理活动+回"格式的新加坡华语词数量很少。从这个角度来看,新加坡华语里的"回"比普通话的"回"虚化程度要高,但却不及粤语"翻"虚化得彻底。

尽管作者已观察到"回"经历了虚化的演变,而且也把"V+回"的语义分析得比前人更细致,可是作者只是简单地罗列了这些语义类型而未进一步讨论"回"是如何虚化的。对于"V+回"是怎么从一个语义类型发展出5个不同的语义类型,而这些不同的语义类型之间的具体关联又是什么,祝晓宏(2008)并未提供很好的解答。正因为如此,我们无法看出"回"是怎么从"表示事物关系的回复""动作行为的回复",变成"表示动作对象的回复",然后再变成"事物状态的回复"和"意念的回复"。

(四)未发现"V+回"的宾语含"有定"性质

在仔细观察祝晓宏(2008)每个语义类型的用例后,我们发现"V+回"所带的名词性宾语一般都含"有定"性质(definiteness)。为了排除宾语可能是因为受了修饰才有有定性(如"<u>遗失了的</u>快乐""<u>那一刻近似名人般的</u>虚荣"等)和宾语本身就有指称功能的可能性(如你、我、他、华语、《日本流行音乐站》等),我们从各语义类型中特别选取了宾语是光杆名词的例子来进行语法测试以验证上述的观察:

表 1

语义类型	例　子
1.表达事物关系的回复	(a)裁员过后再<u>找回</u>人才,难上加难。 (b)＊裁员过后再<u>找回</u>一个人才,难上加难。
2.表达动作行为的回复	(a)就不知道10月的时候,每个人会不会又<u>板回</u>脸孔了。 (b)＊就不知道10月的时候,每个人会不会又<u>板回</u>一张脸孔了。
3.表达动作对象的回复	(a)尽管老师训了他们一顿,他们还<u>顶回</u>老师,不懂得尊师重道。 (b)＊尽管老师训了他们一顿,他们还<u>顶回</u>一位老师,不懂得尊师重道。
4.表达事物状态的回复	(a)等我到了朋友的家,我才<u>变回</u>人形。 (b)＊等我到了朋友的家,我才<u>变回</u>一个人形。
5.表达意念的回复	(a)这场精彩的声光秀,气势磅礴,单看现场的音响和灯光,就已<u>值回</u>票价。 (b)＊这场精彩的声光秀,气势磅礴,单看现场的音响和灯光,就已<u>值回</u>一个票价。

说明:(a)是本来的例子,而(b)是(a)在插入"数+量"结构之后的例子。

前人的研究显示,无论是在普通话还是在粤语中,"数+量+名"结构都是无定的(indefinite)[1]。因此,"数+量"结构可用来测试一个名词是否具有有定性。上述测试显示,当我们在"V+回"的宾语前面加上"数+量"结构,那句话就不再合语法、变得不能说。这说明未加入"数+量"结构的"V+回"宾语的确是有定的。换言之,即使"V+回"的宾语是没有加任何修饰的名词,该名词也是有定的。至于为什么"V+回"的宾语会有有定特征,我们会在第三节"返回原处"指出。这种"V+回"的宾语一般是处所性名词,其论旨角色既是终点也

---

① Cheng & Sybesma(1999),转引自 Sio(2008:104)。

是起点，因为物体移动的终点就是其起点。所以，宾语会"有定"就不奇怪了。当然，这只是个初步的推断。

综上所述，祝晓宏（2008）对"V+回"的讨论虽已相当细致，但仍存在一些值得进一步探讨的问题，因此，新加坡华语的"V+回"结构仍值得我们再做研究。

二、研究方法

在阐明我们的研究目的和方法之前，有必要先修正"V+回"这个名称。祝晓宏（2008）当时已发现"回"也能和形容词搭配，组合成"形容词+回"。这表示"V+回"这称呼其实并不足以概括"回"的所有用例，虽说能进入"形容词+回"或"心理活动+回"格式的新加坡华语词数量很少，但这并不表示我们应该忽略它们的存在。所以，为了更准确地概括"回"的使用情况，我们决定以"谓词+回+（NP）"结构①来取代"V+回"述补结构的称法。理由是，"谓词"可以包含动词和形容，而且当动词与"回"搭配时，其往往会带上名词性宾语。为了行文的简洁，在下面的讨论中，我们将把"谓词+回+（NP）"结构简称为"谓词+回"。本章的研究目的如下：

（1）重新分析"谓词+回"的语义并将其分类；

（2）提出一个"谓词+回"的语义演变假说；

（3）解释为何"谓词+回"的宾语会有有定的特征。

（一）研究材料

如文献评论所述，祝晓宏（2008）未能发现"谓词+回"含歧义和它的宾语含有定性可能是因为他使用书面语材料。口语相较书面语而言，能够提供我们翔实、实在的语境。有了真实的语境，我们就能据实地分析"谓词+回"的语义并分辨其歧义。因此，我们采用口语材料来进行研究。本章的语料来源有：

1. 新加坡口述历史访谈

自1979年起，新加坡口述历史中心就开始从民间收集本地的历史故事。中心的职员们采访了来自四面八方、各行各业的新加坡人，并以录音及转写录音的方式将访谈内容永久保存。新加坡国家档案馆（National Archives of Singapore）将这些"口述历史访谈"（Oral History Interviews）的录音及与之对应的录

---

① NP指的是名词词组（noun phrase）。

音转写上载至网站①以供大众查阅。这些访谈录音皆真实地记录了采访人与受访人当时即兴的、无脚本的现场对话,为我们提供了宝贵的口语材料。以下是我们所使用的访谈资料:

表2

	访谈主题	登录号	访谈日期
1	《视觉美术》	000171	1982 年 4 月—1983 年 4 月
2	《华人方言群》	000989	1989 年 1 月—4 月
3	《新加坡公共服务史》	001684	1995 年 9 月
4	《新加坡表演艺术(舞蹈)》	002410	2000 年 8 月—2001 年 3 月
5	《日治时期的新加坡》	002977	2005 年 9 月

2. 本地电视节目

我们还从本地电视台制作的一些节目中收集语料。我们主要使用了两个节目的语料,分别是《学校没教的事》和《小毛病大问题3》。这两个节目含有许多人与人的话语交谈,这些对话都不来自任何脚本而是艺人嘉宾的自然口语。以下是本章所使用的电视节目资料:

表3

	节目种类	节目名称	首播日期
1	娱乐谈话	《学校没教的事》	2014 年 10 月 20 日
2	保健资讯	《小毛病大问题3》	2015 年 2 月 7 日

3. 日常会话

除了上述语料,在分析时我们也会根据需要使用笔者在现实生活中记录的日常会话。此外,如果需要,笔者还会自拟例句。笔者本人在新加坡长大,与新加坡华语的接触未曾中断过,因此有新加坡华语语感。但若遇上不确定的例子,我们还是会向其他以新加坡华语为母语的人咨询,看该例句能否说,意思是否明确。

---

① http://www.nas.gov.sg/archivesonline/oral_history_interviews/.

（二）分析方法

我们主要使用语义指向分析来划分"谓词+回"的多重语义并对其进行分类。根据陆俭明（2003：143—144），语义指向是指句中某个句法成分与哪个成分发生最直接的关系；而通过分析句中某一成分的语义指向来解释某种语法现象，这种手段就是语义指向分析。由于"谓词+回"的多种意思和补语"回"的语义指向息息相关，所以此分析手段最为合适。[①] 此外，我们还会在适当的时候使用"论旨角色""语义特征分析"和虚词研究的"比较分析"来对"谓词+回"的语义进行更细致的分析。"论旨角色"是指由谓词根据其与相关的名词短语之间语义关系而指派给这些名词短语的语义角色。（袁毓林 2002：11）"语义特征分析"即分析某句法格式中处于关键位置上的实词的语义特征；而"语义特征"是指某一小类实词所特有的、能对它所在的句法格式起制约作用的语义要素。（陆俭明 2003：121，106）"比较分析"则是指通过对比两个或以上的词以找出它们的共同点和相异点。（马真 2004：90）

（三）语义网络图

本章的第二个研究目的是为"谓词+回"的语义演变提供一个假说。为此，我们将参考类型学（Typology）的语义地图模型（Semantic Map Model）。语义地图模型是研究多功能语法标记的新方法，通过比较不同语言中的多义模式（polysemy），我们就可勾勒出世界语言通用的概念关系图。语义地图的基本前提是：一个语素的多种功能性并不是任意或偶然的，而是因为概念的相近。[②] 其中研究语义地图的重要学者之一，Haspelmath（2003：215—216）指出，若两个或以上的语义使用了同一个形式来表达（即歧义），就说明这些语义或功能之间是相近的。由于"谓词+回"这个结构在填入具体的谓词时会产生歧义，因此这就为我们采用语义地图模型的分析手段提供了重要的基础。由于语义地图是按照实证性的跨语言比较研究来建立的，所以其能够排除许多个人判断中的主观性问题。更重要的是，语义地图的优点之一是：能够预测历时的演变。当然，要想用语义地图来预测语义的历时演变，前提是要有一张正确、可靠的语义地图。因此，我们将尝试借鉴语义

---

① 陆俭明（2003：144）就指出补语、修饰语和谓语等的语义指向值得我们关注。
② Haspelmath（1999：126），见王慧萍、潘秋平（2011：264—265）。

地图的建构方法来绘制一张"谓词+回"的语义网络图,并以此图来提出"谓词+回"的语义演变假说。

关于语义地图和语义网络图的建构,我们还会在第四节提到。

第三节 "谓词+回"的语义分析与分类

根据"回"的语义指向,"谓词+回"的语义类型(以下简称"义类")可分成两大组:(一)"回复"不涉及动作,(二)"回复"涉及动作。前者的情况是"回"不指向动词,而后者反之。

一、"回复"不涉及动作

(一)返回原处

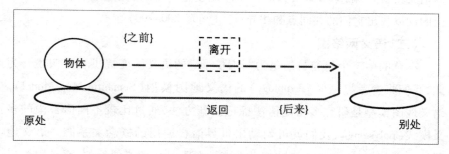

图1:返回原处①

"返回原处",是指人或物从原处离开到了别处,后来再从别处返回原处。这是"回"做补语的基本义。这种"谓词+回"表达了物体在现实空间里的移动。具体情况主要可分为两种:

1."回"指向主语(施事)②,表示主语返回原处,例如:

(36)这次新年又靠近周末又碰上 Recess Week,那些留学生不飞回家才怪。

(37)弟弟一吃饱就跑回房间,不知道他在搞什么鬼。

---

① 值得指出的是,本文用图画来辅助解说是受张丽丽(2010:808)的启发,该文的"〈图1〉返回义动词的语义框架"对本文有很高的参考价值。

② 标志的是该语法位置的论旨角色,以下同。

例（36）是，遇上春节长假，背井离乡的"留学生"就从他们留学的地方坐飞机回"家"。例（37）是，"弟弟"从房间出来到客厅吃饭，吃饱了他就跑回房间去。

2."回"指向谓词的宾语（客体），表示谓词的宾语返回原处，例如：

（38）起初那个雨大概会碰到我那个画，所以有人就把它稍微拉开一点，后来雨停了我就在那边把画再拉回原位。（《视觉美术》第69卷 1983-03-01）

（39）当然不是放这边，（东西）要放回你原来的位置。（《学校没教的事》第9集 2015-10-02）

例（38）是，"画"被人拉离了"原位"，后来"我"就拉"画"回"原位"去。例（39）是，该节目请来的专家在教导在场的艺人怎么整理零乱的桌子。"你原来的位置"是指"东西"（"放"的宾语）的原处，"这边"则指别处，"放回"即指把东西从别处重新放到原处。

值得注意的是，在这里"谓词+回"的宾语一般是处所名词，其论旨角色既是终点也是起点，因为物体移动的终点（原处）就是其起点（亦原处）。

（二）领有权的回复

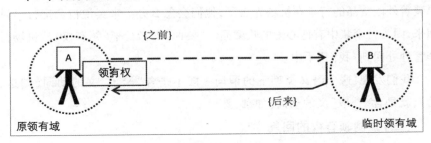

图 2：领有权的回复

"领有权的回复"，是指某事物离开了原领有者 A 到了临时领有者 B 手中，后来又从 B 回到了 A 手中。该事物象征着领有权，A 和 B 则分别象征了原领有域和临时领有域。该事物在 A 和 B 之间转移就等于领有权在原领有域和临时领有域之间往返。在此，"回"只指向宾语（客体），表示代表事物的宾语回复到原领有者。例如：

（40）好像交画那天，你交代我们一个地点、一个时间，我们会派罗厘来接，展出以后我们会再用罗厘送回（画），这样子给他们安心

了。("送"为"运送"义)(《视觉美术》第 48 卷 1983-01-25)

（41）有的店头好的他给回你(送错的信)，他讲："邮差，这不是我的。"(《新加坡公共服务史》第 1 卷 1995-09-11)

（42）然后他就拿了这个(成绩单)去，把我的品行擦了，改"丁"。我开始反抗，我不接受，我不去拿回这个成绩单。(《新加坡表演艺术(舞蹈)》第 2 卷 2000-08-19)

（43）我们收集这个呢，都要回这个东西(指精致的餐盘)。(《学校没教的事》第 6 集 2015-01-20)

例(40)是，画展的主办者为了让画家借出他们的大型作品，答应画家会请货车在展览前后运送他们的作品以让他们放心。"送回"即指画作(领有权)从主办者(临时领有者)那里重新回到画家(原领有者)手中。例(41)是，有些"店头"(指店主)很好心，"他"会把送错的信还给"邮差"。"给回"即指信(领有权)从店主(临时领有者)那里回到邮差(原领有者)手中。例(42)是，老师把"我"的成绩单拿去改了，之后"他"要"我"过去拿回去。"拿回"即指成绩单(领有权)从老师那里回到"我"手中。例(43)是，主持人问来宾，如果装着外国货品的行李在机场弄丢了，他们会怎么办。来宾说他会把行李讨回来，因为行李装中有他心爱的收藏品。"要回"即指行李(领有权)从机场行李管理处回到"我们"手中。

我们发现，这个语义类型下的谓词一般不是含"给予"义的动词(如送、给)，就是含"获取"义的动词(如拿、要)。

（三）强调领有权的回复

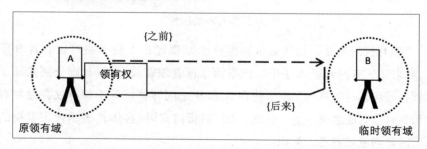

图 3：强调领有权的回复

语义上，"强调领有权的回复"与"领有权的回复"相同，"回"也指向宾语

（客体）。不过，"回"在此并不表示回复而只起强调作用。例如：

（44）等我一下，我去还回书。

（45）三块二，找回六块八。（"找"为"退还"义）

例（44）是，说话人和朋友正要离开图书馆，这时他想起书到期了得还，所以请朋友等他。例（45）是，顾客给了摊主十块钱，由于顾客选的食物才值三块两毛，所以摊主找他六块八毛。"回"不表示回复可用虚词研究的比较分析法证明：

（44'）等我一下，我去还书。

（45'）三块二，找六块八。

例（44'）和（45'）都没有"回"，可是句子仍然通顺合法，意思也和原句一样。由于"还"和"找"本身就含"归还"的意思（亦"给予"义），因此"回"只帮助强化领有权的回复。

（四）宾语状态的回复

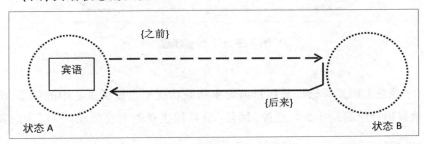

图4：宾语状态的回复

"宾语状态的回复"，是指宾语由原状态 A 变成了另一种状态 B，后来又从 B 变成 A。"回"指向宾语（受事）而宾语的"状态"是由语境和谓词赋予的。例如：

（46）……日本那个时候（南侵）以前也是钢筋水泥，但是英国人撤走的时候，就把这个桥炸坏。炸坏了，日本人后来就用木头来修回这条桥。（《日治时期的新加坡》CD2 2005-09-07）

（47）这是肯定的，就是吃了抗生素之后，因为你把细菌全部杀死了嘛，所以你一定要补回所谓的乳酸菌/hor/……（《小毛病大问题3》

第 42 集 2015-02-13)

简言之,例(46)在说"这条桥"经历了"完好→毁坏→又完好"的变化过程。毕竟东西没坏就不必修理,既然得"修"就隐含东西坏了,所以说谓词也赋予了宾语一种状态。"修回"即指"桥"回复了原来"完好"的状态。例(47)是,"乳酸菌"经历了"足够→缺乏→又足够"的变化过程。与"修"相似,若不"缺"就不必"补",因此"补"也赋予了"乳酸菌"一种状态。"补回"即指"乳酸菌"回复原来"足够"的状态。

(五)意念上回复理想

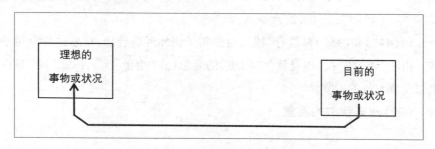

理想的
事物或状况

目前的
事物或状况

图 5:意念上回复理想

"意念上回复理想",是指目前的事物或状况不合说话人心中的理想,所以他提出理想的是什么。这种"回复"只是纯主观的意念活动,"回"指向宾语。例如:

(48)有没有搞错,在新加坡包马币给人家,这样我不是要**换回**新币才可以用?

(49)这个字我也不会,你去**查回**《现汉》吧。

例(48)是,说话人不满长辈包给他"马币"。因为他住新加坡,所以他理想的货币是"新币"。例(49)是,"我"不知道"字"的意思,而"我"认为"《现汉》"(《现代汉语词典》)是本好词典,它能给"你"答案所以"我"建议"你"去参考。用以下例句可以证明:

(49')ʔ 这个字我也不会,你去**查回**《小学华语词典》吧。

经对比,"查回《小学华语词典》"会令人难以接受,因为这部词典的程度较低而不合"我"的理想,所以"我"不会推荐它。

(六) 宾语的类同

图6:宾语的类同

"宾语的类同"是指某人 X 先产出事物 A,之后另一人 Y 产出事物 B,而 B 与 A 相似。这里"回"也指向宾语(结果)。例如①:

(50)如果我写回Transcript 里的东西,其实就没有多大帮助。

(51)如果你画回两个圆圈,一定要一个在上边一个在下边。

例(50)是,学生请老师写推荐信,而老师希望学生能给他课业以外的信息,这样他写的内容才不会和大学成绩单一样。"写回"即指推荐信的内容与成绩单的类同。例(51)是,老师叫学生画"ABOVE"和"BELOW"。老师的答案是,两张图都是一个圆圈在上,一个圆圈在下。"画回"即指学生的图与老师的图的类同。"回"表示"类同"的证据是:

(50')如果我也写 Transcript 里的东西,其实就没有多大帮助。

(51')如果你也画两个圆圈,一定要一个在上边一个在下边。

例(50')和(51')剔除了"回"加入了"也",句子不仅合法通顺,意思还与原句一样。但是,我们不能只去掉"回"而不加"也":

(50")? 如果我写 Transcript 里的东西,其实就没有多大帮助。

(51")? 如果你画两个圆圈,一定要一个在上边一个在下边。

这两句话一少了"回"就感觉奇怪,可见"回"并非可有可无的成分。根据马真(2004:225),"也"的基本语法意义是表示类同。既然"回"能被"也"替换,这说明"回"的确展现了类同的功能。

---

① 也许是因为这种"谓词+回"是个新兴的语义,所以我们确定的例子只有这两个。

（七）主语状态的回复

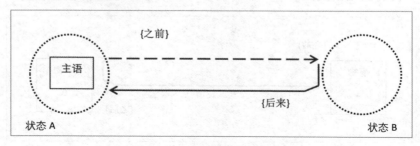

图7：主语状态的回复

　　"主语状态的回复"，是指主语由原状态 A 变成另一状态 B，后来又从 B 回到了 A。在此，"回"指向谓词。例如：

　　（52）80 年代，70 年代过后很平安，到 80 年代就没有什么东西，因为 70 年代的时候已经复了咯，印尼跟新加坡已经好回了……（《新加坡公共服务史》第 6 卷 1995-09-11）

　　（53）出来冷气房（我）就暖回了。

　　（54）这几天，天气好像热回了。

　　例（52）是说，"印尼跟新加坡"的关系经历过"友好→不好→又友好"的转变。"好回"即指两国关系从"不好"恢复至原本的"好"。例（53）是，"我"因为进"冷气房"所以身体由"暖"变"冰凉"，出来后"我"就回复"暖"的状态。例（54）是，在 2014 年 1 月份"天气"很"热"，后来"天气"转"凉"了，9 月份"天气"似乎又"热"了起来。

　　与上述义类不同，这种"谓词+回"是"形容词+回"，形容词表达了主语的状态。另外，能和"回"搭配的形容词（就目前所收集的语料来看）都是能双向变化、具有反义关系的形容词。比如：好—坏、暖—冰、热—凉。有趣的是，似乎只有表示正面和中性状态的形容词可以入句（正面：好；中性：暖、热），而表示负面状态的形容词则不能，如：*印尼跟新加坡坏回了。

二、"回复"涉及动作

（一）动作持续而只回复宾语

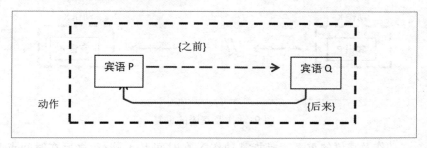

图8：动作持续而只回复宾语

"动作持续而只回复宾语"，是指持续进行的动作所涉及的宾语，由 P 换成了 Q，后来又从 Q 换成了 P。例如：

（55）这样讲回您祖父的事业……（《华人方言群》第 1 卷 1989-01-01）

（56）你的 Dettol（洗手液）太烈了，你用回普通的就好。

（57）鱼片汤我吃到"闲"了，我吃回鸡饭。

例（55）是，此前采访人和受访人在谈"祖父的事业"，后来他们聊起了别的话题，这时采访人想起"祖父的事业"，所以就用了"讲回"。"讲"是持续进行的动作，回复的主要是话题。例（56）是，"我"怀疑"你"的手脱皮，可能是因为"你"现在使用的洗手液"太烈了"，所以"我"建议"你"回复使用原本"普通的"洗手液。"用"是持续的行为，回复的主要是宾语"洗手液"。例（57）是，"我"原本习惯吃"鸡饭"，后来"我"改吃"鱼片汤"，现在"我"又想吃"鸡饭"了。"吃"是人们必做的事，就这点来看，"吃"是一种持续不断的行为。"吃回"主要是指回复原来吃的宾语"鸡饭"。

虽然以上例子显示"回"指向宾语，但由于谓词是持续进行的动作，所以宾语的回复也涉及动作。

（二）动作及宾语的重复

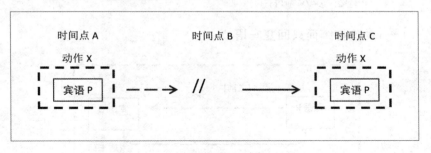

图9：动作及宾语的重复

"动作及宾语的重复"，是指某动作X在时间点A施行，之后在时间点B停止，后来在时间点C又施行；时间点A早于B、B早于C。需要指出的是，在时间点A和C，动作X都带着同一个宾语P。这里"回"指向整个动宾结构，因为重复的是动作及宾语。具体情况可分两种：

1.有意识的停止，即指施事有意识地中断了本来进行着的动作X，然后又重新施行。

图9A：有意识的停止

例如：

（58）因为郊外的路线远，他信多的时候……他们的麻烦是这样的，好像他坐脚车、摩托单车去到你的门口，就要停、下来就要放那个信，等下再坐回他脚车还是坐回他摩托车，你看他的时间浪费很多。（《新加坡公共服务史》第8卷 1995-09-11）

（59）停一下，我去小个便，等一下才看回（电影）。

例（58）在说邮差送信的情景。"坐"其实指"骑"不指"搭乘"，因为邮差是一个人骑着自行车或摩托车去送信的。情景是，每当邮差到了一个地方，他们就得下车去送信，然后再骑上自行车或摩托车去下一个地方。"坐（骑）回"即指重复骑"脚车、摩托车"的行为。例（59）是，"我"和朋友上网看电影，因为"我"要上厕所，所以就叫朋友按"暂停"等"我"回来再看。"看回"即指重复看电影的行为。

　　2.无意识的停止，即指施事完成了动作X，隔了一段时间又再施行X。

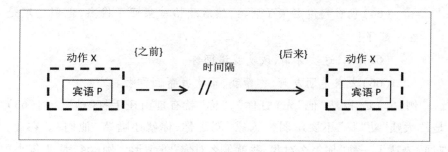

图9B:无意识的停止

　　例如：

　　（60）我买回一样的巧克力蛋糕，要吃自己拿。

　　（61）妈，上个礼拜的咖喱鸡好吃，可以煮回吗？

　　例（60）是，"我"之前买过"巧克力蛋糕"，后来蛋糕吃完了所以"我"又买了一个。"买回"即指重复买"巧克力蛋糕"。例（61）是，上个星期"妈"煮过"咖喱鸡"，"我"觉得好吃所以请她这个星期再煮。"煮回"即指重复煮"咖喱鸡"。

（三）先后式交互事件

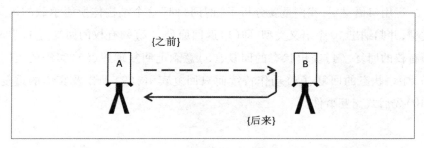

图10:先后式交互事件

"先后式交互事件",是指某人 A 对另一人 B 做出了某个动作,后来 B 也对 A 做出一样的动作。值得注意的是,A 的语义角色由施事转为受事,B 则由受事转为施事。这里"回"指向动作,表示动作回到原施事 A。例如:

(62)他打你,你打回他啦!

(63)大姨讲,不要给人家欺负,骂回他们!

(64)我看到俊杰亲了欣怡,然后欣怡就亲回了俊杰,他们一定是在一起了!

(65)OK,这次你请,改次我请回你。

(66)大家是朋友嘛,你帮我,下次我帮回你啦。

例(62)是,既然"他"先"打你","你"就有理由还手打"他"。例(63)是,"大姨"劝"我"不要示弱,"人家"骂了你,你就还嘴骂"他们"。在此,"回"表达了一种"你怎么对我,我就怎么对你"的情形。例(64)是,"俊杰"先亲了"欣怡",之后"欣怡"也亲了"俊杰"。例(65)是,这次"你"请"我"吃饭,下次轮到"我"请"你"。例(66)是,朋友互相帮忙,"你"帮"我",以后"我"也帮"你"。

在此,"回"的作用有点像"交互事件"中的标记(reciprocal marker)[1],只是在典型的交互事件里动作是同时间发出的,例如他们互打对方、互骂对方等,而"打回他"等情况则是动作"先后"发出。因此,称该义类为"先后式交互事件"。

三、小结

运用口语材料,我们重新分析了"谓词+回"这个结构体所能承载的语义类型,并归纳出 10 个语义类型,即(1)返回原处、(2)领有权的回复、(3)强调领有权的回复、(4)宾语状态的回复、(5)意念上回复理想、(6)宾语的类同、(7)主语状态的回复、(8)动作持续而只回复宾语、(9)动作及宾语的重复、(10)先后式交互事件。

---

[1]　The World Atlas of Language Structures Online:http://wals.info/chapter/106.

第四节　"谓词+回"的语义网络图 和语义演变假说

由于祝晓宏（2008）只是罗列了他所分析出的5个"V+回"的语义类型，而没有探讨"V+回"如何发展出这5个语义类型，因此本文想尝试填补这一空白。以第三节的语义分析为基础，本节旨在提供一个"谓词+回"的语义演变假说。本文将通过语义地图的构建方式来建立"谓词+回"的语义网络图，并以此图来提出语义演变假说。在此之前，有必要先对语义地图做一番介绍。

一、语义地图的简介

语义地图的基本前提是：

一个语素的多种功能不是任意或偶然的，而是因为概念的相近。既然概念是超越语言而普遍存在于每个人的大脑中，那么就有可能通过比较不同语言中多义词的模式而得到世界通用的概念关系图。（Haspelmath 1999:126）[①]

一张语义地图，代表的是某个多功能语素的不同功能在概念空间（conceptual space）里的排列位置；毗邻的功能会被一条条直线连接，最终形成一个不断链的网络。（Haspelmath 2003:213）

语义地图的操作原则与测试方法是：

概念的排列必须使每个语素的各项功能占据语义地图中某个连续区域。由于语义地图假定是世界通用的，若任何一个语言中有某个语素的多项功能不能容纳于图中，并形成一个连续区域，即证明这张语义地图是不正确的。（Haspelmath 2003:217,232）

建构语义地图最主要的方法就是跨语言比较研究，不过，Haspelmath（2003:218）指出：

我们甚至不需要跨语言比较来建立语义地图，因为我们只需用部分功能重叠的语素就能画出语义地图。当然，这些功能分布所重叠的

---

① 译文转引自王慧萍、潘秋平（2011:264）。

语素,最容易在检验不同语言时发现。①

使用一个语言来建立语义地图的前提是,我们能在该语言中找到几个不同的语素,而它们的功能分布有重叠。

由于"谓词+回"可表达歧义,所以本文可以只用新加坡华语来建立语义网络图②。

二、"谓词+回"10个义类的回顾

在构图之前,我们先回顾一下"谓词+回"的10个义类:

语义类型及释义	例 子
①返回原处:指人或物回到原处。	这次新年又靠近周末又碰上 Recess Week,那些留学生不飞回家才怪。
②领有权的回复:指领有权回复至原领有者。	好像交画那天,……我们会派罗厘来接,展出以后我们会再用罗厘送回(画),这样子给他们安心了。
③强调领有权的回复:指"回"起强调作用。	等我一下,我去还回书。
④宾语状态的回复:指宾语回复原来的状态。	……以前也是钢筋水泥,但是英国人撤走的时候,就把这个桥炸坏。炸坏了,日本人后来就用木头来修回这条桥。
⑤意念上回复理想:指说话人提出心中理想的事物或状况。	有没有搞错,在新加坡包马币给人家,这样我不是要换回新币才可以用?
⑥宾语的类同:事物 A 与事物 B 相似。	如果我写回 Transcript 里的东西,其实就没有多大帮助。
⑦主语状态的回复:指主语回复原来的状态。	这几天,天气好像热回了。
⑧动作持续而只回复宾语:指持续的动作所涉及的宾语回复本来的状态。	这样讲回您祖父的事业……
⑨动作及宾语的重复:指在两个相隔的时间点施行同样的动作及宾语。	我买回一样的巧克力蛋糕,要吃自己拿。
⑩先后式交互事件:指某人 A 怎么对另一人 B,B 就怎么对 A;即动作回复原施事 A。	他打你,你打回他啦!

---

① 译文转引自王慧萍、潘秋平(2011:287)。

② 由于本文并未使用跨语言比较的方式来建图,因此本文的概念图叫"语义网络图"。

下面,我们就来逐一建立这 10 个义类之间的关系。

三、运用歧义连接义类

Haspelmath(2003:215—216)指出,若两个或以上的语义使用了同一个形式来表达(即歧义),就说明这些语义或功能之间是相近的。我们在一些义类里就发现了能表达歧义的"谓词+回"。

Ⅰ.②领有权的回复——⑩先后式交互事件——⑨动作及宾语的重复

这三者的联系可通过"给回"的歧义来看出:

（1）领有权的回复

（67）有的店头好的他给回你（送错的信）,他讲:"邮差,这不是我的。"

例(67)的"给回"即指信(领有权)从店主(临时领有者)回到邮差(原领有者)手中。

（2）先后式交互事件

（68）她上次不是给你手表,你就给回她手表啦!

例(68)的"给"用作"送(赠送)",情况是"你"在烦恼要送女朋友什么生日礼物;因为"你"女朋友之前送了"你"手表,所以"我"提议"你"也送"她"手表。"给回"即指"给"(赠予)的动作回复原施事"她"。

（2）动作及宾语的重复

（69）不知道他们会不会给回上次音韵学的教室。

例(69)是,老师和学生在聊这个学期他所开的课会在哪里上,而老师猜想系里的行政人员("他们")可能会再安排他在"上次音韵学的教室"授课。"他们""上次"已经给过"音韵学的教室",所以"给回"即指重复给"上次音韵学的教室"。

这三个义类的排列位置可能有三种:

1.②——⑩——⑨

2.②——⑨——⑩

3.⑩——②——⑨

根据 Croft(2001:36)的"语义地图连续性假说"(Semantic Map Connectivity Hypothesis):

任何与特定语言或句法结构相关的范畴投射到概念空间时必须是一个连续区域。（转引自王慧萍、潘秋平 2011:272）

因此，我们可用语法表现来推断哪个排列顺序的可能性较大。

(67')*有的店头好的他**再**给回你（送错的信），他讲："邮差，这不是我的。"

(68')*她上次不是给你手表，你就**再**给回她手表啦！

(69')不知道他们会不会**再**给回上次音韵学的教室。

以上测试显示，表示"领有权的回复"和"先后式交互事件"的"给回"都不能加上副词"再"，因为加了"再"后句子的意思就变了；而表示"动作及宾语的重复"的"给回"则可以，因为句子意思没变。由此推论，②跟⑩应该比较靠近。

再者，在"先后式交互事件"和"动作及宾语的重复"里，"回"的语义指向包括了动词，因此二者应该比较靠近。也就是说，这三个义类的排列位置应该是第一种：

②领有权的回复——⑩先后式交互事件——⑨动作及宾语的重复

Ⅱ. ⑨动作及宾语的重复——⑧动作持续而只回复宾语

"吃回"的歧义体现了二者的关系：

（1）动作持续而只回复宾语

（70）鱼片汤我吃到"闲"了，我吃回鸡饭。

例（70）的"吃回"主要指回复原来吃的宾语"鸡饭"，"吃"是持续的行为。

（2）动作及宾语的重复

（71）我们可以吃回楼下的菜饭吗？这样我不用走那么远。

例（71）是，"我们"午餐吃的是"楼下的菜饭"，到了晚餐时间，"我"懒得"走那么远"所以请求再吃"楼下的菜饭"。

Ⅲ. ④宾语状态的回复——⑤意念上回复理想

二者的关系体现在"补回"的歧义上：

（1）宾语状态的回复

（72）这是肯定的，就是吃了抗生素之后，因为你把细菌全部杀死了嘛，所以你一定要补回所谓的乳酸菌/hor/……

例（72）的"补回"即指"乳酸菌"回复原来"足够"的状态。

（2）意念上回复理想

（73）你不是经常贫血吗？听说吃猪肝可以补回血，你试看看啦。

例（73）是，"你"的血液状况并不理想，所以"我"建议"你"以"吃猪肝"来补血。这里"补回"是指在意念上回复"血"理想的状态。

Ⅳ. ⑤意念上回复理想——⑨动作及宾语的重复

二者的关系可在"查回"的歧义中发现：

（1）意念上回复理想

（74）这个字我也不会，你去查回《现汉》吧。

例（74）是由于"我"认为《现汉》是本好词典（理想事物）且它能为你提供答案，所以"我"建议"你"去查。"查回"即意念上回复"我"理想的事物"《现汉》"。

（2）动作及宾语的重复

（75）弟弟去查回了电邮，他不敢相信自己真的考进了剑桥。

例（75）是，"弟弟"之前已查过"电邮"，为了确认"自己真的考进了剑桥"，他又去查了"电邮"。"查回"即指重复查"电邮"。

以上含有歧义的"谓词+回"所连接的结果如下：

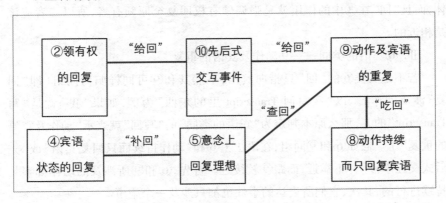

图11："谓词+回"的语义网络（部分）

本文的语义网络图和语义地图的阅读方式相同：若两个义类之间连着直线，就表示二者相近。比如，我们可以看出"动作及宾语的重复"和"先后式交互事件""动作持续而只回复宾语""意念上回复理想"相近。另外，两个概念在语义地图上的距离、连接直线的长短以及概念方位（上下左右）并不表示概念之间亲疏远近的关系。（Haspelmath 2003:216）所以我们不知道"动作及宾语的重复"究竟和哪个比较"亲近"，我们只知道其与这三者相近。

由于不是所有的义类都含有歧义的"谓词+回"，所以我们只连接了 6 个义类。语义地图的操作原则是：概念的排列必须使每个语素的各项功能占据语义地图中某个连续区域。（Haspelmath 2003:217）换言之，语义地图必须把该语素的所有语义功能连上才可以，因此图 11 并不完整。

根据 Croft（2001:36）所提出的"语义地图连续性假说"，相近的概念所体现的句法表现应当是相同或至少是连成一片的。（转引自王慧萍、潘秋平 2011:278）因此，我们将通过语法观察来把剩下的义类全都连起来。

四、运用语法观察连接义类

Ⅰ. ②领有权的回复——③强调领有权的回复

语法上，义类③和②其实分别不大。二者谓词的语义特征都是含有"给予"义的动词，其句子中所出现的论旨角色一般都有 3 个：施事者、接受者和客体，而且"回"在③中的作用就是强调领有权回复至原领有者，所以二者应该是相近的。

Ⅱ. ⑥宾语的类同——⑨动作及宾语的重复

若不是义类⑥的"回"只指向宾语，不然其和⑨可同样归为同组（即"回复"涉及动作）。以"我写回 Transcript 里的东西"为例，如果"我"就是"写 Transcript"的人，那么原本判定为"宾语的类同"的"写回"就表示"动作及宾语的重复"了。假如⑥和⑨同组，在语法上⑥和"动作持续而只回复宾语"或"先后式交互事件"并不靠近，而跟⑨较接近。首先，⑥和⑨所涉及的动作都不是持续进行的，其次，它们所表达的事件也都只涉及一个施事。

Ⅲ. ③强调领有权的回复——④宾语状态的回复

从谓词的语义特征来看，义类③也应该和④相近。因为只有这两个义类的谓词隐含了前提，比如"还"的前提是"借"、"找"（退还）的前提是"付"，而"修"的前提是"坏"、"补"的前提是"缺"。

Ⅳ.①返回原处——②领有权的回复

这两个义类和其他义类的不同之处,在于它们都会涉及物体在空间里的移动。再者,义类①的谓词"拉、放"和②所有的谓词(送、给、拿、要)都是所谓的"致移动词"(马云霞 2008:5),即致使某一物体发生位移的动词。据此推论,①和②应该相近。

Ⅴ.①返回原处——⑦主语状态的回复

其他义类的情况都是谓词影响宾语,只有义类①和⑦出现了谓词影响主语的情况,如"留学生不飞回家才怪""(我的身体)暖回了"。因此,二者应该相近。

加上了语法观察,本文所得出的语义网络总图如下:

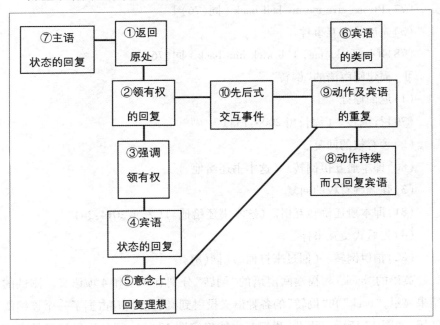

图 12:"谓词+回"的语义网络总图

五、对语义网络图的测试

由于我们并没有严格按照语义地图的方法来构图,因此有必要对我们的语义网络图进行测试。Haspelmath(2003:216)指出:"世界上任何一个语言里某个语素所表达的多种概念,投射到概念空间时必须是连续不断的,并且没有任何断链的现象。"①

换言之,若任何语言违反了这个原则,即证明图 12 的排列位置是错的。我们将用以下两种语言的例子来检验图 12。

Ⅰ.英语的"back"

(1)返回原处

(76)Put the book back on the shelf.[《牛津高阶英汉双解词典》(第 7 版)125 页]

(2)领有权的回复

(77)Please give me my ball back.[同(76)]

(3)先后式交互事件

(78)If he kicks me, I'll kick him back.[同(76)]

Ⅱ.福建闽南语的"倒转"

(1)返回原处

(79)行倒转。(周长楫 2006:133)

(2)领有权的回复

(80)即本册互伊倒转。(这本书还给他。)

(3)强调领有权的回复

(81)即本册还倒转互伊。(这本书还给他。)(朱元 2014:30)

(4)先后式交互事件

(82)拍伊倒转。(回过来打他。)[同(81)]

英语的"back"和福建闽南语的"倒转"分别有 3 项和 4 项语义。测试的结果显示,"back"和"倒转"的各种语义投射到概念空间时占据了一个连续的区域,如图 13 所示。因此,我们至少能确定图 12 的一部分排列位置是正确的,这说明此图有一定的预测能力。

---

① 译文转引自王慧萍、潘秋平(2011:265)。

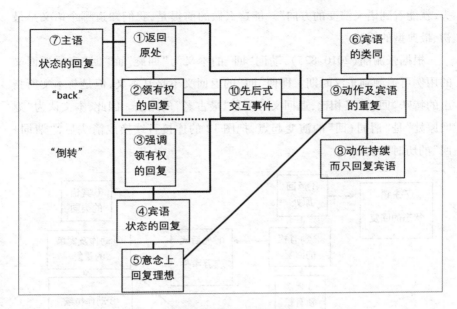

图 13：语义网络图的测试结果

六、"谓词+回"的语义演变假说

Haspelmath（2003:233）认为：

除了概括不同语法意义在共时层面的关系，语义地图也是历时层面，尤其是语法化研究的重要工具。

语义地图可被看作一套历时演变的途径，而一个标记在共时层面的多义现象只是其历时引申的结果。①

根据 Haspelmath（2003:233）语义地图预测历时演变的方法在于证明"某些演变必须在另一些演变之前"。此外"就像一个语素在共时层面必须覆盖一个连续的区域，在历时层面其也不能任意地'跳'到相隔很远的功能，而必须一步步引申。"（转引自王慧萍、潘秋平 2011:266）

而且 Haspelmath（2003:233）认为"只要把语义地图中的连接直线换成箭

---

① 转引自王慧萍、潘秋平（2011:266）。

头,就能看到语义演变的方向"。能这么做的前提是,我们知道哪个语义是最初、最典型的用法。

根据张丽丽(2010:825),动词"回"的本义为"回旋"而"回"表示返回义的用例可追溯到东汉时期。即便"回"的返回义不是其本义,但是与本文所指出的特殊"回复"义相比,返回义可谓是"最古老"的用法。因此,本文认为"返回原处"是"谓词+回"的演变起点,把图 12 的连接直线换成箭头后,"谓词+回"的历时演变如下:

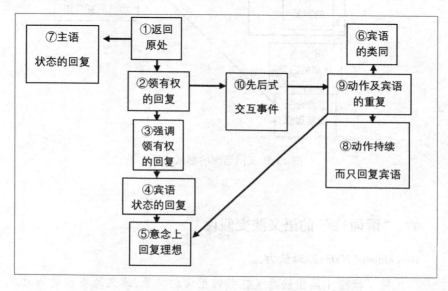

图 14:"谓词+回"的语义演变假说

图 14 显示,"谓词+回"的语义演变必须是一步步地引申出新的语义,而且一些演变必须在另一些演变之前。比如,"谓词+回"能表示"动作及宾语的重复",其必定也能表示"先后式交互事件"与"领有权的回复"。"谓词+回"不能不经过中间的演变步骤而突然"跳"到一个相隔很远的语义,例如从"返回原处"直接到"意念上回复理想"是不允许的。

总之,本文认为"谓词+回"的语义演变就如图 14 所示。

第五节　结论

新加坡华语"谓词+回"的研究经历了这样的发展过程：陈重瑜（1983）从发掘特点的角度，首先记录并描写了"谓词+回"这个结构体。之后，陆俭明等（2002）则进一步观察新加坡华语与普通话的异同（重点还是在"异"）。他们提出"回"是补语，并且认为其具有"回复"的语义。近期，祝晓宏（2008）比陆俭明等（2002）更进一步，把"谓词+回"的语义分析得更细致，而且还进一步提出"谓词+回"的语义经历了虚化的过程。可惜的是，他虽分出 5 个语义类型，但他只是简单地罗列，并未对这 5 个语义之间的亲疏远近关系做出讨论。我们立足于口语材料，重新分析"谓词+回"的语义，除了提出这个结构体具有 10 个语义类型外，还尝试运用语义地图模型的办法把这些语义类型之间的关系勾勒出来。这样的尝试我们认为是具有意义的，而我们也希望这能为新加坡华语语法的研究带来新的思路和方法。

参考文献

陈玉珊　2000　《语言的接触与趋同——论粤语对新加坡通俗华语及英语的影响》，见单周尧、陆镜光主编《第七届国际粤方言研讨会论文集》，北京：商务印书馆。

陈重瑜　1983　《新加坡华语——语法与词汇特征》，新加坡：新加坡国立大学华语研究中心。

陈重瑜　1993　《新加坡华语论文集》，新加坡：新加坡国立大学华语研究中心。

陆俭明　2003　《现代汉语语法研究教程》，北京：北京大学出版。

陆俭明、张楚浩、钱　萍　2002　《新加坡华语语法的特点》，周清海主编《新加坡华语词汇与语法》，新加坡：玲子传媒。

马　真　2004　《现代汉语虚词研究方法论》，北京：商务印书馆。

马云霞　2008　《汉语路径动词的演变与位移事件的表达》，北京：中央民族大学出版社。

王慧萍、潘秋平　2011　《从语义地图谈"然后"》，吴福祥、张谊生主编《语法化与语法研究》(五),北京:商务印书馆。

吴英成 1986 《新加坡华语语法研究》,新加坡:新加坡文化研究会。

许小颖、吴英成 2001 《新加坡华语"第五声"遗失过程中的"词汇扩散"现
    象》,见《新世纪的现代语音学——第五届全国现代语音学学术会议论文
    集》,北京:清华大学出版社。

袁毓林 2002 《论元角色的层级关系和语义特征》,《世界汉语教学》第 3
    期。

张丽丽 2010 《返回义趋向词作状语——从语义框架看虚化》,*Language
    and Linguistics*,11 卷第 4 期。

周长楫主编 2006 《闽南方言大词典》,福州:福建人民出版社。

朱 元 2014 《触因变异与语言共性——以新加坡华语为个案》,《台大华
    语文教学研究》第 2 期。

祝晓宏 2008 《新加坡华语语法变异研究》,暨南大学博士学位论文。

Bao, Z. M. 2001 The origins of Empty Categories in Singapore English, *Journal
    of Pidgin and Creole Languages* 16(2): 275–319.

Bao, Z. M. 2005 The aspectual system of Singapore English and the systemic
    substratist explanation, *Journal of Linguistics* 41: 237–267.

Chen, E. S. 2002 'You Play with Me, Then I Friend You.': Development of
    Conditional Constructions in Chinese-English Bilingual Preschool Children in
    Singapore, University of Hong Kong, Ph.D. Thesis.

Chua, C. L. 2004 The Emergence of Singapore Mandarin: A Case Study of Lan-
    guage Contact, University of Wisconsin-Madison, Ph.D. Thesis.

Croft, W. 2001 *Radical Construction Grammar: Syntactic Theory in Typological
    Perspective.* Oxford: Oxford University Press.

Haspelmath, M. 2003 The geometry of grammatical meaning: Semantic maps
    and cross-linguistic comparison, In M. Tomasello (ed.), *The New Psychology
    of Language*, vol.2, 211–242. Mahwah: Lawrence Erlbaum.

Li, C. N. & Thompson, S.A. 1981 *Mandarin Chinese: A Functional Reference
    Grammar.* Chicago: University of California Press.

Lim, L. 2004 *Singapore English: A Grammatical Description.* Amsterdam, Philadelphia: John Benjamins.

Sio, J. U. 2008 The encoding of referential properties in the Chinese nominal. *Language and Linguistics* 9(1): 101–126.

Wee, L. 2002 Lor in colloquial Singapore English. *Journal of Pragmatics* 34 (6): 711–725.

第十章　新加坡华语的祈使句

第一节　引言

现有关于新加坡华语的研究主要着重于词汇和语音部分,对于语法部分的研究较少,其中,句法一直是被忽略的部分。目前,学界尚未对新加坡华语中的句类做过任何专门的研究。陈述句由于是语法研究中最基本的句式,因此在新加坡华语语法的研究中,和这个句类有关的讨论虽未独立出来,但其实在不同学者的讨论中都有所涉及。至于疑问句,祝晓宏(2008)的论文中有一个小节专门对此进行论述,但篇幅非常简短。至于祈使句,相关的研究就更少了。

祈使句作为交际和对话中频繁使用的句类之一,是值得我们关注的,尤其是新加坡华语中有一些祈使句和语法表现较为独特。句末语气词在新加坡华语里是一项重要的特征,其功能之一是可用于表达祈使语气。本章所探讨的祈使句在很多情况下都通过使用语气词来达到其交际功能,在不同的语境下使用会产生强弱程度不一的语气。祝晓宏(2008)虽对语气词有过描述,但却是粗略地描写一些特征,只点出了"哶""咧"及"而已"这三个词。另一方面,陆俭明等(2002:110)认为新加坡华语的"lah(啦)"实际上相当于普通话的"啊",但我们并不认同他的观点,认为两者是有差异的,而他也忽略了"lah"多种声调所带来的不同语用和语法功能。对新加坡华语语气词的研究主要出现在学士学位论文里,如何丽娴(2003)、黄淑盈(2006)、董佳惠(2011)、江滨(2012)。这对于我们分析新加坡华语祈使句有着积极的作用。然而,她们的语料大多偏向于陈述句和疑问句,祈使句的例子几乎没有。而且,她们的分析着重于语气词的语用表现和目的,并没有按照句类进行归类分析,因此无法直接给我们提供有关祈使句方面的参考。然而,针对语气词的不同语用分析仍可资本章借鉴。

相对于新加坡华语,新加坡英语中有关语气词的研究对于我们了解祈使句也有着积极作用。学者在其各自的文章中设有独立的章节对祈使句和语气词之间的关系进行论述,也探讨了语气词如何发挥各种句类(陈述句、疑问句、祈使句)的语用功能。相关的研究包括了 Gupta(1992)、Wee(2002)、Ler(2005)、Lee(2012)。虽然目前尚未有比较研究显示新加坡英语的语气词和新加坡华语的有着相同的语法或语用功能,但这仍是值得我们借鉴的。

然而,不论是新加坡华语还是英语,有关祈使句的研究目前都仍依附于对语气词或其他特殊语法结构的研究。现有的研究所使用的语料大多数也以陈述句为主,其次乃疑问句,祈使句几乎不受重视。有关祈使句的论述显得过于零散,分布在不同语气词的研究里,没有形成系统的研究框架,例如从直接和间接祈使句、肯定和否定句式等方面做出不同层面的分析。本章的目的是要在前人的研究基础之上,整理出新加坡华语祈使句的基本特点,以级差的方式呈现出各种结构相似但功能相异的祈使句。但由于篇幅的限制,我们只聚焦于直接言语行为中的无标记肯定式祈使句,否定式与强调式则不列入讨论范围内。对于祈使句中出现的语气词,本章则主要探讨以下六个:[la^{31}](lah^{31})、[la^{51}](lah^{51})、[$l\varepsilon^{33}$](leh^{33})、[$h\tilde{o}^{31}$](hor^{31})、[$\tilde{a}^{35}$](ah^{35})和"来"。除了通过语气词表祈使义之外,动词谓语句的结构也影响着祈使句的强弱程度,如动词加形容词形成的述补结构"VA"和"VAA"。在一个祈使句里,我们甚至可以发现同时使用两种或以上的手段表现祈使的情况,如"坐好好来 ah^{35} "。

第二节的文献综述里,我们将从两个方面回顾前人的研究,分别是概述祈使句在其他语言里的研究成果,包括定义和分类方法,以及语言类型学家如何对我们在第三、四节里讨论的两种祈使命题进行研究。另外,我们也会解释本章所采用的研究方法。第三节探讨的命题是人们如何以祈使句要求听话人实现某一动作或行为。语气词是新加坡华语里的一项特点,也是表祈使的手段之一,因此我们将从这一方面探讨语气词如何发挥各自相异的功能以达到交际目的。第四节则会探讨另一项祈使命题,即要求听话人对动作行为进行的方式做出规范或改变。在讨论的过程中,我们将进一步呈现不同的祈使句式,以及语气词"来"在表示这一类命题时的作用。在第五节里,我们将分析语气词连用的情况,并引用相似性原则来分析各种祈使句式的强弱程度。最后,我们将在第六节里对全文进行总结。

第二节　文献综述

　　本节将从两个方面对前人的研究进行概述。首先,除了新加坡华语,其他许多语言都存在着祈使句,表现祈使义的方式也不乏相似之处。在对新加坡华语祈使句进行分析之前,我们可参考语言类型学家和其他针对某些特定语言的祈使句研究,了解祈使句的基本面貌,借鉴学者们研究祈使句的方法。我们除了参考类型学家的祈使句研究,也以汉语普通话作为参照点,借鉴袁毓林(1993)的祈使句研究从而了解这一句类的特征。我们将探讨两种祈使命题,一是如何以祈使句要求听话人实现某一动作行为,二是如何要求听话人改正其动作进行的方式。因此,我们也将尝试了解类型学家如何对不同的祈使命题进行分析。

一、祈使句的定义与分类

　　语言类型学家 Aikhenvald 在其著作 *Imperatives and Commands*(2010:17)里引用了 Lyons 经典的语义类型学著作 *Semantics*(1977:747)中对祈使句的定义:

　　It is implicit in the very notion of commanding and requesting that the command or request is addressed to the person who is expected to carry it out.

　　研究汉语语法的学者对祈使句则下了几种定义,大体上跟 Lyons 相似。根据朱德熙(1982:23—24)的说法,祈使句的作用是要求听话人做某事。吕叔湘(1982:30)则指出祈使句的语气是以支配我们的行为为目的,被支配的以听话人的行为为主,但也有包括言者本人在内的时候。袁毓林(1993:7)在朱德熙的基础上给出了更具体的解释,指出祈使句的表达功能主要是要求(包括命令、希望、恳求等)听话人做或不做某事。袁毓林的研究成果是迄今有关普通话祈使句最全面的。之后的学者对现代汉语祈使句进行更广泛的研究时,主要依据袁毓林所给出的定义和框架。

　　在一个祈使句里,语调、重音和动词是必备的元素,可从这三方面看出句子的祈使程度。祈使句里不一定使用句末语气词、助动词、副词,但这些也都经常出现。如果我们要判断一个句子的祈使强弱程度、对话人之间的关系、说话人的意愿等，我们便可从以上几个方面进行分析。

　　在讨论新加坡华语祈使句的特征之前，我们需要清楚地知道如何判断什么是祈使句。虽然 Aikhenvald 引用了 Lyons 的定义，但在论述时也指出祈使（imperative）不等同于命令（command）。我们能够通过疑问句的形式向他人提出要求和命令，但这在形式上并不属于祈使句。另一方面，祈使句不一定意味着命令某人做某事，也可以是一种请求、指示、贺词或建议（Aikhenvald 2010:1）。因此，她所指的"祈使"是以句法的形式来规定的，而不是以说话人希望通过句子预期达到的交际目的来判断其句类。

　　汉语语法学家则借鉴言语行为理论，指出使用祈使句句法形式来达到祈使的表达功能是一种直接的指令式言语行为，见例（1）。如果使用其他句类形式发挥祈使的交际功能，这就属于"间接言语行为"，例如通过疑问句的形式试图达到祈使目的，见例（2）（刘丹青 2005:95—96）。

　　（1）你给我坐好。

　　（2）你可以坐好吗？

　　在间接言语行为当中，有些句子不具备祈使句的结构，却间接表示祈使意义，其说话人的用意需要听话人加以推断，含有言外之意，见例（3）。至今，在众多有关现代汉语祈使句的研究中，学界基本上不把以上这一类列入祈使句的论述范围。Aikhenvald 在其著作里也没有把含有言外之意的话语列入讨论范围。

　　（3）A：今天天气真是热。

　　　　（A 其实想要让 B 把风扇打开。）

　　袁毓林将祈使句中的直接和间接言语行为分别归类为核心祈使句和边缘祈使句。由于本章只是对新加坡华语祈使句进行初步的探讨，在此只将讨论范围限定在核心祈使句的范围内，不涉及边缘祈使句以及含有言外之意的言语行为。

　　以普通话祈使句的研究为参照，张斌《现代汉语描写语法》（2010）作为一本详细记录普通话中各种语法现象的专著，对于祈使句的结构和意义所采取的分类方法沿用了袁毓林的框架。在形式上，祈使句基本上可分为肯定式和否定式两大类,而肯定式又可再细分为无标记肯定式,以及有助动词作为标记的强调式。

作为讨论新加坡华语祈使句的初次试验,本章将在核心祈使句的范围中,重点探讨零形式(zero form)做标记的肯定式祈使句,其原因在于这是祈使句语法结构中最基本的形式。只有在建立了肯定式祈使句的基础上,我们才能够将讨论范围进一步扩展至否定式和强调式,因此这两类不被列入此次的讨论范围。

二、祈使句中的动作行为与进行方式

把范围限定在直接言语行为的肯定式祈使句之后,我们将尝试分析人们在使用新加坡华语时,如何通过祈使句来表现以下两种命题:一、要求听话人实现行为动作;二、要求听话人改变或纠正动作进行的方式。之所以挑选这两项命题是因为第一项是祈使句式中最基本的表达形式,而在第二项命题里,新加坡华语中的祈使语气词"来"相对于其他的语气词而言,在表现这个命题时有着非常不同的祈使表现,有限定祈使命题的作用。表达第二项命题的述补结构也有着特殊的句法表现,是我们在第四节讨论的重点。

第一种祈使命题较为常见,主要是以光杆动词来呈现。在很多情况下,光杆动词本身就可以组成一个完整的祈使句,不需要附上人称代词、副词、助词、时态标记、体标记等。我们在论述中所使用的例子都以光杆动词展开,在这一基础上搭配各种语气词,及其与第一人称复数代词(我们)和第二人称代词(你)的组合关系。

Aikhenvald 在 *Imperatives and Commands* 的第四章中分析了不同命题的意义类对祈使句句法表现的影响,如指称人的性别、人称代词的单复数、动作产生的时间和空间、指向、情态标记、信息来源等(第 119—144 页)。举一例说明,在某些语言里,要求听话人立即完成某个动作和要求他在较长的时间段里完成同一动作,这两个祈使命题所使用的句法形式是相异的。然而,本节接下来要讨论的纠正动作进行的方式却不在 Aikhenvald 的讨论范围里。我们无法确切知道为什么她的分析中没有对这一方面进行讨论,但我们可推测或许是因为新加坡华语里的这种现象在其他语言中并不常见,例如英语里"sit"和"sit properly"两项命题都可以在前边加上"please"来缓和祈使语气,在这一点上对于句法分布没有不同的限制。但是在新加坡华语里,"坐"和"坐好"之间却有句法表现上的差异。"坐好"后边能够附上其他语气词如"来""lah[31]"等,但是"坐"却不能跟语气词"来"直接搭配。这种祈使句的句法现象在英语里是不存在的。

在有关新加坡华语的研究里,提及第二项命题的材料并不多。陆俭明(2002:108—109)指出:"在新加坡华语中,有一个特殊的助词'来',它专门加在述补结构'V好'的后边。'V好来'在意思上大致跟'V好'相当,但含有强调希望达到预期的好结果的语法意义。"他是在以"来"作为助词分析时提及了这一点,而不是以祈使句的角度出发来讨论的。祝晓宏(2008:25)和罗小品(2009:91—94)则是从动词后边的形容词重叠来讨论"VAA"的句法结构,如"坐好好",但讨论得并不深入。除此之外,我们并没有发现其他关于这一祈使命题和句法结构的讨论。因此,第二项祈使命题的资料目前是较为缺乏的。

三、祈使句的形式、意义及其研究现状

从意义的角度进行分类,祈使句可分为六种(命令、建议、请求、禁止、劝阻、乞免)。从结构的角度来看,也有以有无标记来分类的方式(零标记、强调标记、否定标记)。

了解祈使句的范围、定义和各种祈使命题之后,我们接下来需要知道祈使句式自身的语法特征。Aikhenvald(2010)的第三章从不同的方面对祈使句不同于陈述句和疑问句的特征做出概述。在语音方面,她认为语调是语法学家长期忽略的一个重要部分,尤其是在讨论祈使句的时候,语调其实是十分关键的。在那些通过改变语调表祈使的语言里,她所列举的例子显示许多语言的祈使句,动词的韵尾会呈现降调(如在巴布亚新几内亚地区使用的 Motuna语),又或是在重读音节部分有先升后降的语调(如阿根廷的 Toba 语)。她指出在英语里,拥有命令语气的祈使句多数也呈现降调的趋势。在日语里,祈使句中的降调会使语气显得更直率、直白,而升调则是礼貌的表现(Aikenvald 2010:89—91)。

另外,Aikhenvald 也指出语序(order of constituents)、语气词(particles)、动词后缀(suffixes)、人称代词及指称数量(person and number)、时体标记(aspect and tense)等因素也会随着命题进入祈使句而有所改变,使祈使句和其他句类呈现

不同的句法形式。新加坡华语祈使句的一项特征是可通过多种语气词来表达不同程度的祈使指令,而语气词对于可表达的命题和语境也有所限制。由于语气词对祈使句的影响颇大,因此这会是我们探讨的重点。Aikhenvald 在讨论语气词在祈使句里的表现时,以老挝语和 Chrau 语(越南南部地区的语言)为例,指出同样的语气词在陈述句和祈使句里有着不同的表现,出现在祈使句里有助于降低要求的程度。德语里也呈现出同样的情况(Aikenvald 2010:97—99)。

有关普通话祈使句中的语气词,徐晶凝(2003),齐沪扬、朱敏(2005),张小峰(2009),方霁(1999,2000)等都对此做过研究,而其中对“吧”的研究最为丰富。其中,方霁从语用的角度对说话人和听话人之间的关系加以归类,分析在不同语境之下所产生的祈使句会如何影响说话人所使用的语气词、语调、重音、动词和助动词等,较为值得借鉴。结合 Aikhenvald 和以上诸位的研究,我们能够肯定的是新加坡华语中语气词并非孤立的现象,在祈使句中出现的大量语气词也都有各自的语法和语用功能。虽然动词的语调一般不会随着句类而改变,但这种语调的升降却能够在语气词上有所反映。

从意义的层面对祈使句进行分析,根据祈使句“语气委婉的程度”划分,袁毓林将祈使句分为三类六种:命令句和禁止句、建议句和劝阻句、请求句和乞免句。另外,方霁(1999:15)根据说话人和听话人的不同关系,将祈使句分为四类:命令句、要求句、商量句、请求句。范晓、张豫峰(2008:367—370)则根据语用意义分为十二类:命令、请求、禁止、劝说、催促、商议、许可、祝愿、号召、提醒、警告、戏谑。由于本章不涉及否定式祈使句,因此含禁止、劝阻、乞免等意义的便不加以讨论。我们主要从最基本的祈使句形式和意义着手,并以最小对立的方法,分析拥有同样命题的祈使句在不同语境、语气或语法形式的影响下会发挥什么样的交际功能。虽然有数项研究采用了袁毓林的分类方式,但我们认为“语气委婉的程度”不容易界定,而袁毓林(1993:14—17)自己也已指出这是较粗略、模糊的分类标准。因此,我们在接下来的讨论中将采用方霁的分类框架,即按照对话人之间的关系将祈使句分为命令句、要求句、商量句和请求句,各类别的定义如下:

命令句:说话人相对听话人具有并有必要显示权威性。

要求句:说话人相对听话人虽具有权威性但选择自降,又不失相对优势。

商量句:对话人之间关系平等。

请求句：相对于说话人，听话人具有权威性。

按照语气的强弱对以上四类进行排序，情况如下：

（最强）命令＞要求＞商量＞请求（最弱）

方霁分析了语气词在普通话里如何影响祈使句的强弱程度。语气词在新加坡华语祈使句里起到什么作用，在分析这一方面时我们将参考方霁的分类框架，以命令、要求、商量、请求来判断祈使的强弱。

四、研究方法

本章将延续本书的研究理念，以口语作为我们的研究材料。书面语强调规范，也重视按照"标准华语"来书写，这当中所使用的语言并不是有机形成的，而是经过大量修饰的，无法呈现出新加坡华语最为"原始"的面貌。譬如，本章所探讨的众多语气词都是新加坡华语用语者在日常生活中经常使用的，但这些都不会出现在文学作品、课本、报纸、新闻等书面媒介里。然而这些语气词在新加坡华语中却十分关键，在语法、语用、词汇等方面都是不容忽视的。

何丽娴、黄淑盈、董佳惠、江滨等人的论文的材料都是源自于口语语料，然而祈使句在她们所收集到的语料中出现的次数非常之少，无法体现出祈使句的特点。在给语气词标注声调时，她们都使用了"_""\""/"分别表示平调、降调、升调，而在记录拼音时则是使用 lah、leh、hor、ah 等。我们认为前人标注声调的方式过于笼统、不够清晰，所以在此将祈使语气词的国际音标和音值标注清楚：$[la^{31}]$、$[la^{51}]$、$[l\epsilon^{33}]$、$[h\tilde{o}^{31}]$、$[\tilde{a}^{35}]$。然而在接下来的讨论中，为了延续前人的拼音写法，我们将使用以下的呈现方式：lah^{31}、lah^{51}、leh^{33}、hor^{31}、ah^{35}。①

学界至今尚未有任何研究将新加坡华语中的祈使句作为一个独立的门类进行调查。我们在此尝试整理与分析这当中的语法特点。我们以"最小对立"的方法，在零标记祈使句的基础上对各种表祈使的手段进行对比，从而试图勾勒新加坡华语祈使句的基本面貌，将各种表祈使的方式以级差（scale）的方式呈现出来。表现祈使句的一项重要方法便是通过使用句末语气词，因此

---

① 在新加坡华语中，语气词$[\tilde{a}^{35}]$（ah^{35}）有另一种语音变体是$[h\tilde{a}^{35}]$（hah^{35}），但为了论述之便，在此仅使用前者的拼写方式。

以分析祈使语气词作为研究祈使句的手段是本章重要的一点。另外,我们也将探讨新加坡华语如何表现以下两种不同的语境以达到祈使的目的:一是要求听话人执行某一指令,二是要求听话人改变行为动作进行的方式。本章将凭着我们对新加坡华语的语感,再通过与其他一些地道的新加坡华语使用者核实的方式,确保文章对所涉及之语料的理解无误。

在接下来的两节里,我们会以新加坡华语为中心,探讨语气词在构成祈使句系统的同时,如何影响祈使句表达以下两种命题。

第三节　要求听话人实现动作行为

祈使句可以通过几种方式表达让听话人实现某一动作行为。最简单的一种祈使句便是仅有光杆动词,没有其他句法成分,而其后边也可添加不同的句末语气词以表达说话人在各种语境下的态度。本章将以光杆动词为基本考察对象,从而了解语气词在祈使句里的功能,进而在其后的讨论中了解语气词与各种句式的搭配关系。

我们可以从很多不同的角度探讨祈使句中的语法和语用现象,如人称代词、副词、动词语义分类、形容词语义分类等。新加坡华语的其中一项特点便是其句末语气词,也称助词。接下来我们将具体分析说新加坡华语的人在使用祈使句时如何根据其交际目的、对话人身份、语境、认知等多重因素选用语气词。

在有关新加坡式语气词的研究里,对英语的分析要比华语来得更全面和深入。Lee(2012:5)在使用关联理论对新加坡英语中的语气词做出分析时指出,他沿用了 Kwan-Terry、Wong 和 Ler 的观点,认为我们必须区分语气词的恒常语义和语用功能。Kwan-Terry(1992:70—71)认为每个语气词至少会有一个基本的恒常语义。而这个语义会随着语境的变化而产生更贴切的意义。[①]以上数位学者也都持相同的看法。研究现代汉语的学者也表达了同样的观点,齐沪扬(2002:117)指出语气词应该"和其他虚词一样只有一个恒常的语义",而"当这个语义和语境产生互动后,就会有种种不同意义的产生"。

---

① 译文取自黄淑盈(2006:7)。

我们同意以上观点。然而,虽然 Ler、Lee 等人注意到同一个语气词有多种声调,但他们却把不同声调的同一种拼写视为同一个语气词,并认为不同声调只不过是表示不同的语用功能,但它们的恒常语义是一致的。笔者不同意这种做法。语素的定义是最小的语音和语义结合体。拥有同样拼写方式的语气词虽然在字面上看似一样,但既然拥有相异的声调,且一种声调所表示的语义和交际功能可以完全不同,那么不同的声调就代表了不同的语素。这样的一个音义结合体又是最小的可独立运用的语言单位,所以一个语素也就是一个语气词。以上的解释便说明了,lah^{51}、lah^{31}、ah^{35} 是三个语气词,而不是一个拥有多种语用功能的语气词。

在这一节里,我们依次分析以下五个语气词各自在表祈使语气时的语义和功能:lah^{51}、lah^{31}、hor^{31}、ah^{35}、leh^{33}。前人的研究基本上都是以个别语气词为中心展开讨论,探讨其各自的语义和语用功能,因此本节试图整理出各种可进入祈使句的语气词并对其进行分析。

一、[la^{51}](lah^{51})在祈使句中的语法表现及功能

lah 在表示祈使语气时有两种声调:高降调 lah^{51} 和中降调 lah^{31}。两者所表示的说话人态度是截然不同的。

高降调的 lah^{51} 表达了祈使命题的明显性(obviousness),也体现了说话人不耐烦和不满的态度,如:"坐 lah^{51}""吃 lah^{51}""拿 lah^{51}"。我们将通过以下例子进行分析。

场景:A 和 B 是朋友关系。A 已在食堂里坐着,也帮 B 占了座位,等候 B 的到来。这时,B 来了。

B:(指向空着的座位)我可以坐吗?

A:坐 lah^{51}。

在说话人 A 的认知世界里,他假定了听话人 B 对命题的已知程度,因此在 A 无须明确告诉 B 如何去执行命令的情况下,B 应该是自主地完成命题。然而,A 在动词谓语句之后加上 lah^{51},说明了 B 对这个理应执行的"明显"命题并不知情,表示 A 对于自己必须将祈使命题明确道出这个行为感到不耐烦。两人之间的关系必须是相熟的友人。lah^{51} 中所隐含的明显性暗示着 B 这么问是多余的行为,原因在于 A 旁边的座位明显是给 B 的,而只有在两人之

间是相熟的情况下，A 旁的座位才会是为 B 留的。另一方面，若 A 只单说
"坐"，两人之间便显得有距离感。如果 A 是以较轻微的口气说"坐"，A 便会
显得过于客气。相反，如果是刻意以重音说"坐"，A 则显得过于严肃，两人之
间的社交距离便会被拉开。lah^{51} 的重读直接显示了说话人不耐烦的程度，越
是重读则越说明说话人态度上的不耐烦。若 B 是陌生人，A 在话语中使用
lah^{51} 便会显得非常无礼和不友善。这是因为对于陌生人，A 不会要求 B 已事
先知道场景中所含有的明显性，B 本身也不可能知道。在两人是陌生人的情
况下，如果 A 使用 lah^{51}，便会被 B 视为向自己提出不合理的要求，是一种不礼
貌的祈使行为。

其次，A 对于 B 必须具有绝对权威性或是两者关系平等，而不能出现在 B
的地位比 A 高的情况里。随着 A 和 B 关系上的不同，lah^{51} 能够分别出现在命
令句、要求句和商量句里。若 A 显示出绝对权威性，那祈使句便是命令句。
若 A 自降绝对权威性但又不失相对优势，便会形成要求句。这两种功能的祈
使句式要求句子的主语除了可以是第二人称代词（你、你们）和称谓（人名）之
外，不能是第一人称复数代词（我们）。

以上出现的场景属于说话人和听话人关系平等的情况，两人是朋友关系，
因此没有明显的高低之分。A 以不耐烦的口气要求 B 实现指令中的动作。在
这一过程中，当 A 选择使用 lah^{51}，他同时也是在无意识的情况下提高自己的
权威性，而其权威性来源于 A 对状况有着明显的认知，B 则是不知情的一方。
由于 A 的权威性相对地有所提高，因此表面上看似是商量类祈使句，但实质
上却更像个命令句。

商量句的一项特点是它可以接受第一人称复数做主语，例如"我们等
lah^{51}""我们帮 lah^{51}"。在这种情况下，对话人之间的关系也必须是相熟的。
在这种情况下使用 lah^{51} 主要是体现了命题的明显性，说话人的祈使目的多为
建议性质，其不耐烦和不满的程度也较低。包括说话人在内的祈使对象关系
相对平等，说话人的权威性不会大幅度地高于他人，因此只能够以一种带有建
议性质的口吻向他人提出要求，但这当中又不乏不耐烦的语气，表现了说话人
认为命题是明显需要实现的祈使行为。说话人的权威性在这里没有得到提
高，因此仍可视为是商量句。

二、[la³¹]（lah³¹）在祈使句中的语法表现及功能

中降调的 lah³¹ 相对于 lah⁵¹ 更具亲切感，有助于减缓祈使的语气，使对话显得更友善，从而缩小对话人之间的社交距离。当说话人在祈使句中选用 lah³¹ 作为句末语气词时，他的祈使指令并不是强行命令听话人加以执行，而是通过劝说和请求期望对方实现带有建议性质的祈使命题。以"坐 lah³¹"为例，我们可通过以下例子进行分析。

场景：在食堂里，正在吃饭的老板看见刚好路过的员工找不到座位。

老板：你找不到座位啊？

员工：是啊。

老板：我这里有位子。

员工：（犹豫了一会儿）

老板：坐 lah³¹。

老板并不是以命令的口吻要求员工必须服从指令，而是劝说员工坐下。让找不到座位的员工坐下是老板认知世界里所期望发生的。相对于"坐 lah³¹"，若祈使句没有任何语气词，单说"坐"便成为一个命令句，老板的态度便显得更坚决和严肃。因此，使用 lah³¹ 有助于拉近对话二人之间的社交距离。由于老板的绝对权威性比员工高，但又不是在以强势的语气命令员工执行指令，因此没有失去相对优势，可视为一种要求句。

如果听话人和说话人的关系平等，两人之间没有一方的权威性凌驾于对方，这里更多地是向对方提出建议，并希望劝服他接受。另外，lah³¹ 也能够出现在有第一人称复数主语的商量句里，如"我们走 lah³¹""我们等 lah³¹""我们坐 lah³¹"。在这种情景里，说话人希望劝服听话人同自己一起实现他所期望发生的祈使行为。在没有语气词 lah³¹ 的商量句中，"我们走"的语气会显得更为强势，有要求指称对象执行的意图，说话人的态度也会显得不愉快，对话人之间的社交距离也会被拉开。但是"我们走 lah³¹"的语气却有所缓和，意在劝服大家一起实现指令。

请求句则是指当听话人的权威性大于说话人时，说话人所说的祈使句。高降调的 lah⁵¹ 不能出现在请求句里，但中降调的 lah³¹ 却能。这说明了 lah³¹ 的祈使程度较弱，态度不那么强硬，更多地是以劝服对方接受自己的建议为目

的,而非命令。此外,说话人使用 lah^{31} 时音节的长短也影响祈使的语气和态度。当 lah^{31} 的音节简短时,说话人的语气显得较亲切。然而,当 lah^{31} 的音节被刻意拖长时,说话人的态度则显得不耐烦,祈使的程度也有所增加,但却仍不足以让这一祈使句变成一种命令句,也不带有使用 lah^{51} 时所呈现的明显性因素。

三、[hõ^{31}](hor^{31})在祈使句中的语法表现及功能

hor^{31} 出现在祈使句末并没有缓和语气的作用,而且还预示了如果听话人不实现或完成说话人所下的指令,就会引起说话人的强烈不满,听话人也有可能因此面对不良的后果。我们可通过以下例子进行分析。

　　场景:A 和 B 是朋友关系。B 听到了一些关于他人对 A 的评语,因此 A
　　　　想要 B 告诉自己评语的内容。
　　A:你听到什么?
　　B:有点不方便讲。
　　A:你不要这样,快点跟我讲。
　　B:(保持沉默)
　　A:讲 hor^{31}!

在 A 的认知世界里,让 B 实现"讲"的动作有利于实现 A 所期望达到的对话意图。相对于单说"讲"作为祈使,"讲 hor^{31}"并没有缓和祈使的态度。两者的差别在于"讲 hor^{31}"表示 A 在要求 B 完成指令行为的同时,也预示了如果不按照指令去做,B 就会面对不好的后果,而单说"讲"则只是单单命令或要求听话人完成指令,没有后一层的含义。

　　由于 A 迫切地想要知道 B 所听到的评语,因此如果 B 迟迟不肯说,这有可能会引起 A 的强烈不满,B 也会面对 A 对自己感到不悦的不良后果。在这一场景中,两人的关系相对平等,但在使用语气词之后,A 的权威性却有所提升。A 使用 hor^{31} 表示在他的认知世界里,他想要通过这一祈使行为让自己的话语权凌驾在对方之上,促使对方实现他的指令。由于 hor^{31} 预示着听话人若不遵循指令去做便会面对不良后果,这也再次道出说话人是处于强势地位的。只有在这一情况中,说话人才有能力在对方无法实现指令时对其施以惩处。然而,虽然 A 在指令中使用 hor^{31},以强势的语气要求 B 实现某一行为,但 B 在

这个情况里并没有义务完成指令，即使 B 选择不讲，这也不是一种不负责任或无理的行为。hor[31]的这一功能与下一节讨论的 ah[35]有着截然不同的表现。

按照以上对话人的关系判断，我们可以将其视为商量句。但由于 A 和 B 之间的权威性所属因语气词 hor[31]的出现而有所改变，因此我们不再把这一祈使句归为商量句，而更像个命令句。在四种表现不同对话人关系的祈使句类别里，只有商量句式可允许以第一人称复数代词"我们"做主语。带有 hor[31]的祈使句无法进入商量句，因此也不能以"我们"作为主语，例如不能出现"＊我们坐 hor[31]"的祈使句。以"我们"作为主语的祈使句带有劝说和建议性质，祈使的对象也包括了自己，因此说话人在这类的语境里无须刻意提高自身的话语权威性。由此，hor[31]不适用于带有第一人称复数主语的祈使句。

总的来看，带有 hor[31]的祈使句只能用于命令句，即说话人的权威性必须大于听话人，且不选择自降。在使用 hor[31]的过程中，它不但没有缓和语气的功能，而且还会试图提高说话人的权威性，使其话语权似乎凌驾于对方之上。即使说话人原本的权威性大于听话人，但 hor[31]的出现已说明权威性没有降低，即这个语气词无法出现在要求句里。商量句和请求句的语境里更是无法允许 hor[31]的使用。

四、[ã[35]]（ah[35]）在祈使句中的语法表现及功能

相较于其他语气词，有关 ah[35]的研究最被人们忽视。Ler（2005:96,286）指出之前的学者只说明 ah[35]有助于缓和祈使语气，但没有进一步解释为什么 ah[35]在命令句、要求句、建议句里能达到以上所述之功能，但在陈述句里却使语气变得更强硬。何丽娴（2003:90—91）指出 ah 共有四种声调，各表示不同的语用功能。本节所讨论的 ah[35]与她文中所指的升调"ah/"是相对应的。她引述 Platt 和 Ho 的观点，指出："上升声调的'ah'通常出现在说话者自认自己的观点是正确的问题里，说话者只是要确认自己的看法是正确[的]。上升声调的'ah'的另一个功能是标出会话里说话者认为对方已事先知道的事情。"

李讷、汤普森（1992:261—264）认为，语气词"啊"可以"减缓句义的强迫语气"。虽然"啊"和 ah[35]不完全相同，但我们认为 ah[35]也含有这一层面的功能。表示祈使的 ah[35]在新加坡华语里一般读重音，而不是轻声。与上一节讨论的 hor[31]相似，ah[35]也预示了如果不按照指令去做，听话人就会面对不好的后

果。但是，ah^{35}却有助于减缓祈使的语气，这是 hor^{31} 所没有的功能。说话人使用 ah^{35} 也表示了听话人其实有义务完成指令，而 hor^{31} 却没有这层含义。我们可通过以下例子进行分析。

场景：父亲要求儿子把在学校里发生的一件事告诉他。

父亲：老师刚才打电话给我，说你今天不乖。是不是真的？

儿子：哪里有？

父亲：告诉我发生了什么事！

儿子：没事啊。

父亲：讲 ah^{35}！

在这个语境里，父亲的绝对权威性是明显高于儿子的。相对于以单说"讲"作为命令类祈使句，"讲 ah^{35}"的祈使语气较弱，有助于缩小对话人之间的距离，也显得不那么严肃。我们可把"讲 ah^{35}"视为一个要求句。ah^{35} 主要集中出现在要求句里。用于要求句时，父亲虽然具有绝对权威性，但他选择了自降，但同时又不失相对优势。使用 ah^{35} 预示了听话人如果不实现指令就会面对不好的后果。由于听话人具有权威性，所以在指令没有被实现的情况下，他可以给听话人造成不好的后果。

我们认为 ah^{35} 和 hor^{31} 之间的一个相异之处，即是否表示听话人有完成指令行为的义务。当说话人使用 hor^{31} 时，当中的祈使行为并不表示听话人有完成指令的义务。与之相反，ah^{35} 带有这一层含义。这就说明了为什么 ah^{35} 有助于减缓语气，并使说话人自降其权威性。当听话人有义务完成指令时，说话人可以选择无须以强硬的语气命令对方，而是可以用较弱的语气让听话人自觉地去完成指令。若说话人选择使用 hor^{31}，当说话人想要对方完成一件本来不是听话人义务的指令时，他就需要以较强硬的语气让对方去服从，并突出自身的权威性。这解释了上一节阐述的现象，即为什么即使在对话人关系平等的语境里，说话人可通过提高自身的权威性来向对方提出祈使要求。

当对话人之间关系平等时，说话人没有凌驾于听话人的权威性。然而在使用 ah^{35} 的语境里，听话人是有义务完成指令的，所以道理在说话人的一方，而听话人是理应服从于指令的。这一语境便间接赋予了说话人更高的权威性，使其有理由向对方提出要求。两人的关系虽然平等，但随着语境的改变，表面看似商量句的祈使句，实质上却变成了一种要求句。因此，ah^{35} 并不出现在商量句里,也不适用于以第一人称复数代词"我们"为主语的祈使句。例如,我们不能说"*我们去 ah^{35}"①。"我们"的指称对象包括说话人自己。ah^{35} 预示了祈使对象有义务完成指令但尚未执行。如果说话人以"*我们去 ah^{35}"作为祈使句,这暗示着说话人明知道自己有义务完成自己发出的指令却没有执行,而且还同时要求他人执行。道理在说话人自己,但身为指称对象又没有履行义务。这样的情况是自相矛盾且不合理的。因此,这解释了为什么 ah^{35} 不适用于以"我们"作为主语的祈使句。

五、[lɛ^{33}](leh^{33})在祈使句中的语法表现及功能

黄淑盈(2006)的论文以 leh 作为专题研究,考察新加坡华语中 leh 的五种声调及其语用功能,并认为 leh 的语义可概括为以下三点:

1.我认为你还不知道/没考虑 X。

2.X 便是这个信息。

3.现在,我要你知道/考虑 X。

然而,黄淑盈所使用的语料以陈述句为主,还有部分疑问句,但完全没有涉及祈使句。话虽如此,但其分析成果不无本章参考之处。黄淑盈(2006:44)解释说第三层语义"说明了说话人邀请会话参与者对刚传达的信息进行思考,然后做出适当的回应。值得注意的是,说话人并没有强制会话参与者做出回应,因为那毕竟是个邀请,会话参与者有权选择是否要对信息进行思考与回应"。我们接下来可以通过以下的例子进行分析。

场景:A 和 B 是朋友关系。A 希望 B 等一等自己。

B:你东西都收拾好了吗?

A:要好了。

B:我先走了。

A:等 leh^{33}!

以上的场景属于商量类祈使句,两人的关系平等。在 A 的认知世界里,

---

① "我们去 ah^{35}"在新加坡华语是允许说的,但其实是一个疑问句,而不是祈使句。"ah^{35}"在这里扮演的是疑问语气词的角色。

他希望 B 能够因自己的请求而实现祈使命题。leh³³不出现于命令句里,因为leh³³更多地是体现请求的功能。相对于单说"等","等 leh³³"的祈使程度较弱,倾向于表示请求,也能缩小对话人之间的社交距离。leh³³可出现在商量句和请求句里,即表示说话人的权威性相对于听话人是对等的,甚至是低于听话人的。总体而言,使用 leh³³可降低说话人的权威性,从而帮助他达到请求的交际目的。请求意图本身已意味着对方没有义务实现自己提出的指令行为,因此说话人便需要自降权威性。

商量句的另一项特点是允许以第一人称复数作为主语。leh³³既然能够进入商量句,也可出现在以"我们"为主语的句式中,如"我们走 leh³³""我们帮leh³³""我们去 leh³³"。在这一句式里,祈使对象包括了说话人本身。leh³³既然可以降低其权威性,说话人就不再是发出指令行为的客体,而变成与其他听话人一起实现指令行为的实施者。同样,使用 leh³³可拉近说话人和其他祈使对象之间的社交距离,从而有助于让他更有效地劝服对象执行指令行为。

在说话人的权威性原本大于听话人的语境里,为了达到提出请求的对话目的,他需要自降其权威性,而使用 leh³³可帮助他拉近与听话人之间的距离,让请求听上去不会那么强势。因此,表面上看似是命令或要求类的祈使句,实质上却已转变为商量句,对话人之间的地位相对平等。在请求句里,说话人的权威性原本已比听话人低,在拉近两人之间距离的情况下,在祈使句里使用leh³³会让听话人觉得指令更友善,而不是向一个地位更高的人施压。

第四节　要求听话人改正动作进行的方式

本节要讨论的第二项祈使命题是说话人向听话人发出指令,对听话人动作进行的方式提出祈使要求,而最简练的祈使句式是述补结构"V 好"。在这一结构后边,我们可以附上部分的祈使语气词,除了上一节出现的语气词,也可用"来"作为语气词。除此之外,也有以形容词重叠做补语的现象,如"坐好好"之类的祈使句。

一、"V+形容词补语"及语气词的关系

述补结构的祈使句有以下几例,如"坐好""躺直""关紧"。述补结构的

祈使句主要用于表达说话人对听话人的动作行为进行规范。说话人在发出这一祈使指令的时候,前提是动作已是在持续的过程中,动作的起点是在道出祈使指令之前,指令也并没规定动作的终点。祈使命题的重点在于其结果补语的实现。

在"动词+形容词补语"("VA")的祈使句后边,我们也可以添加语气词。然而,在上文讨论的五个语气词当中,lah^{31}、hor^{31}、ah^{35}、leh^{33}都能够出现在述补结构之后,唯独 lah^{51}不能出现在"VA"和"VAA"后边。lah^{51}主要表示的是祈使命题的明显性。按照常理,听话人理应知道如何去完成命题中的动作行为,因此当说话人需要明白地道出祈使命题时,他就必定会带些不耐烦的语气。在说话人的认知里,他认为即使自己不说出祈使指令,听话人本身也应该知道怎么做。以"V 好"的结构为例,说话人的祈使目的是要对方改变其动作进行的方式或持续的状态,而由于以"好"作为补语,因此这状态都是朝积极的方面改变。在这种情况下,说话人之所以会要求听话人改正其动作进行的方式,一般都是因为听话人之前的动作进行得不理想,但这对听话人而言往往不是带有明显性的。如果说话人不给予指令,听话人本身不会知道,也不会主动去改变现状。因此,lah^{51}无法出现在"V 好"的句末。

二、"V+形容词重叠"及语气词的关系

在过去的新加坡华语语法研究里,学者们都会提及"VAA"的句式,即这里所说的"V+形容词重叠"。在具体分析"VAA"的句法表现之前,我们需要确定这个句式的句法结构,即形容词在重叠之后的句法位置究竟是补语还是状语。

在普通话里,"VAA"的句式一般说成"V 得 AA 的",如"坐得好好的""举得高高的""关得紧紧的",而不允许单独使用"VAA"。这样的句式不能单独构成祈使句,但新加坡华语里"VAA"的形式却可以直接用作祈使句。祝晓宏(2008:25)认为"形容词重叠式虽然在动词后,却是做方式状语",这与普通话的"状中"结构有所不同。然而,他却没有解释"坐好好"里的形容词在重叠之后究竟是否仍保留其形容词的词性,还是已转换成副词。若新加坡华语里的"好好"相当于普通话里的"好好",那根据《现代汉语词典》便应定为副词。由于副词只能出现在状语的位置上,那"V 好好"就是个"中状"结构。若形容

词重叠之后仍保留其形容词的性质,那"V 好好"其实可被视为述补结构。

我们认为这里的形容词重叠并不是状语,而是补语,保留了其形容词的词性,因此不是副词。之所以将"AA"判断为补语是因为新加坡华语里的这些"VAA"都可以进入述补结构"V 得 AA 的",但不一定能够允许"AA"充当状语,使句子转换成"AAV"的形式,如"*高高举""*直直躺"。然而,一旦"VAA"转换成"V 得 AA 的",就不再带有祈使句的句法意义。

由于形容词的重叠,"VAA"式祈使句表示了量的增强(祝晓宏 2008:25),或性质状态的增强(罗小品 2009:91—94)。说话人以"VAA"的句式表祈使,这说明他要求听话人在执行"V"所表的动作时,对状态补语的程度比对于他使用"VA"句式时的要求来得更高,例如"坐好好"对坐姿得体与否的要求要比"坐好"更高。虽然"坐好好"对状态方式的要求更高,但是由于叠字有助于减缓语气,相较于"坐好"也使对话人之间的距离显得更亲近,因此祈使语气要比"坐好"略显弱一些。关于这一点,我们将在第五节讨论有关祈使句中的相似性原则时再进一步解释。这两种述补结构祈使句的另一项不同之处在于"VA"能够出现在正式和非正式场合,但"VAA"却只能在非正式场合使用。形容词重叠有表示生动色彩的意义。正式和较严肃的场合一般不适合使用"VAA"句式,这是因为其较生动的色彩在正式场合会显得唐突而不庄重。当说话人使用"VAA"祈使句时,这也意味着他和听话人之间的关系是较为亲密的,但"VA"却没有类似的含义。

"VA"和"VAA"都不能出现在请求句里,一般出现在命令句里,说话人的权威性明显比听话人更高。当说话人和听话人的关系平等时,若说话人使用"VA"或"VAA"的祈使句,便说明在说话人的认知里,其权威性比听话人来得高,所以才可要求对方改正其动作进行的方式。在说话人看来,听话人实现指令会满足说话人的期望,也是他所认为"正确"的做法。这也因此会让说话人觉得其权威性高于对方。两人关系表面上是平等关系,但在这一语境里却是说话人持有话语权要对方改正其动作方式,所以我们可将"VAA"视为一种命令句。

"VA"和"VAA"不能够出现在请求句里。即使附上可以用于减缓语气和拉近对话人距离的语气词如 lah[31]、ah[35]、leh[33],也不足以减缓这个祈使句结构所带来的命令程度。以"坐好"和"坐好好"为例,这都是要求听话人改正其坐姿。当听话人的权威性比说话人高时,若说话人使用"VA"或"VAA"的祈使句句式,就会被视为向拥有权威性的人提出挑战,是一种不礼貌的行为。在这种情况下,说话人一般会选择以间接言语行为表达祈使目的,如使用疑问句。

除此之外,跟上一小节所提到的情况相似,"VAA"和"VA"两种句式都不能够搭配语气词 lah[51],只能够附上其他四个语气词。lah[51] 表示明显性的语义限制了其进入述补结构祈使句的句法表现。当说话人对听话人说出述补结构祈使句时,说话人是在要求对方改变其动作进行的方式,在说话人看来,原本的那个方式是不正确的。若是具有明显性,听话人可在无须祈使的情况下改变其动作,但既然说话人需要明确道出述补结构中的祈使命题,那便暗示了这个命题对于听话人而言并不明显,需要在他人的指令下才会改正其行为状态。

三、"来"在祈使句中的语法表现及功能

在新加坡华语祈使句中,"来"经常会出现在句末,例如"坐好来""写好来""睡好好来""看好好来"。我们认为"来"可视为表祈使语气的句末标记,即句末语气词,而不是趋向动词。陆俭明(2002:108—109)曾指出"V 好来"和"V 好"的意思大致相当,但前者含有希望达到预期的好结果的语法意义。他将这个"来"归为助词,专门加在述补结构"V 好"的后边。

对比上文讨论的其他新加坡华语语气词,"来"的表现显得相当特殊。不论是 lah[51]、lah[31]、hor[31]、ah[35] 还是 leh[33],都能够与光杆动词直接构成祈使句,如"坐 lah[51]",但"来"却没有这个表现,不能直接搭配光杆动词,例如不允许出现"*坐来"。这说明"来"不能用在要求听话人实现动作的祈使句里,却可以出现在要求听话人改正其动作进行方式的祈使句里。

另外,在述补结构的祈使句里,不是每一个动词都可以进入"V 好"或"V 好好"的句式,例如没有"*等好""*借好好"等用法,因此"来"的功能因述补结构的组合关系而受到限制,不如其他语气词的使用范围广。只有在说话人希望对方改正行为动作持续状态的祈使句中,"来"才能够出现在句末。上一小节讨论的是"V+形容词重叠"的"VAA"祈使句。虽然"来"能够出现在"V好"或"V 好好"后边,但目前为止,我们仍未发现更多的例子说明"来"能够出现在其他形容词补语后边,例如我们不说"*关紧来""*举高高来"。这说明"来"作为语气词的使用范围非常受限。我们接下来将对此进行解释。

　　"来"出现在祈使句句末也有助于拉近说话人和听话人之间的距离。因此，没有语气词的"坐好"要比"坐好来"所呈现的祈使语气更强。我们相信这与"来"的语义是相关的。"来"作为趋向动词，它表示"动作朝着说话人所在的地方"，用于动词时则表示"从别的地方到说话人所在的地方"，跟"去"相对。① 当"来"由动词逐渐虚化为语气词时，这一层含义仍有所保留，但不再表示对话人之间的距离在具体空间上有任何改变，而是缩小两人之间的社交距离。

　　从共时的角度来看，在类型学的研究里，Mauri & Sansò（2014）以 200 种语言为考察对象，总结出相当于"come"的词在多种语言里的祈使表现。他们的结论指出，趋向动词"来"的语法化过程并不受限于其原本的语义，它之所以逐渐虚化是因为频繁地被使用在祈使句里。他们认为"来"表示为了让祈使对象能够跟说话人一同完成期望实现的行为，祈使对象受邀移向说话人。

　　Mauri 和 Sansò 的说法呼应了"来"的语义以及虚化之后的用法。在正常情况下人们都是向往积极和正面事物的。当我们在话语中使用"来"作为祈使标记时，我们同样是希望听话人能够完成说话人所期望实现的积极行为。祈使句"VA"和"VAA"中的形容词补语对于"VA"和"VAA"的意义起着关键的作用。"好"很明显是用于形容积极和正面的行为，因此出现"睡好来""坐好好来"等。这是因为"好"作为结果补语满足了说话人在使用"来"时的期望值。然而，"直""紧""高"等形容词没有明显表现积极正面的行为，性质属于中性。这致使它们无法明确地符合使用"来"时需要满足说话人期望值的要求，因此无法出现"*躺直来""*关紧来""*举高高来"。

　　出于上述的句法表现，由于"来"有助于减缓祈使语气，因此不出现在祈使语气强的命令句里，而较多出现在要求句里。"来"也不适用于说话人的权威性比听话人低的情景中，即不出现于请求句。权威性较低的人一般不能够直接要求地位较高的听话人纠正或改变其动作行为进行的方式，这在正常的社交场合里普遍会被视为一种不礼貌的行为。

　　在上文，我们已讨论了当说话人和听话人关系平等时，为什么理应是商量

---

　　① 《现代汉语词典》（第6版），北京：商务印书馆，页768。

句的"VA"和"VAA"句式却应该被视为命令句。这是因为在改正对方动作进行的方式时，说话人会自认为有更高的权威性，使其关系在这个语境里不再平等。然而，当我们在述补结构后边加上语气词"来"之后，其减缓语气的作用有助于降低权威性。在话语权威性一增一减的情况下，表面上属于商量类的祈使句，因语境和语气词"来"的影响，实质上已转变成要求句。由于"来"不出现在商量句里，因此祈使句也无法以第一人称复数作为主语，如"＊我们坐好来"。说话人在要求听话人纠正动作进行的方式时，本身就应该已是处于自己有期望的状态中，因此不适用于指向包括说话人在内的指令行为。

第五节　祈使语气词的连用和相似性原则

根据第三、四节的分析，六个语气词可形成四个组合，分别是"V 好来 lah^{31}""V 好来 hor^{31}""V 好来 ah^{35}""V 好来 leh^{33}"。

上文已指出作为祈使语气词的"来"只出现在"V 好"结构的后边，因此仅可用于表示改正听话人动作持续的方式。反观其他五个语气词，除了 lah^{51}，它们不仅可以直接出现在动词后边，也可以紧接在述补结构"V 好"后边。然而，这些语气词之间无法进行组合和连用。连用的情况仅限于在"来"后边加上其他五个语气词当中的一员，这里边又有一个无法与"来"连用。"来"可以和 lah^{31}、hor^{31}、ah^{35}、leh^{33} 搭配，却不能跟 lah^{51} 连用。这是因为 lah^{51} 自身的性质已限制了它，使其不能出现在述补结构所表示的命题之后。

当"来"后边加上其他语气词时，句子的祈使语气主要还是来自于这些语气词，"来"发挥何种作用是很值得讨论的。对比"坐好来 hor^{31}"和"坐好 hor^{31}"，由于前者带有"来"的缘故，语气要比后者弱一些。然而，"坐好来 hor^{31}"仍然是语气强烈的命令句，说话人并没有因为使用了"来"而表示他已选择自降其权威性，其语气主要还是来源于 hor^{31}。另外，hor^{31} 的语气要比 ah^{35} 更强。"坐好来 hor^{31}"里虽然有"来"稍微减缓语气，但和"坐好 ah^{35}"相比，前者的语气依然更强。这说明了祈使句的语气主要来源于 lah^{31}、hor^{31}、ah^{35}、leh^{33} 的功能，而"来"仅是次要来源。

"来"和其他语气词虽然都出现于句末，但排列的顺序却不是任意的。"来"只能够出现在"V 好"的后边，以及其他语气词的前边，如"坐好来 lah^{31}"，而不允许出现"*坐好 lah³¹ 来"的句法结构。上文已解释"来"主要用于表示动作行为持续的状态。"来"所能使用的语境和功能相对于其他语气词要窄。"来"必须要紧随述补结构,和"V 好"构成结构体,lah³¹ 等语气词再进一步让"V 好来"带上祈使句的整体语气。这意味着"来"和 lah³¹ 之间没有直接的语义或功能结合关系,即两者并不是先组合、产生一个新的语气义之后,再影响"V 好"命题的祈使语气。

了解了语气词连用的情况后,我们接下来从相似性原则的角度来分析语气词连用和祈使话语的语气之间有什么样的关系。Aikhenvald(2010:46)在讨论祈使句中的相似性原则时指出以下现象:

> This correlation between form and function can be accounted for by the principle of 'Iconic Motivation'——whereby semantic relations are reflected in the formal realization: longer utterances and circumlocutions tend to give an impression of higher deference and politeness.

这说明祈使的话语片段越长便显得越有礼貌,语气也随之减缓。反之,越短的祈使话语就越像是一种命令,显得急促和不礼貌。祈使句在大多数的情况下都需要听话人立即执行,而越是简短的祈使句,其带来的结果便越显得突兀和不礼貌。Aikhenvald(2010:46)对此指出"(i)mperatives tend to require immediate reaction","(t)he brusqueness and abruptness of an imperative is a corollary of its formal brevity"。

我们可使用相似性的原则来考察新加坡华语祈使句。第三节的祈使命题是要求听话人实现某一动作行为,可用光杆动词组成祈使句,也可在其后加上五个语气词当中的任何一个构成祈使句,即"V"和"V+语气词"。如先前所讨论的,"V"的祈使语气要比"V+语气词"更强,除了 hor³¹ 之外,其他语气词都有助于减缓语气。因此,这印证了相似性原则所说的,即越是简短的祈使句,祈使程度和语气越强硬。

(最强)V>V+语气词(最弱)

第四节讨论的是改正听话人动作进行的方式。根据第四节的讨论,我们可以对八种祈使句式进行对比。以下的情况要比针对第三节所讨论的内容复杂许多。我们将以 leh³³ 作为语气词的代表进行示例。

两个音节：V 好（最强）

三个音节：V 好来>V 好好>V 好 leh^{33}

四个音节：V 好好来>V 好来 leh^{33}>V 好好 leh^{33}

五个音节：V 好好来 leh^{33}（最弱）

　　在对听话人动作进行的方式做出规范时，"V 好"作为最基本的形式，祈使语气是最强的。由于语气词"来"有减缓语气的功能，"V 好来"的祈使程度便有所减弱。相较于"V 好来""V 好好"的祈使语气又进一步有所减缓。这说明叠字在减缓语气、拉近对话人之间距离的句法功能上要比"来"作为语气词更为显著。在叠字与添加语气词之间，语气词对于降低祈使程度的作用比叠字更大，因此"V 好 leh^{33}"的语气比"V 好好"弱一些。

　　以上阐述了两个音节和三个音节的祈使句的祈使程度。再与四个音节的祈使句对比，我们便会发现随着音节的增加，祈使程度逐渐下降。观察三组例子当中的规律，我们也会发现语气词的作用仍然是明显大于叠字和"来"，而叠字减缓语气的作用也同样比"来"的效果更大。最后，拥有五个音节的祈使句结合了形容词重叠和语气词连用，因此"V 好好来 leh^{33}"是八种祈使句式里最弱的一个。

　　对这八种句式的比较印证了"相似性原则"的说法。说话人受到这一原则的驱使，在以强烈的语气表祈使时，就会较自然地选择音节较短的祈使句，才能达到快速、简短、严肃的效果。反之，当说话人要降低其祈使语气时，越长的话语片段就越会让语气显得缓和。

第六节　结论

　　表 1 总结了我们之前讨论的六个语气词和各类祈使句的关系。命令句、要求句、商量句、请求句是按照说话人和听话人的关系界定的，但这种对话关系却会因不同的语境而有所改变。说话人会随着语境的改变选择不同的语气词。其中，祈使句中的语气词会直接影响说话人相对于祈使对象的权威性。

表 1

	减缓语气拉近距离	命令句	要求句	商量句	请求句
		说话人相对听话人具有并有必要显示权威性	说话人相对听话人虽然具有权威性但选择自降，又不失相对优势	对话人之间关系平等	相对于说话人，听话人具有权威性
lah^{51}	+	+	+	+	-
lah^{31}	+	-	+	+	+
hor^{31}	-	+	-	-	-
ah^{35}	+	-	+	-	-
leh^{33}	+	-	-	+	+
来	+	-	+	-	-

　　当我们对前五个能够直接出现在动词之后并表示祈使的语气词进行对比时，就可以清楚了解各自祈使语气的强弱程度。

　　（最强）hor^{31}>lah^{51}>ah^{35}>lah^{31}>leh^{33}（最弱）

　　五个语气词里，只有 hor^{31} 和 lah^{51} 能够进入命令句，是两个祈使程度最强的语气词。lah^{51} 能够进入商量句，但 hor^{31} 却不行。hor^{31} 并没有减缓语气和拉近社交距离的功能，而使用 hor^{31} 还有助于说话人提高自身的权威性以凌驾于对方，因此 hor^{31} 的祈使语气要比 lah^{51} 强一些。lah^{51} 可使用的范围也比 hor^{31} 广，可出现在命令句、要求句和商量句里。

　　ah^{35} 的祈使程度在五个语气词当中排第三。ah^{35} 只能进入要求句，听话人的权威性也不能高于说话人，而且如上文所述，ah^{35} 的表现和 hor^{31} 有许多相似之处，因此其功能和表现也更接近语气强势的 hor^{31}，祈使程度因此比 lah^{31} 和 leh^{33} 更高。

　　在 lah^{31} 和 leh^{33} 之间，前者的祈使程度比后者更高。lah^{31} 用于祈使句体现的是其建议性质，可以出现在要求句、商量句和请求句里。leh^{33} 则只能出现在商量句和请求句的语境下，凸显的是其请求性质。说话人使用带有建议性质的 lah^{31}，其期望对方实现祈使命题的意愿不如使用 leh^{33} 时来得高，后者较大地凸显了说话人希望听话人实现命题的意愿。作为一个以请求为目的的祈使句，为了让对方更倾向于满足自己的意愿，说话人更加需要降低其权威性。

leh³³便正好实现了降低说话人权威的意图,而 lah³¹则没有这项功能。

我们现在再把"来"考虑进来,对比可以用于表改正听话人行为进行方式的语气词。

（最强）hor³¹>ah³⁵>来>lah³¹>leh³³（最弱）

回顾我们在第四节里的讨论,lah⁵¹不能表示这一命题,因此我们无法将其列入其中进行对比。从表1中,我们可以看出 ah³⁵和"来"的表现相似,都能够缩小对话人之间的社交距离。然而,ah³⁵预示了听话人有义务实现指令,如果不执行,说话人能够给对方带来不好的后果,"来"却没有这一层含义。总的来看,ah³⁵要求对方完成指令的意图仍比"来"更强一些。

相对于"来",lah³¹的祈使语气又没那么强。在使用 lah³¹的对话中,说话人希望达到的交际目的是向对方提出带有建议性质的指令,有意劝服对方实现祈使命题。然而,使用"来"更近于要求的语气,相劝的意图较少,而且常用于表示希望对方改正不正确的行为动作方式,因此只出现在权威性高的人向较低的人表示祈使,即只能出现在要求句里。lah³¹则不然,可出现在要求句里,也可用于商量句。

对全部语气词进行对比之后,整理出各种可表祈使的句法结构也是关键的一环。总结上文的内容,我们可以得出以下几种祈使句法结构。

1."V"

2."V+语气词"

3."V 好"

4."V 好+语气词"

5."V 好+语气词₁+语气词₂"

6."V 好好"

7."V 好好+语气词"

8."V+好好+语气词₁+语气词₂"

第1、2项句法结构只适用于第三节所讨论的祈使命题,即表示要求听话人实现某一动作。第3至8项句法结构则适用于第四节讨论的命题,即表示要求听话人改正其动作进行的方式。

前一项命题是在许多语言研究里都有过探讨的,不论是类型学家 Aikhenvald 的跨语言祈使句研究,还是袁毓林针对汉语普通话祈使句的研究都对本章所讨论的第一个命题有深入的探索。然而,新加坡华语的一项特点在于祈使语气词的使用,因此本章是在前人研究祈使句的框架下对华语的祈使句系统展开分析。本章讨论的第二项命题则是前人甚少涉及的。从上述句法结构来看,有关这一命题的语法现象相当丰富且多变。这当中的多变则源自于形容词重叠的语法功能、语气词"来",以及语气词连用。当"来"和不同语气词搭配时,我们又可进一步发现当中语气程度的强弱变化。然而,由于篇幅的限制,我们未能深入讨论各种语气词连用的组合关系,例如对"来 lah^{31}""来 hor^{31}""来 ah^{35}""来 leh^{33}"等不同的连用现象进行对比。这可以是将来的研究的一个方向。

了解了以上八种不同的句法结构,我们进一步引用了相似性原则分析当中的语言现象。新加坡华语祈使句呈现出的一项特点便是祈使句越长,祈使程度越弱,语气则趋向缓和。相反,祈使句越简短,祈使程度就越强,语气也更急促。这一现象呼应了 Aikhenvald 的类型学研究,即包括新加坡华语在内的多种语言都呈现出类似的语言规律。

我们对于祈使句的讨论范围只限定于直接言语行为中的肯定式祈使句。然而,针对新加坡华语祈使句的研究仍有非常大的探索空间,我们无法全方位地探讨这当中的每一个层面,例如否定式以及带有助动词标记的强调式祈使句。除此之外,间接言语行为中的边缘祈使句也是我们了解这个系统相当重要的一环,但本章并未涉及。我们在此希望研究新加坡华语的学者们能够注意到这个语言系统中有关句类的研究价值,并且对祈使句展开更深入和广泛的探索。

参考文献

董佳惠 2011 《新加坡华语会话中的叹词情态功能》,新加坡:新加坡国立大学荣誉学士学位论文。

范 晓、张豫峰 2008 《语法理论纲要》(修订版),上海:上海译文出版社。

方 霁 1999 《现代汉语祈使句的语用研究(上)》,《语文研究》第 4 期。

方 霁 2000 《现代汉语祈使句的语用研究(下)》,《语文研究》第 1 期。

何丽娴 2003 《新加坡华语会话中语气词的语用功能》,新加坡:新加坡国立大学荣誉学士学位论文。

黄淑盈　2006　《新加坡华语会话中的语气词"leh"之研究》,新加坡:新加坡国立大学荣誉学士学位论文。

江　滨　2012　《新加坡华语口语中的多词话语标记:功能与含义》,新加坡:新加坡国立大学荣誉学士学位论文。

李　讷、汤普森　1992　《汉语语法》,黄宣范译,台北:文鹤出版有限公司。

刘丹青　2005　《句类及疑问句和祈使句:〈语法调查研究手册〉节选》,《语言科学》第5期。

陆俭明、张楚浩、钱　萍　2002　《新加坡华语语法的特点》,周清海编著《新加坡华语词汇与语法》,新加坡:玲子传媒。

罗小品　2009　《新加坡华语和中国普通话中叠词使用的异同》,《甘肃联合大学学报》(社会科学版)第6期。

吕叔湘　1982　《中国文法要略》,北京:商务印书馆。

齐沪扬　2002　《语气词与语气系统》,合肥:安徽教育出版社。

齐沪扬、朱　敏　2005　《现代汉语祈使句句末语气词选择性研究》,《上海师范大学学报》(哲学社会科学版)第2期。

徐晶凝　2003　《语气助词"吧"的情态解释》,《北京大学学报》(哲学社会科学版)第4期。

袁毓林　1993　《现代汉语祈使句研究》,北京:北京大学出版社。

张　斌主编　2010　《现代汉语描写语法》,北京:商务印书馆。

张小峰　2009　《关联理论视角下语气词"吧"在祈使句中的话语功能探析》,《南京师大学报》(社会科学版)第5期。

朱德熙　1982　《语法讲义》,北京:商务印书馆。

祝晓宏　2008　《新加坡华语语法变异研究》,暨南大学博士学位论文。

Aikhenvald, A. Y.　2010　*Imperatives and Commands*. London: Oxford University Press.

Gupta, A. F.　1992　The pragmatic particles of Singapore Colloquial English. *Journal of Pragmatics* 18(1):31–57.

Kwan-Terry, A.　1992　Towards a dictionary of Singapore English—Issues relating to making entries for particles in Singapore English. In A. Pakir (ed.), *Words in a Cultural Context*. Singapore: UniPress.

Lee, J. 2012 Separating Meaning and Function: A Relevance-Theoretic Analysis of Discourse Particles in Colloquial Singapore English (CSE). National University of Singapore, M. A. Thesis.

Ler, S. L. V. 2005 An In-Depth Study of Discourse Particles in Singapore English. National University of Singapore, Ph. D. Thesis.

Lyons, J. 1977 *Semantics* (vol. 2). Cambridge: Cambridge University Press.

Mauri, C. & A. Sansò 2014 Go and come as sources of directive constructions. In M. Devos & J. van der Wal (eds.), '*Come*' *and* '*Go*' *off the Beaten Grammaticalization Path*. Berlin: De Gruyter Mouton.

Wee, L. 2002 Lor in colloquial Singapore English. *Journal of Pragmatics* 34 (6):711 – 725.

图书在版编目(CIP)数据

全球华语语法. 新加坡卷 / 邢福义总主编;汪国胜
副总主编;周清海主编. —北京:商务印书馆,2023
　ISBN 978-7-100-20723-2

　Ⅰ.①全… Ⅱ.①邢…②汪…③周… Ⅲ.①现代汉
语—语法—研究—新加坡 Ⅳ.①H146

中国版本图书馆 CIP 数据核字(2022)第 025868 号

全球华语语法

邢福义　总主编

汪国胜　副总主编

新加坡卷

周清海　主编

商 务 印 书 馆 出 版
(北京王府井大街36号　邮政编码 100710)
商 务 印 书 馆 发 行
北 京 通 州 皇 家 印 刷 厂 印 刷
ISBN 978-7-100-20723-2

2023 年 12 月第 1 版　　开本 710×1000　1/16
2023 年 12 月北京第 1 次印刷　　印张 21
定价:108.00 元